你好，钟南山

叶依 著

钟南山授权传记作品

SPM
南方出版传媒
全国优秀出版社
全国百佳图书出版单位
广东教育出版社
·广州·

图书在版编目（CIP）数据

你好，钟南山 / 叶依著. —广州：广东教育出版社，2020.4（2021.1重印）
ISBN 978-7-5548-3277-6

Ⅰ. ①你… Ⅱ. ①叶… Ⅲ. ①钟南山—传记 Ⅳ. ①K826.2

中国版本图书馆CIP数据核字（2020）第030489号

项目总统筹：应中伟
策　　划：卞晓琰　陈定天
责任编辑：陈定天　靳淑敏　蚁思妍　朱珊珊
审　　读：李朝明　邱　方　黄　倩　唐娓娓
装帧设计：邓君豪
责任技编：姚健燕

你好，钟南山
NIHAO, ZHONG NANSHAN

出版发行：广东教育出版社
地　　址：广州市环市东路472号12-15楼（邮政编码：510075）
网　　址：http://www.gjs.cn
经　　销：广东新华发行集团股份有限公司
印　　刷：广州市岭美文化科技有限公司（广州市荔湾区花地大道南海南工商贸易区A幢）
开　　本：710毫米 × 1000毫米 1/16
印　　张：27
字　　数：540千字
版次印次：2020年4月第1版 2021年1月第4次印刷
书　　号：ISBN 978-7-5548-3277-6
定　　价：68.00元

质量监督电话：020-87613102 邮箱：gjs-quality@nfcb.com.cn
购书咨询电话：020-87615809

其实，我不过就是一个看病的大夫。

一枚党徽的光芒

“现在可以说，肯定的，有人传人现象！”

2020年1月20日，钟南山代表国家卫健委高级别专家组果断将真相直言告知全国。

国家卫健委于1月18日紧急通知钟南山院士，务必于当日赶往武汉，对发生在武汉的疫情进行彻底的研判。

钟南山对自己此次的行动，不容有一丝一毫的闪失。

此时全国人民正沉浸在一年一度喜迎新春的欢乐气氛中，大家都在忙于走亲访友，忙于出行聚会。

一声“人传人”，全国拉响警报！封城，戴口罩，家家闭户，居民区设防，扩建医院，隔离疑似病例……疫情防控迅速成为关联每一个中国人的性命攸关的头等大事。

与时间赛跑！84岁高龄的钟南山，忘记了吃饭，顾不上休息，没有丝毫的犹豫和懈怠，义无反顾地踏上北上的高铁，逆行武汉。凭数十年呼吸医学研究的渊深学识，明察秋毫的洞察力，他隐约预感到潜在的危险。

党和政府，以及全体中国人民，将这一晚的期盼，压上了历史的航船。

钟南山深知武汉之行所肩负的使命，他深知疫情真相的背后是生与死，是存与亡，甚至是关乎国家乃至全球的命运。

面对紧急任务，他只有一个意念：行动！立即行动！

“多亏了钟南山！”百姓们众口相传。尽人皆知钟南山是揭开2003年非典型肺炎病原体真相的人，在拉响SARS警报后，在疫情蔓延的危局面前，他高喊：“把重症病人都送到我这里来！”他奋战在一线，夜以继日地从死神手里夺回一个个患者的生命。

此次新冠疫情，假如晚一天知晓实情？再迟两天三天？或假如钟南山也同样没有判明真相？那么，作为芸芸众生的你我，健康的风险，生命的风险将是怎样？中国会是怎样？——任何人不妨思考一下这些“假如”，可以不必感激，但请一定珍惜；任何人可以随着时光流逝而淡忘这场疫情，但历史会不会同样将此淡忘？

更何况，世界总是不容许那么多“假如”。

迈进己亥年关的中国人，经受着空前严峻的考验，但冲在抗击疫情一线的广大医务工作者，胸前有党徽，不惧前路有艰险，他们深知，这是党和国家赋予他们的使命担当，这是人民的重托。我看见，钟南山院士胸前佩戴的党徽上的五个字“为人民服务”，金光闪闪、熠熠生辉，对于一向务实事、讲真话的他，这五个字是庄严神圣的承诺，重如一座大山，长如一条大河。

“为共产主义奋斗终生，随时准备为党和人民牺牲一切！”他火线领誓，誓言铮铮。

一枚党徽的光芒可以照亮世界，从清晨，直至深深的夜，这光芒从一个人的胸膛，成千上万人的胸膛，汇聚成拯救的能量，且看中国，是如此的豪情万丈。

中国人惊叹：真相在他眼里，比他84岁的高龄更高；人民的安危，比他的生命更重要。因为，钟南山不负良知和众望，在面对党和人民时，遵循科学精神，追寻事实真相。

我看见，当新冠疫情如一座山的重量，自非典之后再次压在钟南山的肩上，84岁的他不再步履如风，但却沉着稳健。

病人在他的救治之下康复，被他视为最大的幸福；反之，病人不幸，则是他不能治愈的伤痛。

他一番番挺身而出，一次次说出真相，一回，又一回落下慈怜的眼泪，皆因病人的生命重于泰山，正如他坦言：“在我看来，最重要的，是病人的那一条命。”

对于他，将“为人民服务”的宗旨融入血液灵魂，是如此的水到渠成。一念之间，他的真话脱口而出，天空明亮；只有将“为人民服务”融入血液灵魂，奉献的精神才会伴随一生！“为人民服务”有千难万难，于他，却如此不难，只因他的字典里“没有自己”。

人，因何感念，因为被搭救；百姓因何赞美，因为人间有真心英雄——危难之际，内心寻求援助时，有靠谱的抓手。正是因为如此，钟南山的名字，才成为广大人民群众心中的仰望。

一场新冠疫情，重建中国人对“白衣天使”的敬重，照见医患之间亲如家人的血肉关系；一场新冠疫情，让中国的医务工作者将“为人民服务”写满中国大地。

席卷全球的抗疫，让世界放下了在疫情面前的轻慢与高傲，并且终于具备了衡量成功与否的标尺，而这标尺上，有力地嵌入了“中国”二字。

中国人民上下一致，对疫情全民皆兵的快速反应，与钟南山“早发现，早隔离，早诊断，早治疗”的中国经验，作为对世界各国的宝贵贡献，成为全球共享的中国话语。

钟南山一贯“不为名，只为实”，以科学，以科学家的精神，挽起了人类命运共同体的手臂，“平等与尊重”不需要言语，那一张张谦和的脸融进了中国正逢其时的春天，筑起了中国骄傲！

有发自胸膛的光芒，有内心无穷的力量，只因为是为了人民。这光芒和力量，感染人，带动人，使家园、社会、国家和民族，充满希望。

是什么力量，让今天的我们，如此无恙地继续生活，仍然安享国泰民安？

是什么力量，让中国在世界人民眼中彻底地崛起？

一切尽在这枚闪闪发光的党徽里蕴藏的“人民的利益高于一切”这一宗旨，只有全心全意的人，才会无怨无悔，才会将其视为人生的信仰和目标。

钟南山说：“我不会有退休一说的，我无法想象一个人没有工作，没有科学研究的生活是什么状态。”他坦言，“我从未想过休息，从未想过去哪里玩，真正地在学术上取得一些成就，这才是真正让我开心的事”。他鼓励自己的团队：“就这样默默地工作，拯救人的生命，也许我们得不到什么回报，但是这样为全人类谋幸福的信念，是我一直以来最为崇敬的。”他说，“对患者要做到全心全意”，这已成为他的习惯。

自2003年以来，“南山精神”深入广东各阶层，带动了广东各阶层，感染了各阶层。在中国民众心中，他的真话，代表了实事求是的科学精神，代表了广大百姓的心声，所以人民尊他为真话英雄。他这样一位求真务实的科学家，不仅在医学领域做出了卓越的贡献，在中国，任何一位赞许钟南山的人还会这样评价：他从来不会报喜不报忧，从来不怕忠言逆耳。他的真话，之所以赢得党和政府高度评价，全凭他这样一位“普通医生”的个人公信力，全凭他这样一位必将“奋斗终生”的人近乎本能的自觉。

一场疫情，让我们的目光再次回溯。本书，一页页将史实背后的故事，逐一展开。

在中国共产党建党100周年即将来临之际，我不禁深深思考：一名优秀共产党员的形象，到底该是怎样的？

非典降临时，钟南山为什么敢于讲真话？因为假话之下，是无从安抚的良知；面对事实，是无数患者的性命攸关，是生与死的考验。

在钟南山真话的反衬下，那些虚与委蛇的假话，其实是对现实的不敬。瘟疫并不可怕，真话也并不可怕，可怕的是心灵上没有了方向。

既有人说他是敢说真话的“大炮”，也有人说他是为标榜自己，更有人把他赞颂为真理的化身。

本书，只为传达真实。

出于对良知的根本追求，我已经将这种传达，作为我的使命。

此时，我将这本书稿捧起，再次阅读钟南山坎坷多舛的人生传奇，真真地又一番感慨——为何太阳照常升起，因为坚定的信念来自心底；为何人生要奋发有为，因为人的意志坚不可摧！

此时，我所审视的世界里，只见大海的浪头，向着早晨的太阳叩首。

此时，在我这位作者的眼前，金色的阳光普照着世界。

叶　依

2020年4月

目录

卷1　国士担当

卷2　医者仁心

卷3　非凡人生

卷 1

国士担当

我的压力来自病人的生命，
把他救活是我最大的追求！

——钟南山

迎战新病毒

疫情从不与人类预约；他从来就是大国卫士。

2020年1月18日，中国的医学会议可能都与一件大事有关。一个不祥之兆如隐隐的雷声，从天边滚滚而来，它和2003年年初的动静相似。

今天的天气，是标准的“广州冷”，骤降的气温，让街头不少人穿上了羽绒服。不能朗照的光线，无从提示什么。

上午11时刚过，国家卫生健康委员会给钟南山的秘书苏越明打来紧急电话：新冠疫情不明，请钟院士今天“无论如何亲赴武汉”。

苏越明在此之前潜意识里一直担心这个迟早会来的电话，因为钟南山的健康状况虽然还没有大问题，但是年龄毕竟不比17年前抗击非典的时候。

自2019年12月以来，不明原因肺炎的消息陆续从武汉传来，钟南山一直忧心忡忡。国家卫生健康委员会专家评估组在2020年1月8日初步确认新冠病毒为疫情病原，“新冠疫情”已经成为钟南山团队的第一话题。整个广东，都已在静静地“备战”。1月17日，钟南山刚刚与“抗非战友”广州医科大学附属第一医院党委书记黎毅敏教授奔赴深圳市第三人民医院参加了一个紧急会议，因为那里出现了一例新冠肺炎的疑似病例。

钟南山回话苏秘书，按照原计划："下午还有一个广东省卫健委的会，所以明天一早飞去武汉行不行？"国家卫健委回复苏秘书"稍等，我们商量一下"。苏秘书即刻开始查当天到武汉的航班和高铁车次情况。

不到一个小时，国家卫健委的回复电话来了：经过充分讨论，还是要请钟院士今天务必赶往武汉。

苏秘书告知对方情况：去武汉的飞机票已经没有了，高铁无座票也已售完。

电话那头态度坚决："请钟院士坐高铁过来，车票我们来解决。"

中午12时，钟南山匆匆走出会议室，打电话对苏秘书说："我也接到国家卫健委的电话了，今天必须赶到武汉。"

"国家的这件事情非常重要。国家需要我们去，我们必须今天就去！"

国家大事！钟南山说出这样的字眼让苏秘书一时间热血上涌。

扒拉几口青菜，几口米饭，钟南山算是简单吃过午饭，然后迅速赶往省卫健委。同样是讨论新冠肺炎疫情的会议，专家们警惕又谨慎地进行各种分析和筹划。

会议中，苏秘书接到广州南站的工作人员电话：可以送他俩上前往武汉的高铁，上车以后会想办法帮他们找座位。

下午4时30分，会议一结束，钟南山和苏秘书直奔广州南站。路上，钟南山不禁喃喃自语：2003年非典挺过去了，没想到17年后又发生这么大的事。

1月18日，中国人刚过完农历小年，离大年三十还差5天，按照民间的习俗，这是各家各户准备过年，置办年货；各个机关单位，年终岁尾，安排假期的当口。2020年的新春佳节就要到了。

下午5时30分，广州南站，人山人海，即将返乡过节的人们，欢声笑语，几乎没有人戴口罩。

在高铁春运的人流中，一位精神矍铄的老者与一位年轻靓仔彼此招呼着，总算上了17:45开往武汉的G1022次列车。还好，列车长在餐车里为他们预留了两个座位。

广州—武汉。

列车出站，车厢里充盈着一股往常没有的沉闷气息。餐车车厢乘务员对落座的这位老者格外关照，并时时地表示出歉意。

“能问您多大年纪吗？您的精神状态太显年轻了。”年轻的女乘务员轻声地问，笑容可掬。

“快84岁了。”钟南山回答。

“啊？您……”女乘务员脱口而出：“看不出来，您也就六十出头的样子哦！”

苏秘书十分担心钟南山的身体在餐车乘几个小时的高铁会十分疲劳，正想跟乘务员再次沟通，钟南山对苏秘书连连摆手：“不要这样，餐车有什么不可以？能到达就行了！把别人从座位上挤出来，没这个道理。”

钟南山又谦和地对乘务员一笑，摆手示意不要惊扰其他旅客。还好，餐车上并没有人认出钟南山。

这次国家卫健委请他带队速去武汉，对新冠病毒肺炎疫情快速做出研判。新冠疫情发生以来，钟南山始终密切关注着疫情的动向。

最早报告不明原因肺炎的是湖北省中西医结合医院呼吸与重症医学科主任张继先。2019年12月26日上午，张继先接诊了一位有发烧、咳嗽气喘、呼吸困难等症状的老太太，收进了住院部。次日，医院神经内科请张继先为一位老先生会诊，这位老年患者浑身乏力，拍了肺部CT，发现肺部有一大片炎症，便即刻转入呼吸科。两位老人前后住进呼吸科后，张继先才发现他们原来是夫妻，而且两人的病症和CT结果都出奇相似。张继先起了疑心，要他们把儿子也叫来检查。老人的儿子没有发烧、咳嗽症状，但CT拍片肺部成像却与他父母的一样。至此，张继先这位女医生，开始警觉起来。当日下午，她就把情况上报医院，医院马上报告了区疾控中心，随即江汉区疾控中心就来做了流行病学调查。12月28、29日两天，门诊又陆续收治了四位同样来自华南海鲜市场的病人，病情相同。武汉市卫健委组织专家团队进行调查，并于12月30日15时10分、18时50分在系统内下发《关于报送不明原因肺炎救治情况的紧急通知》等两份部门文件。

狼真的来了！疫情在最初就现出了利爪。

钟南山一上餐车立即打开电脑，整理并查阅相关资料、文献。晚上8时多，他才顾得上吃饭，让苏秘书去买了两盒快餐，补了车票。

列车长满脸微笑，恭敬地向钟南山走过来："钟院士，您是为了国家赶往武汉的，我们不能收您的饭钱！"尽管苏秘书再三谢绝，但这位列车长还是坚决地把饭钱退回。

吃完晚餐，已是晚上9时。钟南山终于停了下来，他用这点时间让自己静一会儿，哪怕一会儿，稍微眯一会儿就管用。他将身体稍微往下挪，把头往后靠在局促的椅背上。

疲惫，是真的疲惫，是只有他自己才明了的那种累，但是只要稍事休息，他又会变得精神抖擞。

年近84岁的他，每天充满朝气地投入一线的科研和临床工作中，一个国家级科研团队在他的精神、情怀与科学理性的引领之下，紧紧跟随。

他行动如风，静坐如山，思维缜密。了解他的人，才能领会他的求真务实。他的言语没有半点华丽，但境界却在高处。质朴的他总是与你并肩而坐，倾听你的心声，而越是如此，相识相见的人，尤其是经过他医治的病人，是从他朴实的交谈中，感受到他的魅力，才对他发自内心地仰视。

望着面前闭目静坐的钟南山，苏秘书难掩内心对这位可敬可爱、永远不知停歇的长者无比的怜惜，他不禁拍下了钟南山此刻的样子，把这一瞬间定格在了2020年1月18日晚上9时15分。“他已经很累了，但他从来都不会说，从来。”

自2003年非典暴发以来，钟南山就已经被媒体所关注，十几年来，这种关注的热度始终不曾退减，尤其是广东媒体的记者们，时时瞄着他的一举一动。

1月21日一早，这张照片和钟南山奔赴武汉的消息就一起上了头条新闻。在钟南山“逆行”踏上疫情一线之后，《人民日报》零点在微博发出一条快评，该快评一时间传遍中国大江南北，让民众交口称赞。这条快评道出了国人对钟南山院士的敬佩，也道出了对所有“逆行”的白衣天使的感激：“17年前奋战在抗击非典第一线，如今再战防疫最前线，84岁的钟南山有院士的专业，有战士的勇猛，更有国士的担当。一路奔波不知疲倦，满腔责任为国为民，的的确确令人肃然起敬！感谢钟南山，感谢负重前行的医生，感谢所有为防控疫情而努力的人。万众一心，众志成城，打赢这场疫情防控战！”

“长寿为志存。”钟南山说过的这句心里话，是对他每天忙碌不停，却始终不放弃体能训练的最好的诠释。医学事业是他毕生的追求，为病人排忧解难，是他最大的快乐。他每天活在一个无形的祷告里，天下无疾，他虽苦犹甘。

夜晚10时，还有不到半小时，就要到武汉了。即将接近城市，窗外的灯光慢慢地开始多了一些。

晚上10:20，车到达武汉。荆楚之地的冬夜阴冷刺骨。身着棕色细格西装外套，里边只穿着一件衬衫的钟南山在下车时感受到了寒意，但背仍然挺得很直。

深夜的武汉街头，灯火依然璀璨，空气中弥漫的地方风味热干

1月18日，钟南山在赶往武汉的高铁餐车上（苏越明/摄）

面的香气，也掩盖不住凶险气息。而匆匆的人流，对逼近眼前的疫情却似乎没有任何察觉。

40分钟后，中巴车到达武汉会议中心。钟南山分明地感到肩上的责任有千钧之重。他此时肃然沉思，凝神不语的神态，只有在2003年非典来临时才有过。

1月19日一早，国家卫健委高级别专家组成员一共6人汇聚武汉会议中心，组长为钟南山，组员包括袁国勇、李兰娟、高福、曾光、杜斌，当地卫健委的同志向专家组汇报疫情进展。层层疑团等待解开……

之后，专家们迅速赶到收治新型冠状病毒肺炎患者的金银潭医院。到达医院后，他们听取医院领导的汇报，并观察病人情况。

1月19日下午，在对武汉有所了解后，高级别专家组在武汉召开了闭门会议。经过几个小时对基本事实的考量后，专家组得出了一些初步的结论，现有患者的感染源，基本判定与武汉华南海鲜批发市场的野生动物有关。

此时，人们不曾想到，这是一场已经拉开了序幕的战“疫”，全中国人民即将投入抗疫战。这是袭击人类的又一场瘟疫。人们更不会料到，这次疫情要举全国之力，而且还会引起世界性的紧张关注。

钟南山心里有数了。

19日下午5时，专家组集体前往北京。6时左右，飞机上开始供餐。此时已是筋疲力尽的钟南山，放下手上的资料。他的晚餐一般吃得很少，而此时又要面对一顿简餐，苏秘书担心地问他：“您吃这样的饭可以吗？”他把手一挥，“不要紧的，可以的。”

晚间，到了北京。专家组又连夜赶到国家卫健委，共同汇报和讨论当天调研的结果，对疫情进行总体的研判，为明天向中央汇报做最后准备。会议从晚间11时一直持续到20日凌晨。

20日早晨6时，钟南山早早又起来准备材料，今天的主要任务是赴国务院向中央领导汇报疫情态势及防控建议。几个关键问题一直在钟南山的脑海中徘徊：如何告知全民？因为说出“人传人”这样的话，是要负责任的！既然人传人，那么是怎么传的？通过什么途径？都传给了谁？传了多少人？将会演变成什么态势？怎样治疗？治疗需要多长时间？死亡的危险性有多大？……

但是，尽管如此，钟南山没有犹豫，他主张首先必须向社会公布真实的情况，即使有再大的压力和风险他也不怕，要让民众心里有底，以达到全民防范，共同抗“疫”。

“不要去武汉，不要出武汉！”

此时的会议上，以钟南山为代表的专家组还提出这一点，“要尽快建议民众”。

国家卫健委肺炎疫情应对领导小组对外发出预警，各医院紧急开会，对外下放PCR（聚合酶链式反应）快速检测试剂盒。这一天，武汉市卫健委向国家卫健委通报，新增17例确诊病例。

20日，国务院同意专家组的意见，将新型冠状病毒肺炎纳入《中华人民共和国传染病防治法》规定的乙类传染病，并采取甲类传染病的防控措施，且纳入《中华人民共和国国境卫生检疫法》规定的检疫传染病管理。当日晚上，钟南山接受央视《新闻1+1》节目的采访，与主持人白岩松连线。

因为时间紧，节目组安排在钟南山入住的酒店里用视频电话连接到央视直播室。

晚上9时20分，钟南山稍事准备，连续的无休无眠，此时，他感觉自己的大脑已经累得似乎有些迟钝。

9时30分，镜头开始对准钟南山。

观众看到屏幕前的钟南山，他精神矍铄，思维敏锐。但是苏秘书却捏了一把汗，担心不已——钟南山显然已是十分的疲惫，苏秘书只觉得心疼。

此时此刻的新闻直播，可谓万众瞩目。民众不约而同守在电视机前，关注钟南山说的每一句话。

白岩松的提问直截了当，钟南山的回答简单明了：

新型冠状病毒存在“人传人”；

已有14名医务人员被感染。

这每一句话落地，都是炸响。

此前看起来距离武汉以外的人还很遥远的这个新冠病毒，仿佛突然间闯进了每一个人的生活中。

一时间，钟南山的声音传遍了千家万户：严防传染，没有特殊情况不要去武汉，不要出武汉，不要往人多的地方聚集，尽量不要外出，外出要戴口罩，勤洗手……

不出两日，全国各地口罩售罄，抗流感的中西药品相继被抢购至断货。各大城市空荡而冷清，乡村家家闭户。中国老百姓，家家户户抱定手机、紧盯网络，嘴里念着“不出门”，就因为钟南山说了“不出门”。

“只要是钟南山说的，我就信！”这样的一句话，竟然神奇地成为中国老百姓的口头禅。

这一次是自非典之后，中国老百姓再一次感激钟南山，因为他又一次对中国老百姓说了实话！人们感恩这位84岁的医者，乘坐高铁连夜到达疫区，把真实的情况大胆地说出来，让武汉及湖北乃至全国开始一级戒备，全党全军全国人民团结一心抗击疫情。

疫情迅猛发展，23日，武汉“封城”……时值春运，已有500万务工人员从武汉向外流出，扩散到全国。钟南山一锤定音的权威结论，让武汉的真实情况被举国关注，成为此次疫情最关键的转折点。

从1月23日10时起，武汉市和周边的鄂州市、仙桃市、潜江市、黄冈市、荆门市等相继宣布暂停运营城市公交、地铁、轮渡、长途客运，暂时关闭机场、火车站、高速公路等离开通道，严防新型冠状病毒疫情扩散。李兰娟院士忧心忡忡，在接受中央广播电视总台记者董倩独家专访时，她说，武汉实施进出人员管控是因为抗击疫情已经到了刻不容缓的程度，只有严格地控制传染源，才能有效阻截传染病在全国范围内的大流行。

迅速隔离病人的工作也是重中之重。武汉建设火神山、雷神山两座医院，参照2003年抗击非典期间的北京小汤山医院模式集中收治新型冠状病毒肺炎患者。2003年非典肆虐之时，为抗击北京的疫情，在北京昌平小汤山建立了集中隔离收治医院。事实证明此举有效地控制了疫情的蔓延。2020年1月23日武汉火神山医院开建，至29日，医院建设已进入病房安装攻坚期；2月2日上午，医院正式交付使用。从方案设计到建成交付仅用10天，这就是享誉世界的“中国速度”。1月25日，雷神山医院开建，于2月5日交付使用。

钟南山为此欣慰不已。

壮心与悲悯

英雄落泪，如甘霖安抚大地。

1月24日，大年三十，钟南山没有回家与家人团聚，广州医科大学附属第一医院病房里的新冠肺炎患者情况十分危急。他还在研究病毒的特性、规律、诊疗方案……这洪水猛兽般突如其来的疫情，让他忧心不已！

他身上的衣服已连续穿了几天，头顶自来卷的短发，这些天不再像往常那样蓬松，而是趴在头顶，额头上光亮亮的。

钟南山的公信力在民众心中宛如一座丰碑：他讲的每一句话，都会使新闻立即冲上热搜。不仅如此，他的言论还影响着整个社会，成为影响整个疫情的风向标，因而新闻媒体随时紧盯着他的一言一行。中外记者围堵钟南山的场景始于2003年，现在忙碌不迭的记者又开始了围堵。出于多方原因，医院给钟南山办公室所在的楼道又加了一道门。

尽管疫情的相关信息需要发布，尤其是有关民众的卫生防疫，但钟南山嘱咐办公室尽量谢绝记者的采访。因为他实在没有时间，而且也没有心情。最关键的是，他不希望总是宣传他自己，“好像我是最棒的”，他实在不能接受。

无数民众自发撰写关于他的赞美诗，谱写歌曲，无数的英雄图谱可谓铺天盖地。危难之时，被疫情困扰的中国民众，把钟南山当作了精神支柱。

同事们把这些看到听到的赞美悄悄放在心里，不打扰钟南山，以免增加他的压力。他从来不惧挑战，但是，大家也万分担心：他的健康会拉响警报。

钟南山平时很少有时间看电视和网络上的消息，紧张忙碌的疫情期间更是如此。1月27日，大年初三晚上，他还在办公室忙碌，他在武汉的学生打来电话，并且发来一段视频。这段视频深深吸引了钟南山的注意，一位在街头蹒跚而行的老人戴着口罩，高唱着国歌，视频的背景是武汉市民打开自家的窗子在高歌。歌声从一栋楼传向另一栋楼，瞬时形成一片。

钟南山，一个人伫立在窗前，面向窗外灯火零星的珠江，双泪行流。

于此之时，武汉，封闭隔离的市民，正在一扇扇推开的窗子前集体歌唱，他们在为自己打气加油。

居住在武汉市区的王先生一家本以为“开窗唱歌”是谣传，结果晚上8时，对面敞开的窗户伸出一个用于卡拉OK的高音喇叭在高喊：“在家隔离的武汉人，今晚组织大型活动齐唱国歌，有愿意参加的一起啊！”武汉不少小区突然响起了《义勇军进行曲》《我和我的祖国》等歌曲，如同一声令下，小区居民闻声开窗，嘹亮的歌声在林立的楼宇之间回荡。

许多市民高呼：“武汉，加油！”小区与小区之间呼喊声此起彼伏，在武昌、洪山、汉阳、汉口、东西湖等多个区的上空都响起了国歌和“武汉，加油”的高呼声。

“武汉本来就是一座很英雄的城市。”第二天面对记者的采访，钟南山仍然难掩内心的激动，泪湿双眼，“我们有信心、有能力打胜这场疫情抗击战。”全国人民都在支持武汉，都在为抗击疫情做贡献，他相信武汉一定能渡过难关，一定能在党的领导下取得抗击疫情

◣在接受采访时钟南山表示，全国帮忙，武汉是能够过关的。武汉本来就是一座很英雄的城市（新华社记者　刘大伟/摄）

的胜利。

此时的钟南山，一位慈悲的仁医，能用何等洪荒之力，告慰满心期待的患者、百姓，他是何等的无奈，何等的焦急。

“钟南山落泪了！”视频瞬间传遍全国，他的眼泪感动中国，形成一股无声的力量，加快驰援武汉的步伐。

1月28日，国家卫健委新闻发布会表示，过去一天新增1771名确诊病例，这相当于此前已有确诊病例总数（2774例）的六成多，其中近三成为重症病例，共515例；湖北省新增确诊病例1291例，新增死亡病例24例。

显然，新冠肺炎疫情防控战不仅未见有结束的可能，而且按照钟南山当时的预估，疫情或在一周或者十天左右到达高峰。此时，武汉的医院早已人满为患，医护人员的防护用品告急，医疗设备告急，医院医疗空间告急。

紧急驰援！疫情就是命令。早在1月24日，空军军医大学医疗队受命紧急驰援武汉，1月25日，上海医疗队共计136名医护人员抵达武汉。

1月23日，国家宣布对疫情高发地进行围堵。

钟南山所在的广州医科大学附属第一医院广州呼吸健康研究院，他的学生，重症医学科副主任医师桑岭，被选派前往武汉参与一线疫情救治。农历大年二十九，他只身一人从广州辗转逆行到武汉后，一头扎进武汉市金银潭医院的ICU（重症监护室）。在出发前，桑岭写道：“在这场没有硝烟的战场上，我们一定赢！中国一定行！加油！”

钟南山团队的5名医护人员于1月24日除夕夜到达武汉。其中有一位90后女孩，她是广州医科大学附属第一医院内分泌科护士李颖贤，除夕夜，她与家人匆匆离别，奔赴武汉，参加医院组建的5人医疗队，到达汉口医院参与救治。

抗疫战场不仅仅在湖北，钟南山团队在广州的抗疫也不轻松。重症医学科副主任医师徐永昊，2019年6月他作为第九批援藏干部赶赴西藏林芝人民医院开展为期一年的医疗帮扶工作，2019年12月他向党组织递交了入党申请书。大年初一，徐永昊从林芝回到广州，此后一直坚守在抗疫一线，在钟南山院士等人的指导下，带领团队完成了广东首例新冠肺炎患者ECMO（体外膜肺氧合，俗称“人工肺”）支持下的危重症新冠肺炎患者转运工作，为新冠肺炎危重症患者成功拔除气管插管，还多次参与广东省卫健委组织的远程视频会诊。

最先到达火线的医疗队，为坚挺在武汉的医务人员，带来了曙光，带来了必胜的信心！那些昼夜连轴转的武汉白衣天使，拥抱远道而来的亲人，百感交加！

驰援武汉一线的医务人员与坚守在武汉的医务人员，共赴时艰，共同面对的除了临床救治的问题外，还有医疗物资紧缺的难题，特别是防护服的紧缺。

从1月29日起，全国各地就陆续开始限制人员出入，民众空前自觉配合政府相关职能部门的工作。一场大规模高级别的严防自控的人民健康保卫战打响了。

“武汉加油！中国加油！”电视台、电台、官网、自媒体，十几亿中国人，血脉偾张，激情铿锵。军队与地方医务工作者纷纷奔赴武汉救治一线，全国各行各业纷纷踊跃捐款捐物。

工业和信息化部继续督促要求有关省份组织相关企业立即复工复产，紧急组织生产医用防护服支援武汉，全力保障武汉医用防护服等物资需求。2020年1月30日，各地各部门落实中央决策部署全面动员做好疫情防控工作。

2月1日，周六，广州钟南山的办公室内，紧张的气氛之中有一股肃穆，每一个忙碌的工作人员都自带一份沉静。

虽然广州市第八人民医院是全市收治新冠肺炎病人最多的指定医院，但是最为危重的病人大多收治在钟南山办公室楼下的广医一院病房。

傍晚时分，钟南山从会议室走出来，返回办公室。过道的另一头，阳光斜照着悠长的走廊，这是一个时间的长廊，虽不长，但每一步都举足轻重。

他出现了，身影上没有朗照的光线，脚步不似往日匆匆而敏捷，肩背上好像驮着千钧的分量。他微微地埋头，微微地弓背，这样的步履何谈轻松，手里握着手机，边走边和电话那头快速而沉静地对话着。

他明显瘦了，白发增多了，还好，心脏并没有"造反"，胃病也还没有跟他太过不去，睡眠质量并不好，也还算是勉强。"我晚上有的时候睡得着，有的时候睡不着。"他微笑着回答了友人的问候，面色是沉沉的。秘书悄悄说了一句："让人看着揪心啊！"

84岁本命之年的钟南山，仍然和从前一样奋斗不息。亲朋好友看见他现在这疲惫交加、坚挺支撑的样子，都在心里祈盼：希望他能尽快恢复到原来精神矍铄的样子。等到卸下了这副重担，一定会的。

目前需要有一个非常重要的"根据"，这是钟南山一直以来的行为准则，尤其面对突发的新冠疫情。几天来，钟南山和他的团队正在向全国范围内开展新冠肺炎患者的临床医学调查。针对来自522家医院、1099个新冠肺炎患者的临床医学研究，获得了第一手的数据，根据这个调查数据及研究分析，进行对策性的出击。在如火如荼的救治一线，这样的数据，需要一个病人一个病人地伴随着救治的过程进行病理研究观察，谈何容易？但是钟南山必须了解这个数据，因为他从来尊重事实，尊重科学，凡事须有根有据。这种严谨的态度，已经成为他的习惯，或者叫作本能，就像人必须要吃饭睡觉一样。

2月1日下午，广医一院第二批驰援武汉的医务人员出征，他们个个都是钟南山的爱将，都是品学兼优的好徒弟，他们都表了决心：请老师放心！钟南山为他们送行，他一个个拥抱，一个个嘱托，师徒之情胜似父子亲情。

这第二批派出的医务人员一到武汉，危重病人的家属一下子拥了上来，包围住了这支钟南山的团队。这支团队所面对的都是病情相当严重甚至危在旦夕的病人，而治疗的条件，非常艰苦！

武汉，急急急！科研，急急急！无论有多么焦灼，多么不安，都得化作沉稳冷静……人命关天，每一步行动的核心是要对方向做出准确的研判。

他一再强调不要突出他个人，临床救治与科学研究从来都是团队的事，而非个人。所以他再三强调没有心思接受采访，也真的没有时间，没有时间！疫情来势汹汹，时间就是患者的生命！

时间，就是他的命！就是他为民奉献的命！

无数民众，无数的赞美诗，所有的不禁的敬意，像落英纷飞于媒体，特别是繁盛的自媒体，内容的颂赞之意感人至深——

待到春暖花开，疫魔败去，

我同您，

一起将此时的诗文读起！

“钟大夫太不容易了，太了不起了！”……人们赞美着他，祝福着他，同时也担忧着他。即使素未谋面，却如至亲，堪比家人。

2月2日，按照中央军委命令，空军于2日凌晨出动8架大型运输机，分别从沈阳、兰州、广州、南京起飞，向武汉紧急空运795名军队支援湖北医疗队队员和58吨物资，上午9时30分全部抵达武汉天河机场。这是继汶川、玉树抗震救灾之后，空军参与非战争军事行动，同时出动大型运输机数量最多的一次。

各地各部门坚决、迅速贯彻落实以习近平为核心的党中央决策部署，一场中国人民自上而下阻击疫情的战“疫”，全面打响！

齐心协力、众志成城，全力驰援武汉。人力、物力，短缺的一线防护用品、救治设备，纷纷运抵武汉及湖北其他疫区……

国家卫健委修订印发病例诊疗、防控方案，向全国完善“日报告、零报告”制度，织密织牢疫情监测、发热门诊预检分诊“两张网”——把好两道关。

钟南山与他的团队在卫健委的支持下，对他们进行研究的全国1000多例确诊新冠肺炎患者的特征进行了总结分析。所纳入的1099例确诊新冠肺炎患者采样，来自于全国30个省、直辖市的552家医院，均为截至1月29日的病例，大多数病例从2020年1月1日开始纳入。

该研究证明新冠肺炎潜伏期中位数是4天；实验室检测阳性、影像学正常的病例，叫感染者，发展成为重症的病例才出现肺炎；初诊时候影像学是正常的，非重症病例中有17.9%，重症病例中有2.9%。

此时的钟南山，在这项研究中明确表示：要区分“感染者”和“肺炎患者”。这个思路的方向，对整个决胜武汉抗“疫”，是关键性的。

对于新冠肺炎，钟南山团队倾向在医学上使用“COVID-19”这一名称，是因为该名称可以包括实验室检测阳性、有症状但无明显影像学表现的患者。这些患者不一定有肺炎表现。

这就是一线急需的合理治疗依据！

此项研究还表示：临床医生要在更早期，疾病进一步发展前找出患者，并给予相应的处理。

这一研究结果更加证实了钟南山一开始的判断：对新冠病毒感染者，必须做到“四早”，即早预防、早发现、早诊断、早隔离。

这项研究还有一个惊人的发现：这1000多名来自全国各地（包括武

汉）的确诊患者中，仅1.9%的患者在发病2周内有野生动物的直接接触史；在非武汉居民中，31.3%的患者去过武汉，而72.3%的患者接触过来自武汉的人。这1000多名受检患者中武汉当地居民占43.95%。

这项研究进一步证实：此新型冠状病毒可以快速地在人与人之间传播！

患者平均年龄为47岁，41.9%为女士，也就是说，男性多于女性。而患有如高血压、慢阻肺等常见病的中老年男性患病率更是高于女性。

这一研究还有助于确定密切接触者的隔离时间。研究结果印证了相关的报道，如家族聚集性发病、无症状感染者可能传播等，因此，不排除“超级传播者”的存在。

研究更证明呼吸道飞沫是新型冠状病毒快速传播的其中一个主要因素。

该研究也报道了入院时，重症患者占15%。与非重症患者相比，重症患者平均年龄大7岁，常见疾病合并率更高，但两组的暴露史无差异。

钟南山主张，使用中医药配合救治。他认为中药可以使轻度特别是初起发作的病情得到缓解和治疗。作为一名西医大家，多年来，从板蓝根、连花清瘟到玉屏风等中成药，钟南山都对其作出了肯定和大力推介，对于中医辨证施治的整体观，他也赞佩有加。

2月28日，这项研究的成果正式发表在权威医学期刊《新英格兰医学杂志》上，它是钟南山与全国552家医院对此次疫情作出的重要贡献。

疫情仍在持续，武汉紧急建立方舱医院，在疫情的关键时期，这是收治患者的关键之举。从2月3日开始，国家卫健委在全国紧急调集了应用于方舱医院的所有设备。设备陆续到达武汉，首批600多名医务人员到位，全国又陆续调集了1400名护士到武汉。国家紧急医学救援队所携带的10台车辆，包括指挥车、药品器械车、生活保障车、能源保障车、运兵车、检验车等，相当于小型医院的配置，全部出动。2月5日，方舱医院开始接收新型冠状病毒感染的肺炎轻症患者。这些方舱医院分别位于武汉蔡甸、江夏、黄陂等各区的各类场馆。

国家建立方舱医院，解决了钟南山内心最焦虑的一件事儿，那就是将轻症和重症病人有效地分开。从而，中医开始大规模奔赴武汉，进入方舱医院，对轻症患者进行治疗，有效避免轻症患者向重症的发展!

至此，对方舱医院内的轻症患者以中医治疗为主。而对待重症患者则以针对性地集中进行起死回生的治疗。尽管挽救一个重症患者，需要付出相当大的人力及物力，但是，人命大于天。

如果说一个轻症新冠病人治好不易，那么，挽回一个重症病人的生命，就不单纯是治愈的问题。

2月6日晚至7日凌晨，无数中国人悲从中来，难以入眠。最早在微信群中转发、发布“华南水果海鲜市场确诊了7例SARS”，提醒大家小心被传染的，年仅34岁的武汉市中心医院眼科医生李文亮，因感染病毒，医治无效殉职。尽管无数民众为他祈祷，但是，李文亮最终还是走了。国家卫健委等三部门表彰全国卫生健康系统新冠肺炎疫情防控工作先进集体和先进个人，追授李文亮等34位同志“全国卫生健康系统新冠肺炎疫情防控工作先进个人”称号。4月2日，李文亮等14名牺牲在新冠疫情防控一线人员被湖北省人民政府评定为烈士。

钟南山对李文亮给予了高度评价，他说：“我想，大多数中国医生都认为李文亮是中国的英雄，我也是这样认为，我为他骄傲。”面对路透社记者，钟南山用流利的英语应答。“他是英雄。”钟南山赞扬着李文亮，不禁哽咽。

钟南山对这位远道而来的记者介绍说，李文亮早在12月底就把真相告诉了人们，“你也知道，他去世了”。他讲述了医务人员在得知李文亮已经离世的消息之后的凌晨，所进行的一个不约而同的举动，

“武汉和其他城市，大家都在为他举行简单的悼念活动，他们举起手机亮起灯，”钟南山做了一个抬头举手机的姿势，“就这样几分钟，然后回去工作。”他感慨万千地评价说：“他们想的不是他的死亡。他们敬佩他，他们支持李医生是个英雄，包括我在内。”

他从不掩饰自己对中国无数像李文亮这样的白衣天使的感情：“这就是中国医生。我想大多数中国医生实际上都像他一样。”

多少人用体恤之心评价钟南山，他被国民寄予厚望，而他自己又承受了怎样的负重？初期信息不全，导致战机贻误，一切措手不及，致使一线医务人员得不到很好的保障……最先奋战在一线的医务人员的士气最需要保障！钟南山为李文亮的不幸，为前方全体医务人员所承载的重负而怜惜，为民众的苦难忧心不已。

英雄相惜，李文亮和钟南山，都只是想做一个普通的医生。是什么力量让这样的普通医生成了英雄？其实就是一句简单的实话，在良知没有蒙上尘埃，人的心思澄明如少年一般时，实话，是自然的流露，是直抒胸臆，是驱散阴霾的清风；实话，让人类得享安好，人心通往同一个方向；实话是坚韧的，纵然在石缝中也会屹立青松。

17年前，钟南山被全民誉为敢说真话的“大炮”，面对事实，不顾阻挠，以科学家的良知，冒“天下之大不韪”仗义执言；今天，钟南山的真话，又一次在疫情肆虐之时，为天下苍生作了代言。

科学抗疫

2月6日下午，刚刚结束会诊的钟南山，走出视频会议室时匆匆地给挂念他的亲人回复了几个字，算是报了个平安："我身体暂时还好，只是极忙！"

2月7日，正月十四，钟南山在参加广东省卫健委会议后接受媒体采访时说，新增病例没有继续的明显增多，这是好事，但这是不是意味着拐点就来了呢？尚言之过早。

2月12日"新型冠状病毒全球研究与创新论坛"在世界卫生组织日内瓦总部闭幕。

在论坛结束后举行的记者会上，有西方记者提问称："中国政府有没有要求世卫组织站出来称赞他们在防疫这一方面做得很好？"世卫组织总干事谭德塞对此表示，中国以创纪录的速度分离出病毒，进行基因测序，并立即同世卫组织分享。这有助于其他国家研发病毒测试工具，发现感染者。"这意味着中国在帮助其他国家进行防疫，如果没有测试工具，感染病例可能被忽视，造成疫情扩散。"

在回应中，谭德塞再次谈起中国和德国卫生部门密切合作，快速识别、隔离德国境内新冠病毒感染者的例子。谭德塞认为，中国公开、透明、负责任的举措，使得德国能够"立即采取行动，阻止病毒进一步蔓延，帮助德国控制了疫情"。

谭德塞提醒大家注意，就在这个大厅，世界卫生组织执行委员会第146届会议上，几乎每位成员都对中国表示赞赏。中国采取了大规模措施应对疫情，包括武汉“封城”阻止疫情向其他省市、其他国家传播。一位英国代表说：“这是英雄的举动，我们因此才更加安全了。”

谭德塞坦承，世卫组织赞扬中国举动的时候有很多压力，但是正因为有压力，才不能隐瞒事实。随后，谭德塞强调：“中国过去没有，现在也没有要求我们赞扬。这就是事实，全部的事实。我们都持同样的观点，因为中国扎扎实实的做法应该得到称赞。”

世卫组织为什么称赞中国？谭德塞解释说：“我们不需要取悦任何人，公开赞赏一些国家好的做法有两个目的：一是鼓励这些国家继续坚持正确的政策；二是带动其他国家借鉴、学习这种做法。”

2月14日，星期五，钟南山回复友人：“区区的几个字告诉你，我身体还好，只是非常忙，但是办成了几件事，有一些急救的医疗器械可以生产了，这是我最大的安慰！”

其实除了器械，钟南山团队还陆续发表了不少疫情相关的成果，而其中之一就是结合人工智能改进了经典传染病学预测模型（SEIR）用于预测COVID-19流行曲线。疫情发生以来，广大中国民众相信钟南山，“只要是钟南山说的我都信”，而钟南山也不负众望，没有辜负人们的期许。老百姓认为，这是因为钟南山对疫情防控有经验、水平高，甚至“能掐会算”，还“辟邪”，更因为他实事求是，大无畏，有科学精神。

传统SEIR模型在国外曾被用于社区流行病的预测及防控。但是，将它照搬到中国的此次疫情中，肯定是不会准确的，因为这个模型的功能仅限于自然数据的采集。由于新冠病毒疫情具有未知性、突发性、高风险和蔓延快等特点，同时叠加春运高峰期间学生放假、企业

正在忙碌工作的钟南山（苏越明/摄）

员工回家过年等人员跨地域频繁流动等因素，给疫情防控带来了严重挑战。钟南山的团队，根据中国抗疫实际情况，为它加入了人为的“变量”：首先，我国从中央到地方对疫情的强力干预；全民动员、上下同心；有力的物资调配；有效的民众居家隔离等因素；其次，团队加上无症状传播期的特性，并结合中国特色的春运大迁移等因素。

考虑到以上因素，为科学预测疫情发展走势，钟南山技术团队先后对疫情的流行趋势做出了两版预测。

2月6日，功夫不负有心人，经过几天连夜奋战，预测研究取得了初步成果。

第一版预测以1月11日至2月12日的数据作为输入数据进行研究，并根据改进的SEIR模型进行预测。结论显示，全国新冠病毒疫情将在2月下旬达到高峰，4月底趋于平缓。

如管控措施推迟5天实施，中国的疫情规模预估将扩大至3倍。

3月初，阐述以上预测内容的论文《基于SEIR优化模型和AI对公共卫生干预下的中国COVID-19暴发趋势预测》在*Journal of Thoracic Disease*（《胸部疾病杂志》）上正式发表。

该文章提出了基于大数据的改进SEIR预测模型，并提出了数据受限条件下的人工智能LSTM预测方法。

这是钟南山领衔的广州医科大学第一附属医院和广州呼吸健康研究院的全体科技工作者，用自己的亲手实践，将接地气、解危困的科学论文，书写在祖国的大地上。

所以，一向实事求是、尊重科学的钟南山，并没有凭经验说大话，而是根据事实，凭证据，公开说出了他们的预测：“根据我们团队在传统模型基础上加上两个影响因素，即国家强力干预和春节后回程高峰消除后，预测高峰应该在2月中旬接近2月底。到了2月15日，数字果然下来了。”

“我们有信心，4月底基本控制。”

2月27日，广州市人民政府新闻办公室举办了新冠肺炎疫情防控专场新闻通气会，钟南山引用了以上结论。

“疫情开始时，国外就有流行病学家用权威的试验模型，预测2月初，中国感染新冠肺炎人数将达16万人。这是没有考虑到中国政府的强力干预，也没有考虑到春节后的延迟复工。”钟南山说。

“然而我们做的预测模型显示，2月中旬或下旬将达到疫情高峰，确诊病例约六七万人。研究论文投到国外权威期刊，他们感觉和国外的预测水平差太多，被退了回来。但实际上，我们的预测更接近事实。”

为了更精准地判断疫情发展的各个关键节点，钟南山团队迅速着手实施了第二版预测。该版预测通过机器学习构建了人工智能模型，同时改变了此前的鉴别方法，以1月11日到2月17日的数据作为输入数据进行研究。

2月9日前，使用“新增确诊人数”作为训练数据进行预测；2月13日后，采用“累计确诊+新增疑似−死亡人数−治愈人数”作为训练数据进行预测。结论显示，全国疫情将会在2月20日左右达到拐点，最终全国确诊病例8万例左右。

纵观疫情实际走势，2月20日左右，湖北省以及全国范围内，确诊病例、疑似病例显著减少，疫情出现明显拐点。截至3月26日10时，全国累计报告确诊病例81960例。以上均与钟南山院士技术团队作出的预测十分接近，这也说明了其疫情预测模型的准确性。

虽然两版预测采用的监测方式不同，但是采用的预测方法是相同的，都是在原始的SEIR模型上引入迁入和迁出人数。

事实证明，钟南山团队的两版预测，与疫情实际走势十分吻合，为新冠肺炎疫情防控策略提供了参考，为政府作出科学、全局决策提供了科学依据。钟南山团队为中国抗击新冠肺炎疫情的战略支持，作出了不可替代的贡献。

2月13日，经中央军委主席习近平批准，军队增派2600名医护人员支援武汉抗击新冠肺炎疫情，参照武汉火神山医院运行模式，承担武汉市泰康同济医院、湖北省妇幼保健院光谷院区确诊患者医疗救治任务。

武汉市泰康同济医院计划展开床位860张，湖北省妇幼保健院光谷院区计划展开床位700张。两家医院均开设临床病区，设置感染控制、检验、特诊、放射诊断、药械、消毒供应、信息、医学工程等辅助科室。

此次抽调组织的医疗力量来自陆军、海军、空军、火箭军、战略支援部队、联勤保障部队、武警部队的多个医疗单位。根据医院容量和建设进度，军队医护人员将分批投入支援，首批力量1400人于2月13日抵达武汉，并计划在第一时间展开相关医疗救治工作。

截至此时，军队共派出三批次4000余名医护人员支援武汉抗击新冠肺炎疫情。

全民抗击疫情。全国民众在家自动隔离，“不上街”“不给政府添麻烦”“医务人员够累了”。在自编的歌谣中，有一类传播最广最快：“钟南山说了……”“只要钟南山说了，我就信。”全民防疫到了空前自觉的程度。打喷嚏时我们该怎么做？很多人打喷嚏时喜欢用手挡住，正确的方式应该是使用纸巾、袖口或者屈肘将口鼻遮住。将纸巾丢入垃圾箱，然后使用流动的水和肥皂洗手。这样的常识几乎人人皆知。

这一时段，钟南山密切关注“钻石公主”号邮轮感染新冠肺炎的情况，以及国际上与新冠疫情相关的动态。据央视新闻，日本厚生劳动省于2月6日上午确认，停靠在横滨港口的“钻石公主”号邮轮上再有10人确诊新型冠状病毒感染的肺炎。加上2月5日确认的10例，邮轮上已有20人确诊。邮轮上的3700多人需要在客舱内隔离14天。截至当日，日本累计确诊新型冠状病毒感染的肺炎45例。

钟南山真切地感到，新冠疫情完全有可能出现全球大暴发的势头。全人类是一体——人类命运共同体，疫情有发源地、高发地和爆发地，没有任何人、任何国家有拣选的余地。只有全人类共同团结起来，应对共同的敌人，人类才有健康安全的未来。

疫情无国界，科学也从来没有国界。这与政治风云如何变幻无关。

2月14日，钟南山指导研发的快速检测试剂盒公之于众。战“疫”伊始，用于病毒快速检测的试剂盒的问题始终困扰着一线医务人员，一是准确率不够高，造成病人反复检测，延误第一时间的隔离和救治；二是测试盒数量远远供不应求。钟南山调度他所在的呼吸疾病国家重点实验室的科研力量，并联合多家研究机构紧急研制，最新研发出新型冠状病毒免疫球蛋白IgM抗体快速检测试剂盒，在实验室和临床上，都已完成初步评价。

仅需采取一滴血，就可以在15分钟内通过肉眼观察获得检测结果，且患者的血浆稀释500至1000倍后，仍能检测出阳性条带。

该试剂盒与目前诊断所用的RT-PCR核酸检测相比，检测更加简单高效，灵敏度强和特异性高，能够有效突破现有检测技术对人员、场所的限制，缩短检测用时，实现疑似患者的快速诊断和密切接触人群的现场筛查，推动了诊断筛查的关口前移下移。

这一试剂盒在湖北一所医院进行了应用试验。通过对部分临床已确诊为新型冠状病毒感染阳性（但PCR核酸检测呈阴性）的患者血样进行复检，该试剂盒能检出相当部分IgM阳性，提示可与核酸检测形成互补。同时，在取自湖北、广州600多份临床样本的检测试验中，试剂盒的IgM阳性检出率与临床诊断结果具有高度的符合率。

随即，这款快速检测试剂盒（科研用）样品已大批送至湖北省武汉市、黄冈市、大冶市等地基层卫生机构等，与核酸检测等技术联合用于检测新型冠状病毒感染。

国之幸

他挺身而出，以科学家的担当，瞬时间为中国扳正国际声望。

中国全力筑牢控制疫情蔓延的防线。自疫情发生，中国政府本着对人民群众生命安全和身体健康高度负责的态度，采取了前所未有、世所罕见的防控与救治举措，很多举措甚至远超《国际卫生条例》要求——以创纪录的速度完成病毒分离、基因测序，并同世界卫生组织分享。

非典以来中国建立起了一整套公共卫生事件应急体系。此次新冠疫情，仅用10天时间建成了火神山、雷神山两座专门医院；从全国抽调4万多名医护骨干紧急驰援最前线；组织全国力量进行药物及疫苗研发攻关……

这一切，在美国库恩基金会主席罗伯特·库恩看来，中国为阻止疫情蔓延，进行了全民动员，整个国家都行动起来抗击疫情，这是中国全社会对世界作出的贡献。

“中国疫情防控措施，为世界公共卫生事业尽责担当。”中国速度为世界争取了宝贵的时间窗口。病毒传播速度快，疫情就是动员令。“如果这种病毒在一个卫生系统薄弱的国家传播，我们不知道它会造成什么样的损害。”世卫组织总干事谭德塞高度评价，人们更能看清楚中国在这场抗击疫情的紧急行动中争分夺秒的意义。

中国实践为世界防疫树立新标杆。中国从疫情一开始就采取公开、透明、负责的态度，与世界卫生组织及各国加强沟通、密切合作，及时通报信息，尽全力阻止疫情在全球传播。中国官员和驻外使节积极主动介绍中国抗击疫情的最新情况，坦诚回答国际媒体关心的各类问题；中国邀请世卫组织等相关专家前往武汉进行实地考察，并积极配合世卫组织专家考察组在北京、广东、四川等地考察。世卫组织多次高度赞赏中国的负责任态度，充分肯定中方采取的果断措施，对中国战胜疫情充满信心。世界各国纷纷向中国致电致函表示支持。

中国担当生动诠释命运共同体理念。疫情面前，考验的不只是人类智慧，更是团结精神与责任担当，患难之际，更能彰显命运与共的弥足珍贵。

“岂曰无衣，与子同裳。”日本政府向中国捐赠的抗疫物资包装箱上写着感人的诗句，这些感人诗句及日本向我们送来的最及时援助、最暖心的鼓励与问候感动了中国心，温暖了中国人。这次疫情，日本举国上下对我国的支持与援助令我们不胜感激。在我国疫情严峻之时，日本不但数次派专机运送救援物资飞抵我国，在第一时间给我们送来最及时的援助。而且无论是日本官方还是民间在精神层面给予我们的鼓励与支持，同样也令我们温暖与感动。随后不久日本疫情日趋严峻，日本厚生劳动省2月27日发布通报：包含“钻石公主”号邮轮上已确诊的705名感染者在内，日本国内已确诊新冠肺炎病例912人。

结草衔环，我国迅速向日本提供抗疫物资——“同舟共济，守望相助”。

在得知日本新冠病毒核酸检测试剂不足后，中国在自身面临疫情严峻挑战的时刻立即向日方表达提供协助意愿，紧急向日本国立传染病研究所捐赠一批新冠病毒核酸检测试剂盒。随后，谭德塞总干事不无感慨地指出：“世卫组织一直呼吁各国领导人在公共卫生挑战面前展现足够的领导力和政治意愿，而中国在这方面的表现值得其他国家学习。”

2月17日，国务院联防联控新闻发布会上，国家中医药管理局医政司司长蒋健发布最新数据：全国中医药参与救治的确诊病例共计60107例，占比85.2%。湖北以外地区中医药参与治疗确诊病例的治愈出院和症状改善占比达87%。

截至2月16日24时，湖北225所定点救治医院，确诊患者58182人，中医药使用率83.3%（武汉80%）。其中42家定点中医医院收治确诊病例4978人，中医药使用率96.4%。目前11个方舱医院同步配送中药汤剂和5种中成药。

毋庸置疑，中医在此次新冠病毒疫情的防控中立下了大功。

“宁可架上药生尘，但愿世间人无恙”，国粹中医，自有安详。

很多中医人为中药上一线心急如焚。2020年1月29日，身为西医的钟南山在采访中明确表示：“中医一开始就要介入，别到最后病人重病不行了才找中医。”他这样说，没有半点是出于平衡什么关系，照顾谁的情绪，而是实实在在出于对中医的了解。钟南山团队通过对循证医学的方法一直对治疗新冠肺炎有效的中药和中成药进行研究。

中医如何“对付”新冠病毒？中西医如何“结合”？中央电视台《新闻1+1》主持人白岩松在对话中央疫情防控指导组专家组成员、中国工程院院士张伯礼时，张院士的一番回答尽显中医学人的尊严和大家风范。“我觉得争这个是无聊的，没有什么意义。治好病是真的，各种医学都有自己的长处，有自己的短处，西医对一些急性的重病抢救的时候，那些手段谁也替代不了。”他客观公正地说，“对一些慢性病，改善功能疾病，中医的优势又很突出。中国人应该感到幸福，有两套医学保证，有什么不好的呢？何必分你的我的，十个手指头还不一样长哪”，“我觉得这种争论的背后有的是无知，某种意义上还有利益集团在操纵，当然更多的可能也是糊涂”。

钟南山一向倡导的是：廉价老药新用。他的这一主张在本次疫情中再次造福患者。此次疫情临床发现廉价老药氯喹为有效药物。

氯喹曾经是一种抗疟疾的特效药物，由于廉价、使用方便和副作用小，曾在欧洲南部和美国南部根除疾病方面扮演重要角色。

当然，氯喹有它的不良反应，如可引起胃肠道反应：恶心呕吐，食欲不振，腹胀，腹泻等。

2月2日，美国福克斯新闻台主持人杰西·沃特斯在播出的一档节目中妄言要中国人就新冠肺炎疫情“正式道歉”，还称疫情发源于中国，是因为“中国人吃不饱，吃生蝙蝠和蛇”。其言论带有明显种族主义色彩，节目中遭到搭档主持打断和质疑。

2月19日上午10时，广州呼吸健康研究院、美国哈佛大学、恒大集团三方联合成立的新型冠状病毒肺炎科研攻坚小组第二次视频会议在广州召开，三个团队就新冠肺炎快速检测诊断、临床救治、药物筛选、疫苗研究等进行了两个多小时的交流研讨。

2月27日上午10时，“广州市人民政府新闻办公室疫情防控保障专题新闻通气会”在广州医科大学举行，国内各大媒体的记者纷纷到场。此时广东随着疫情局势好转，广州市重大突发公共卫生事件应急响应级别从一级降为二级，但是在室内人多聚集场合还是需要佩戴口罩，做好防护。

钟南山刚落座，摘下了口罩。9天前，距他前往武汉的1月18日整整一个月，多么艰辛的一个月。但终于，疫情得以遏制，按照中国意志，开始走低。

那一天他笑了，全中国人民紧张的心情终于放松了一些。

“中国从不怕外界的骂声，因为对自己有信心。”以美国为首的国际舆论对中国是多么的不利，可以说是令中国危机四伏，因此，那一天，钟南山话音刚落，现场的记者们不约而同为他鼓掌。那正是在打赢疫情防控阻击战最吃力的时刻。

今天的钟南山，虽然略显疲惫，但是他的神态明显比9天前轻松了许多。

他是专家，是组长，出于防疫的必要，他更应该率先垂范戴口罩，更何况他是多么心疼那些因缺乏防护而染病的医护人员。但是作为他个人，他会时常把口罩有意无意地抛在一边，这其中，有他对疾病的无惧。在非典期间，他查看过每一个病人的口腔，获得了关于病人的第一手证据。那时他都是怎样查看的啊？

“啊——”他张口对着病人。

“啊——”病人学着他的样子回应。

由他做出示范，很多病人才会把嘴巴张得到位，他和病人脸对着脸。

非典期间虽然他曾被累倒，但并没有被病毒感染过。这是非常神奇且难以解释的事实：并非免疫力强大，而是因为免疫平衡，才有了预防传染最好的状态。

作为国家卫健委高级别专家组组长、国家呼吸系统疾病临床医学研究中心主任的钟南山，此时回溯广州在非典期间的经验，介绍广东非典疫情防治特色和经验，并回答了记者们带来的一段时期以来民众所关心的热点问题。

“新冠肺炎疫情首先出现在中国，但未必发源于中国。”对于发源地的问题，钟南山这样分析，公开引导了大家的思路：新冠肺炎的“零号病人”也有可能在国外，新冠病毒可能是通过输入来到中国的。会后他还对这个问题着重说明：“发现”和“发源”不能画上等号，但我们也不能就此判断疫情是来自国外，必须对新冠病毒进行溯源之后，根据事实来说明一切。

◣2020年2月27日，广州市人民政府新闻办公室在广医一院举办疫情防控专场新闻通气会（图片来源：人民视觉）

◣2020年2月27日，钟南山在疫情防控专场新闻通气会上称：新冠肺炎疫情首先出现在中国，但不一定发源于中国（图片来源：人民视觉）

那么到底应该怎样进行复工复产呢？国外曾预测中国可以在5月底结束疫情，那时国外疫情还未暴发。中国一直用前所未有的力度干预，从群防群治到联防联控，不仅是机制的改变，更是战略的重视。尽管现在可以复工复产了，但是人与人之间还必须保持至少1.5米的间隔，还要进行核酸和抗体的双检测。钟南山说：“现在2月27日了，我没有看到高峰，因为上下火车、飞机都要检查，一旦发现立刻隔离，切断了传染病的自然传播路径。”他谆谆叮嘱：在这样的情况下复工，工人要接受双检测，特别是大企业复工，因为人员聚集性更高，更要非常注意。大企业有很多区间，一是建议员工卡座间隔1.5米以上；二是所有工厂自来水龙头、下水道必须保持通畅，避免下水道因堵塞粪便和尿液造成气溶胶传播。

“双管齐下这样做，我们有信心病例数字不再上去。”

有两名记者在耳语：“这是通气会？是打气会？”“不，是壮胆会。”

此时的世界，新冠病毒正在多个国家蔓延，“这些蔓延很快的国家也可以参考中国经验”。

“中国经验！”记者们看到，钟南山脸上的笑容不无自豪。

随后，钟南山应邀为欧洲呼吸学会介绍中国经验，中国的做法可能对他们有一些启发。

“这是人类的病，不是中国的病。”钟南山说。中国增加的病例已经少于国外增加的病例，伊朗、意大利，它们的病例增加非常快，世界抗疫要守望相助。从国际社会看，发生在日本的病例，主要来自“钻石公主”号邮轮上的乘客，疫情防控有点失败。船舱是个密闭空间，非常容易造成人员相互传染，所以越隔离感染人数越多。

对于康复病人的“复阳”，社会上说法不断，让人不得安心。有记者提出：广东的初步数据显示，有14%的出院病人“复阳”，该如何应对？钟南山说，“复阳”有多种因素。病毒检测试剂最近才研发出来，一方面，存在试剂本身的问题；另一方面，检测的方法、采样方法对阳性率影响很大。“复阳”，有可能原来就不是阴性。

至于粪便里有核酸片段，有没有传染的可能，还有待观察，这个问题无法准确回答。可以准确回答的是，一个病人恢复后，做了抗体检测呈强阳性，抗体水平达到4倍以上的话，重复感染可能性很低。这样的回答，总算让人放心了。

钟南山说，17年前，非典在广东出现，当时国家制定出台了很多检测防控方法，有些实行得很好，例如这次很快发现病原体是新型冠状病毒，对比以前已经有了很大进步。

钟南山总结了四条宝贵经验，可以说是：中国经验，世界共享。

第一，对所有传染病，首先是控制上游，预防都是早发现、早隔离，就比较难产生聚集性暴发。

第二，病人应该收治在定点医院。定点医院对急性传染病更有经验，病人能够得到更好的救治。

第三，重症病人需要多学科联合救治。每个专业有它的特长，新冠重症患者最需要的是生命支持，要发展支持疗法，加强对重病学科的投入。

第四，国际合作。有好的治疗方法及防控经验，需要开展国际交流，取长补短。

此次通气会上，钟南山告诫大家，中国有可能出现输入病例。我们要加强国际交流和合作，分享经验。早发现病情的病人，85%以上都会痊愈，除非自己免疫系统非常差。研究人员发现，有高血压、心脏病、慢阻肺、肾脏疾病的病人，病死率会高很多。而且此次病死率出现了极强的地区差异，这在过去是没有的。

钟南山认为国际合作联防联控非常重要，危难当头，日本、韩国没有忘记对我们的支持，当疫情在日、韩发展，我们也不能忘记对它们的支持。

“吃野生动物本来就是人类的陋习。”钟南山强调。

2020年2月24日，全国人民代表大会常务委员会已经通过全面禁止非法野生动物交易、革除滥食野生动物陋习、切实保障人民群众生命健康安全的决定。这一决议的落地，会为中国重大传染性疾病防控带来根本性影响吗？钟南山回答记者，近年接近80%的疫情源头都是野生动物。禁止令很有必要，但现在的市场现状基本是禁而不止。果子狸已明确是SARS病毒很重要的中间宿主。市场上很多野生动物都带有冠状病毒，它们本身不会发病，但人类吃了它们，就会出大问题。

世界进入21世纪只有短短20年，已经暴发了三次冠状病毒疫情，即SARS、MERS和COVID-19。钟南山曾提出，凡是冠状病毒，凡是一看有聚集性感染，要马上严防扩散。他说曾经估算过，如果在1月25日才采取措施，而不是在1月20日采取措施，新冠肺炎病患将达到十几万人。

国之幸。

领誓

他用奉献的双手捧一片丹心，迎着党旗，用爱消融冰雪。

2020年3月2日，钟南山办公室窗外的珠江静水流深，暖阳顺江面铺陈，似有长长的暖心话语在缓缓诉说。

抗击疫情到了全面攻坚的时刻，“必须挺住，坚持！”前线医务人员在顽强拼搏，此时更需要打气和鼓励。

今天广医一院ICU医生徐永昊、驰援武汉的护士李颖贤加入中国共产党，钟南山领誓。

一面鲜红的党旗，在会议室墙壁上展开，悬挂，一阵轻风拂面，钟南山抬眼，红色映亮了他的眼眸。当年他的父亲，身为国民党中央医院院长，因为痛恨国民党的腐败，因为深深的爱国情怀，毅然决然留在大陆，并加入了中国共产党。钟南山一直秉承父志，他有多少机会被外国挽留啊，但是，他不能也不会离开祖国。

钟南山，这位55年党龄的老党员，永远不会忘记自己在党旗面前的誓言：我志愿加入中国共产党，拥护党的纲领，遵守党的章程，履行党员义务，执行党的决定，严守党的纪律，保守党的秘密，对党忠诚，积极工作，为共产主义奋斗终身，随时准备为党和人民牺牲一切，永不叛党。

铮铮誓言，钟南山说到了，也做到了。

◣2020年3月2日，钟南山在广州医科大学附属第一医院首批战疫一线火线发展党员的入党宣誓仪式上领誓

他要像自己的父亲一样，将自己毕生的精力、全部的热情贡献给祖国的医学事业，誓为天下无疾，人民康宁。这是他追寻的人生价值，也是他最大的快乐。

今天，他要为这两名奋战在抗疫一线的白衣战士进行庄严的入党宣誓的领誓。

面对党旗，他说："现在正是需要党员站出来的时候。"通过视频连线到武汉，他看见准备宣誓的两名白衣战士，身穿防护服，站在党旗前，将握紧的拳头举起。

在这个特殊的时期入党是终生难忘的。我国抗击新冠疫情取得了成绩，前线的医护人员作出了很大的贡献和牺牲。钟南山疼爱并赞扬，李颖贤第一时间报名去武汉，让他在平凡中看到了伟大；徐永昊在疫情发生后马上回到广东参与危重病人的救治工作，危难面前不计得失，这就是共产党员的本色。"烈火见真金，危难见真情。现在正是党员冲锋在前的时候，要带领大家克服困难，共渡难关。"

钟南山所创立的呼吸疾病国家重点实验室没有停止过对中药的研究和应用。尤其近年来，钟南山以一个医生、一名科学工作者的角色，大力研究助推中成药的应用，特别是连花清瘟、玉屏风等。抗疫以来，钟南山团队一直在做中药有效成分的筛选，至3月10日，从100多种中药中，筛选出12类对新冠病毒有效的品种，还有300多个品种在等待检测。团队关于连花清瘟、六神丸等中成药对新冠肺炎症状有一定改善作用的结论在一线得到迅速推广。

钟南山在欧洲呼吸学会的新冠肺炎防治经验交流会上，他对我国中成药进行了诸多的推介。作为一位西医科学家，他推动了祖国中医药事业的发展。新冠疫情期间，他向国际同行推介了中药的有效性，为中医走向世界打开了一扇门，开辟了一个新世界。

背负青天朝下看，每天随着晨曦泛起，钟南山的脑海和眼前只

◣2020年4月22日，在广州医科大学附属第一医院，钟南山迎接结束休整的驰援湖北的医疗队归来。钟南山致欢迎辞，感谢医疗队员为抗疫作出的贡献（图片来源：人民视觉）

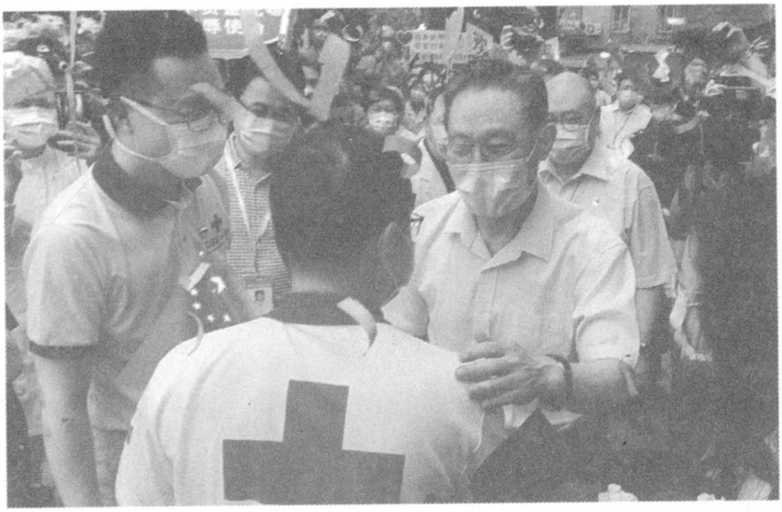

◣广医一院以温馨的方式迎接两位驰援伊拉克专家结束驰援任务，回到广州。钟南山带着笑容与两位医生拥抱，他表示，徐永昊和陈淮不辱使命，不负重托，圆满完成了援助伊拉克的工作。（图片来源：人民视觉）

有：疫情、生命、科研。即使偶尔的、隐约的一个什么声音钻进他的耳朵，他也绝不会停下手上的工作。他的性格从来都是勇往直前，大义凛然。

只要是对的，什么也不会让他低头，哪怕是停下一会儿。

钟南山及其团队，以西医循证医学的思维对中药进行着紧锣密鼓的科研攻关，默默地造福国人。一些网媒诬陷他阻止中医药上一线，钟南山也只是一笑而过，他不在意也没有时间去争论。

2月8日，国家卫生健康委员会新冠肺炎疫情应对处置工作专家组公布，钟南山不是组长。

“但愿老人家不会累到，气倒！”许多市民知道这两个组长并不是同一回事，但还是发出了这样的呼声。

3月8日，一位友人出于关切，给钟南山打了一个电话，满心想来安慰他，千万不要被不好的说法气坏：“钟院士啊，那个组长不组长的你可千万不要生气呀！你本来就不是为的什么职位，是为老百姓啊！”

“啊——？你说什么？”电话这一头，钟南山认真回应，一脸懵懂，“你说哪个组长？对不起呀，我没有注意啊。”

他很抱歉地回答朋友：“我真的太忙了，根本顾不上。”

向来以政治意识、大局意识著称的北京广大市民，纷纷为钟南山叫好！家住北京海淀的赵大妈每天打开电视就是寻找钟南山，在2月底，中国抗击疫情攻坚克难的严峻时刻，这位老大妈，每到钟南山在电视上露面，她就对着电视大声说：“老哥哥，你可是够棒的啊，可得在意着身子骨啊！”尤其在北京城，居家抗疫的市民们，无数的家庭，每天打开电视，一旦看到钟南山，都会齐刷刷地瞪大眼睛。家住朝阳区的王先生每每惊呼：“钟南山——看！快点儿！”他紧急召唤家人，眼睛不离电视。

一个人，一个团队，能够经得住风雨，岿然不动，凭的是什么？

与此同时，中国广大老百姓听到钟南山再度发声，仿佛吃了一颗“定心丸”。而钟南山认为，正是因为强有力的措施，才极大地抑制了病毒的传播。

行百里者半九十，越是接近胜利，越是不可掉以轻心。为了阻击病毒，医护人员付出了极大的牺牲，仅仅医生护士就有超过3000人感染新冠肺炎。

3月13日下午，钟南山坐在广州远程会诊室里，大屏幕对面，是在中山市小榄人民医院和中山市第二人民医院ICU病房里住了42天的彭女士，她将在这天转出ICU病房。经过数天对症治疗和康复训练的彭女士，已可以下床行走，自己独立进食。面对屏幕对面的钟医生，彭女士觉得纵有千言万语，也难以表达对救命恩人的感激之情，她年轻的笑脸如鲜花绽放。

此时，钟南山笑了，在他和医护人员的努力下，危重症患者彭女士的命，硬是被他们从死神手里给夺了回来。

“钟院士三度出手会诊，中山市第二人民医院全力救活了孕妇！”闻讯者无不为之振奋、惊喜。

每到此时，钟南山都甚感欣慰。挽救患者的生命，从来是他最开心的事。

彭女士于2月1日，因确诊新冠肺炎住进广东中山市小榄人民医院，她31岁，怀孕逾35周，从武汉回到中山后发病，被收治抢救。

入院三两日，休克、呼吸窘迫，一系列高危、致死信号接踵出现……第一日：单侧白肺；第四日：双侧肺白茫茫一片；心、肺、肾、消化系统多脏器出现衰竭。

时间就是生命。

她被紧急转送到中山市第二人民医院，忙碌在广州医科大学附属第一医院的钟南山参与连线远程会诊，他对中山市第二人民医院负责彭女士的医护人员发出“命令”：“这么年轻的生命，一定要救活她！”“拜托你们了！”

开始抢救，气管插管、上呼吸机……彭女士在中山市第二人民医院最高规格的生命支持系统ECMO的救治之下，21天后，终于，她脱离了呼吸机。

“对于新冠肺炎患者，目前考的就是大家的绣花功夫，怎么把细节处理好。这是一个成功的经验，值得向院外、省外进行推广。”钟南山的话，引导着他的团队，在奋斗中不惧挑战，不断攀登高峰。

钟南山走到了会诊屏幕的前方，逐个核对彭女士的各项指标。

无论是在临床还是会诊，他在表态时说得最多的永远是“我建议”，没有一丁点儿的“一把手说了算”，给团队成员留下了发声的空间。良好的民主学术氛围是一团气，产生鼓励与引导的力量，让团队不断获得生命力。整个团队犹如一条行进的大河，钟南山只是参与其中，没有指挥的痕迹，润物细无声，而他的获得感，来自于今天大家有长进了吗。

他同时建议，彭女士转入普通病房后，可以采用氢氧混合气体的吸入治疗，如果不放心的话，可以将两台吸入机放在一块，提高流量。因为氢氧混合气的吸入，有利于降低气道阻力，使彭女士的呼吸不太费力，这样营养等各方面可以尽快跟上，更有利于尽快恢复。

中国式通气会

他置身国际抗疫舞台，用中国经验连起世界；他以祖国为背景，用全力推动，全世界共同抗疫的图景徐徐展开。

自新冠疫情发生以来，钟南山再次成为媒体焦点，记者的采访每天每时铺天盖地。埋头抗疫的钟南山，本来就心急如焚，焦灼不安：“我哪有这个时间？”但是记者的提问大多关系到全民抗疫的信心，甚至关系到中国抗击疫情对国际的影响，也就是说，接受采访也是一个抗疫的战场，钟南山必须认真面对。

然而，这一场又一场的回应、解答，要付出他多少心力，令他多少个夜晚难以入眠！

3月18日下午，广州市人民政府新闻办公室第46场疫情防控新闻通气会在广州医科大学附属第一医院召开。

下午2时开始，来自全国各地及美国、日本、波兰等多个国家的数十家新闻媒体及记者们开始陆续进场。会议室后方架起了一长溜摄像机，挤满了长长的通道。

3时30分，钟南山与广医一院党委书记黎毅敏、院长黄锦坤，广州呼吸健康研究院院长何建行，呼吸疾病国家重点实验室副主任赵金存、广州市委宣传部副部长朱小燚等一同走进会议室。一行人整齐地穿着西装，打着领带。他们将对中外媒体最关心的问题进行回答。

朱小燚主持会议。

钟南山对一系列敏感问题开诚布公，给出有理有据的科学判断，直言自己的观点。

有媒体提出针对此次疫情，一些国家计划用感染60%人口达到群体免疫，以此减缓疫情向峰值攀顶的坡度，并使人群中的免疫力得到增强。“抗击新冠肺炎不能靠群体免疫。”钟南山直接回答了一名记者的提问，群体免疫即60%的人口都得病，但没有证据表明，被冠状病毒感染一次后，永远不会再被感染。

记者席上按动快门的声音齐刷刷的一片：咔嚓咔嚓、咔嚓咔嚓。

“传染性高，病死率高”，这就是为什么必须严格重视新冠病毒的原因。钟南山强调，它有很高的传染性，高于SARS、MERS，且相对于流感来说有很高的病死率。目前全世界的新冠肺炎感染者的病死率，之所以是从百分之零点几到百分之七不等，就是因为各国抗击疫情策略不同产生的不同的结果。

言下之意，并不是因为哪个国家发达，或者采取了回避态度，病毒的传播就会绕道走。因为病毒不认国界。

钟南山明确提示传播途径：新冠病毒主要经过呼吸道传播，但不只是通过飞沫传播，还需要注意尿液和粪便等污染物形成气溶胶后，通过呼吸道进入人体。

“目前没有针对性的特效治疗药物。”钟南山对中外记者明确提出这一点。尽管在中国有一些有效药物，包括中药，在救治上发挥了良好的作用，但是“我们经过多种尝试，到现在为止，没有发现特异性的治疗药物”。所以，“有赖于与国际合作”。

新冠肺炎一旦发展到危重症，治疗会非常困难。

钟南山坦诚地告诉大家：“我们找到了一些疾病特征，但目前还没有很好的解决办法。”

此次疫情让中国学到了什么?

钟南山总结了中国经验，我们是通过实践学到了如何防控，即强力的干预及联防联控。

控制疫情中心区对外的进一步蔓延，是很重要的举措。全国性大暴发会带来很多问题，比如在意大利就出现了医疗资源不足的现象。

钟南山很有底气地介绍说："中国联防联控措施很重要。实践证明，对所有传染病，从源头进行控制是最古老也是最有效的。各个国家都要这么做。"

然后，钟南山给自己这段话加了一个后缀："这是我的看法。"而在平时，他也会在需要的时候这样强调："这是我的看法。"这体现出他尊重科学和公平的个人修养。

关于免疫，他认为研发出安全有效的疫苗，这是很重要的任务，需要国际合作。

"在救治一线，广大医护人员究竟如何才能在救治病人的同时保护好自己？"一位记者问道。

钟南山没有用言语去为大家回放抗疫战场上医护人员冒死与病毒抗争的情形，而是打了一个比方：我们每次坐飞机，空姐都要告知大家，如果出现紧急情况，拿到吸氧面罩，第一步是先给自己戴好面罩，然后再给需要照顾的家人戴上。自己防护好，才能更好地保护他人。这是国际公认的紧急情况下的保护原则。

"疫情防控也是同样道理，要自己做好防护，才能做好对别人的防护。"

在疫情发生的早期，由于我们对新冠病毒认识不够，防护意识不强，防护设备不足，导致一开始处于被动状态。医护人员是重要的防线，医护人员倒下对救治力量影响很大。所幸，由于国家的快速而强力的干预，其他的省市并没有出现大量医务人员感染，所以中国能组织4万多医护人员去湖北支援。

“1月18日我前往武汉，听说有医护人员被感染，而且不是ICU和感染科，而是其他科室，某医院一个神经外科感染了13个医护人员。”

这是一个很大的教训，是一个鲜明的事实。医护人员防护极为重要，首先要做好自我防护，这样才能救治别人。

一位波兰记者向钟南山提问：为什么病毒如此凶险，是因为它是一种新型病毒，还是有其他原因导致病毒杀伤力如此强？“您对欧洲政府有什么建议？欧洲政府应采取什么措施防控疫情蔓延？”

“建议欧洲抗疫隔离策略前移。”钟南山回答记者说。

钟南山说，这是一个非常新的病毒，给我们很大的教训。从这个世纪开始已经出现三次冠状病毒疫情：2003年的SARS，2015年的MERS，以及此次新冠疫情。新冠病毒除了引起细胞损伤，还引起免疫系统的破坏，造成炎症的发展。SARS已经过去了17年，我们前期非常重视对它的研究，但后来考虑到它可能是偶然事件，没有坚持长期观察，导致这一次我们准备不够。

“下一步怎么做？”这位波兰记者继续问道。

“我留意到您的国家波兰很重视疫情防控，采取上游防控策略，包括及时检测、隔离等”，钟南山说，“我的观点，一个地方发现一个病症，对其他密切接触者，哪怕没有症状，也应该隔离，不要让他传染给别人。现在还是第一波疫情，传染性很强。有症状的人的家属、接触者，都应该去检查，不要等，等疫情范围扩大，再想控制就比较困难了。”

钟南山对这位波兰记者再次讲述了他的“四早”理论，即早预防、早发现、早诊断、早隔离。

这“四早”，说起来再简单不过，但是要做到，又谈何容易。正所谓：大道至简。

一位日本NHK的记者问他："中国的患者越来越少了，不过世界的越来越多了。借鉴中国的经验，您对目前日本在疫情防控工作方面的措施有何评价，有没有相关建议？东京奥运会原计划在今年7月份举行，您对此有什么建议？"

"对输入病例要做核酸检测。"钟南山对来自日本的记者给出这样的指导。"确实，中国输入的病人多了，因为中国政府采取了大概是世界上最强的干预措施，1月23日启动联防联控，两周以后确诊患者人数就到达峰值，促使峰值自然地就降下来了，所以现在病例越来越少。"钟南山提示道："第一波感染者的传染性很强，而且没有症状的时候就有传染性。"所以就输入的病例，日本也应该注意。钟南山微笑着说："日本国民素质比较好，个人卫生等做得好，但建议对输入病例要高度警惕，不能放松。"

钟南山强调了检测的方法，目前IgM等抗体检测也有了，可以作为一个很好的补充检测办法，但将其作为主要的筛查方法还不够，对输入病例还是要做核酸检测。目前发现，有人群没有症状，核酸数值很高，但抗体还没有出现。因为从感染到抗体增高，需要七八天。因此，把抗体检测作为唯一的方法，现在还为时尚早。

一名欧洲新闻通讯社的记者问："您认为中国在抗击疫情中，有哪些经验、做法可以分享给其他疫情发生国？现阶段对于危重病人，您认为最有效的治疗方法是什么？"

钟南山说，欧洲现在正往积极、主动的方向发展。放任是不行的，必须积极干预，将重点放在上游防控。"关于第二个问题，现在还没有很确切的方法，但经过这一段时间，我们还是找出了一些方法。"

"比如用药，"钟南山介绍说，"目前，我们正试验用氯喹。2004年，比利时一个实验表明，氯喹能够有效杀死冠状病毒，而且氯喹是老药，很安全。接下来我们将发表氯喹使用的总结。从目前来看，氯喹对病毒感染者的转阴比一般药物快。但还要做进一步观察总结，因为我们没有比较控制实验。同时，我们国家也有团队正在对瑞德西韦进行试验。”

“中药对减轻症状、加速恢复有一定效果，在实验室的结果已经发表了。临床上的效果，目前正在总结。”

“总的来说，虽然没有特异性的治疗方法，但已经有一些方法可以加快疾病康复，预防感染者发展到危重症。”钟南山这样回答欧洲新闻通讯社记者的提问。

“通过交流能够使其他国家少走弯路，这非常重要。”钟南山回答记者说。有记者问他，近期他多次与美国哈佛大学、欧洲呼吸学会相关专家进行远程视频会议，大家相互沟通交流最多的是哪方面问题；这样的远程交流是否会成为常态，下一步是否会有更多国家参与进来。

钟南山介绍说，最早是跟欧洲呼吸学会做LECTURE（讲座），PPT（电子演示文稿）和讲座视频放在网上所有人都可以看。另外，“我们召开了五个国家和地区会议，与会人员来自日本、新加坡、意大利、中国香港等。此外，我们三次与哈佛大学医学院进行视频会议讨论，明天晚上还会就病理方面展开讨论。因为新冠肺炎和一般呼吸疾病的规律不太一样，我们希望与更多的医学专家共同开展研究。”

中国在抗疫道路上走得早一些，有经验也有教训，通过与这些国家和地区交流得到积极的回应。“比如我们发现，新冠肺炎一旦到了危重阶段，治疗相当困难。危重病人小气道里黏液很多，其他国家就如何让小气道里的黏痰溶解提了一些很好的建议。”

交流是很好的尝试，而且过程中没有什么不方便的地方，因为都是技术上的交流。以后，中外还要继续保持交流。目前，国外确诊人数增长很快，而中国病例停留在8万多例。

钟南山此刻公开自己判断性的结论："第一波的数字增长会非常快，我预计国外数字还会增长。"

同时他不无欣慰地说："不过，我注意到一些国家已经积极部署防控战略。"

钟南山提倡国际社会共享疫苗和检测技术，共克新冠病毒。当今世界已成为地球村，人类是命运共同体，各国休戚与共。记者问："您认为未来各国应如何加强合作，守望相助，携手共同应对疫情，共同应对公共卫生突发事件？中国可以为其他国家提供什么帮助？"

"这样一个传染病，任何国家都跑不掉。传染病是没有国界的。若有一个国家不做强力干预，新冠病毒疫情都不会消失。所有国家都要行动起来。"钟南山话语并不严厉，但是句句掷地有声。

"第一，我们需要交流，吸取经验教训。中国的经验在于控制传染源，围堵疫情高发区域，其他地区做联防联控。"

钟南山介绍说，当前，这些措施已被证实有效。联防联控核心在于"早预防"，比如少参加聚会、多在家、出门戴口罩，日韩在这方面都做得不错；"早发现"，不舒服就看病；"早诊断"，"我从武汉回来不久，CDC就把核酸检测试剂盒发放到医院，这对早发现、早诊断非常有用"；另外还有"早隔离"。

"有的国家（反应）时间拖得比较长，长达三四周，时间是不等人的！"钟南山一再呼吁。

"第二，需要互相合作。"他说，记得在中国抗疫很困难的时候，韩国总统说过，中国在MERS疫情期间帮助过韩国，所以韩国也要支援中国。现在中国也是这样，中国不仅对部分国家，而是对所有国家都持开放的态度。"因为我们走过艰难的路，所以要相互支持。比如口罩、核酸检测试剂盒等。因为任何一个国家没控制好，这个地球就不会安宁。"

“第三，要有更多密切的交流。”各个国家科研进展不一样，需要对疫苗和诊断技术，以及传染途径、作用机制、如何治疗等研究成果进行共享。

这样，“我们可以更快地阻击新冠肺炎的肆虐”。他说。

钟南山向国外大量、翔实地介绍了中国经验，但同时强调，中国经验肯定不是唯一的办法，需要根据各国情况制订防控方案。

尽管中国经验不是唯一的办法，但是钟南山欣慰地说，现在很多国家在执行“四早”原则，只是程度不一样。

钟南山一再重申，一定要围堵疫情高发地区。中国从1月23日开始围堵武汉乃至湖北的疫情，其他地方实施联防联控。到2月4日至5日高峰就降下来了，可以说两周解决问题。再过一个月，确诊人数就下降到初始水平。

这是中国提供给世界的宝贵经验。

疫情发生以来，对“国际窗口”之一的广州来说，防控情况总体向好，总计354个病例，此时只剩22例，留在医院的都是相对重症的患者。这是令钟南山甚为宽慰的事。

广州输入病例此时有7例，并不算少，为什么呢？

钟南山强调说，新冠肺炎跟SARS不一样，因为无症状感染者或病毒携带者也可能具有传染性，这一点就决定了全民防控的严峻性。所以他提出对密切接触者也要检测，“我不同意有的国家有症状才检测，这会漏掉很多潜伏期的病毒携带者，要克服传染病，就要把所有感染者隔离”。

钟南山也说出自己的忧虑：“我想广州面对的问题还非常严峻，所以搭乘飞机、轮船到达广州的乘客都要检测。我们曾经考虑过，可以用IgM和IgG就可以检测，但现在看来还早了一些。检测过程中发现，疫情高发国家或地区来的人群有病例核酸检测阳性，甚至强阳性，但抗体没出来，所以抗体不能作为唯一标准。”

“医院也要抓好日常医疗。如果不注意诊治急、慢性病人会累积很多问题。”以广州为例，目前广州160多家医院门诊量达到60%，但要预约挂号，否则医院会成为传染地。医院还要实行“双通道”，医生护士进来要检查，每个病人住院要检查，看看是否有人感染新冠病毒，再做常规治疗。这样做对日常存在急症或慢性病的患者来说，虽然增加了就诊难度，但却能达到有效的防控。疫苗能保证大多数人的生命安全。

针对疫苗的具体研发，钟南山指出：“疫苗是最根本的解决方法。”孩子出生接种百日咳等疫苗，这些都是疫苗解决疾病的例子。“我小时候满街麻疹病人，死亡率很高，防治靠什么？就是靠疫苗！”

中国疫苗研发有五个方向，一是全病毒疫苗，如2009年的H1N1疫苗；二是核酸疫苗，美国初步在人身上做安全试验，中国在这方面速度也很快，已经开展第一期临床试验；三是腺病毒作为载体的疫苗；四是涉及基因工程方面的蛋白疫苗；五是流感作为载体的疫苗。

钟南山说，这五种疫苗，在中国都发展非常快，不会比美国差多少，这方面中国抓得很紧。“美国的疫苗据说9月就可以用在人身上，中国也在与时间赛跑，估计前后不会差多少时间。”钟南山底气十足地说。

这句带有结论性的预测，瞬间传出会场，在各大媒体上绽放。

南国的春天，无处不是鲜花烂漫。

钟南山进一步强调世界需要大联合，“广东目前在做核酸疫苗，正在做动物实验，也有腺病毒作为载体的疫苗，正在日夜努力，希望在两三个月的时间里能有大的进展。不管哪个国家先做出来，肯定无法供应全世界，需要互相学习，需要很多厂家生产，供应全世界”。

“跟SARS不同，新冠病毒传染力强”，根据国际上通用的传染系数（R_0）标准，新冠病毒现在是3至3.5（一个人能传染给3至3.5个人），比SARS更强。

这里有两个值得关注的问题：一是有研究发现新冠肺炎患者得病早期传染性强，二是在潜伏期的病毒携带者就有传染性。

在欧洲，只有做到不要对已经出现症状的患者才检测，对密切接触者也要尽快检测，以便把尽量多的感染者隔离，才能把发病人数降到最低。

针对病毒“源头”的问题，面对中外记者，钟南山严正指出：“源头和疫情发生地不是一回事。”

“H1N1于2009年首先在墨西哥发生，你能说这是墨西哥病毒吗？同样，MERS在中东流行，也不能说是中东病毒。新冠疫情先发生在武汉，不等于新冠病毒的源头在武汉。”

他义正词严地说：“这是科学问题。在搞清楚以前，随便下结论是不负责任的。”

记者们齐刷刷按动快门的声音，似是为这位护国英雄“咔嚓咔嚓”点赞。

“疫情发生在中国，源头不一定在中国。中国已经进步了很多，特别对病毒的谱系、病毒的进化，将来通过研究会有答案的。”

钟南山的这番话语，是铁肩担道义的承诺，也是宣告。

这次新闻通气会上，朱小燚极为感慨地亮出了钟南山和苏秘书奔赴武汉的高铁票，瞬间，这两张高铁票和这则信息，再次火爆。《人民日报》对此做出报道：“钟南山逆行武汉无座补票”——

“这两天，一张钟南山的无座车票刷屏。车票信息显示，乘车人已84岁高龄，自广州乘车前往武汉，无座、补票。报道说：他前一天从深圳会诊完相关病例回到广州，第二天上午开会时接到通知赶去武汉——航班已无机票，高铁票也非常紧张，临时上车的他被安顿在餐车的一角，刚一落座便拿出文件研究……”

为疫情四处奔走的钟南山状态看起来还不错，记者们不放过机会，询问他永葆青春的“健康宝典”。钟南山笑了，简单为大家分享了几个字：“要锻炼，心态好，不要吃太饱。”

记者问钟南山：“免疫力是身体健康的保护伞，提高免疫力有助于更好地抵抗新冠病毒。您作为中国著名呼吸病学专家，对提高国民健康方面有什么好的建议？”

钟南山如实道来，他说自己比较早就意识到健康需要投资。年轻时就喜欢竞技体育，工作后也会注意健康生活。

“到现在我还能为社会干点事，还不太糊涂，关键还是有健康的身体。”

会场凝重的气氛得到了缓解。“我觉得最宝贵的第一条经验是任何工作代替不了身体的锻炼。第二是心态，健康的一半是心理健康，疾病的一半是心理疾病。我的经历多，心态比较好，对很多事情可以一笑置之。第三是不要吃太饱，我从来不会吃太饱，但早餐非常重要。”

此次通气会的组织方，特地为辛劳的钟南山安排了一个非常温馨的环节：小朋友曹馨文把钟南山爷爷给大家的9条健康建议画成了画作，并现场送给了钟南山爷爷。

通气会后，钟南山紧接着又与美国专家进行关于疫情防控的远程交流。然后，第三场是与欧洲专家就同样的话题交流。

终于结束，可以回家了。

新冠疫情发生以来，钟南山体重下降了足有10斤，接送他的司机师傅的体重反而增加了。疫情以前，司机师傅因为接送钟南山，虽然晚上也会七八点才吃饭，但一日三餐还算正常，疫情以后，总少不了半夜回家，所以三餐就改为了四餐，体重就增加了。

家里等着钟南山的，是他的夫人李少芬，大家总是亲切地称呼她李姨。不管多晚到家，比他年龄大一个月的夫人李少芬，总是一听到他的声音，就等在家门口。她知道，“受大累的”回来了。

2003年非典期间，钟南山每天和重症患者在一起、进ICU，但是只要回家，李姨就这么等在门口，没有半点惧怕，从不担心钟南山带回病毒。

每次他走进家门口，李姨就站在他眼前，接过他脱下的外衣。不管外面多少风雨，他这位夫人，这一生一世给予他的，是无微不至的体贴和关心。

李姨说，这是钟南山的追求，是他的理想，“那我就理解他、支持他，我们全家都理解他、支持他”。

如此高龄，在中国乃至世界，多少老人莫不希望安静地享受晚年的宝贵时光，莫不希望执子之手，闲庭信步。然而，李姨这位非同凡响的女性，心甘情愿地奉献着自己，支持着爱人的事业，也帮他支撑着他所擎起的一切。

晚上11时，钟南山终于迈进了家门。

洗过手之后，钟南山直接坐到餐桌前，李姨和保姆忙把饭菜端上桌。他没有说话，小狗狗Lucky，乖巧伶俐到一声不响，两眼大睁地站在原地凝视着他。他手上端着碗，却闭着眼睛——眼皮也会沉的，一口一口吃下食物——咀嚼食物，也是需要力气的。

李姨静静地坐在对面，看着他，默默地，不言不语……

李少芬15岁被选入国家篮球队，是电影《女篮5号》的原形。国宝

◣2020年3月18日，在疫情防控新闻通气会后，曹馨文小朋友为钟南山爷爷送上自己的画作和祝福（图片来源：人民视觉）

◣2020年4月15日，广州市人民政府新闻办公室举办第78场疫情防控新闻采访活动，钟南山与在穗工作学习的19名外籍人士进行了亲切的座谈交流。图为外籍留学生小哈与钟南山自拍留影（图片来源：人民视觉）

级花季女孩在北京与钟南山相识、相恋。时光荏苒数十年。他们在北京结婚，李少芬退役后选择回广州照顾双方老人，历次运动、下乡、生活拮据、抚养儿女、赡养父母，李少芬的人生如同进了炼丹炉。直到钟南山35岁那年，李少芬在当教练时意外受伤，这才算“顺理成章”盼回了钟南山。

风云际会

“中国经验”传遍世界，钟南山和团队一起传经送宝；来自世界的有温度的目光，正汇聚在中国……

钟南山将中国成功的经验，迅速推介给全世界。凭着他在国际医学界和同行中的公信力，钟南山立即收到了来自欧洲以及美国科学家的诚恳邀请。

八天！经过了整整八天日夜鏖战，钟南山组织团队汇集资料、数据，而他逐一核实所有信息源头，亲自编写了新冠肺炎的说明报告PPT。他深知，如果有半点不实，那将会带来什么样的后果。钟南山是不能出现错误的，这其中更多关系到的，还不是他个人名誉的得失，而是中国乃至世界的抗疫方向，是全人类的共同命运，是救命的问题。

3月10日，钟南山回应亲人的担心：“我不是出国，而是做了一个视频报告，欧洲国家对新冠肺炎疫情不够了解，我们将中国的经验和他们分享是应该的。”

3月11日，钟南山院士应邀向欧洲同仁全方位解析新冠肺炎，整个现场情况通过各路媒体传遍中国，传遍世界。

钟南山与各位科学家用英语流畅地交谈，非常融洽。而如此高的英语水平并非出自科班，钟南山早年在大学时学的是俄语。1979年，作为国家首批出国深造的科学工作者，他被派往英国皇家医学院学习，临行前只是恶补了三个月的英语，但是钟南山竟然高分通过。

远程视频会议可谓一个浩大的工程，一块大屏幕上有多个视窗，每个视窗中有着不同国籍不同参与者的面孔，从各自不同的角度提出不同的疑问。

“我的题目是‘中国对新冠病毒感染的防控经验’，”他说，“大家都知道，当前新冠病毒肺炎正在向全世界传播，这个时间非常短（不超过两个月）。现在我将向你们介绍一些我们的处理方法。如大家所知，在21世纪暴发了三种常见病毒感染：2003年的SARS，2015年的MERS以及2020年的COVID-19。对于SARS-CoV-2这个病毒基本的信息大家有所了解，它的宿主可能是蝙蝠，中间宿主尚未明确。这不是我要说的重点。”

现在认为SARS-CoV-2属于β冠状病毒的B谱系，与SARS冠状病毒和MERS冠状病毒不同。SARS-CoV-2在整个基因组水平上与蝙蝠冠状病毒具有96%的同源性，而且在全基因水平上与SARS冠状病毒有76.7%的同源性，与MERS冠状病毒有33.8%的同源性。

钟南山指出，病人的粪便、尿液中存在传染性的病毒，血液中也有病毒存在。但病人粪便或尿液中的病毒是否具有与呼吸道相似的传染性，我们并不清楚。钟南山对“钻石公主”号邮轮感染的渠道推论，也和大家进行了交流。

钟南山阐述了何谓无症状感染者，“我们称之为病毒携带者，其也可能将病毒传播给其他人”。

钟南山举出国际公认的“感染动力学”，“这就是所谓的基本扩增数量R_0。在这里可以看到，季节性流感的R_0为1.5；MERS的R_0小于1；17年前的SARS，它的R_0是2~3，颇具传染力。在COVID-19中，多重分析提示基本扩增数量估计接近3。换句话说，这种疾病具有极强的传染性。”

钟南山提出的科学经验、科学数据和方案，让国际同行深深敬佩。

3月12日北京时间的晚间，是美国纽约时间的早晨，在广州医科大学附属第一医院，钟南山院士和医院重症监护团队，与美国哈佛大学医学院及美国重症监护方面的专家进行多方视频连线。

钟南山和团队与美国专家们首先分享我国在新冠肺炎患者特别是重症、危重症患者救治方面的经验，以及药物、治疗方案等。

会议中，钟南山团队介绍了新冠肺炎重症和危重症患者的临床发现和治疗难点。“我想我们还是将该药（氯喹）先用于有症状的普通病人，而不是重症病人的治疗。”这已是钟南山院士团队与哈佛大学医学院的第四次视频连线。

钟南山评价美国的专家时说：“比较起来我们还是更重视对这些重症病人的救治，我们已经经历了两个月，他们还没遇到过。他们基础研究还是做得很好的，所以可能有些问题大家可以交换一下想法。”

针对美国当时将近3%的病死率，钟南山提出自己的经验：应该是还有很多病人没有被发现，所以病死率才会那么高。他诚恳地建议一定要做到“早发现、早隔离，这是最关键的”。

3月19日下午，广州市第46场疫情防控通气会上，钟南山又一次非常认真地说：“不单要注意有症状的人，还要注意密切接触者。”他再次提醒：世界各国都应该注重他所提出的“四早”，要借鉴中国的经验联防联控，只有国际大联合，才能共同战胜疫情。

用中国的话讲，钟南山这可算是“苦口婆心”。

关于有些国家曾经放话“中国病毒”的说法，钟南山说，外国的科学家与他对话，不会提这样的问题。因为大家都知道，这是科学，是共识，不是所谓的政治话题。

3月25日，广州。

一则小篇幅的信息，却尽显大国担当，标题是：《今天钟南山参加了一场视频会，提出4点注意事项》。

近期，新冠疫情在全球多地快速蔓延。钟南山等中国专家参加中欧抗疫视频会，与来自德国、意大利、英国、罗马尼亚等国的专家一起交流了新冠疫情下各国的状态与应对的策略，分享诊疗方案及医护人员防护经验。

会议中，钟南山向各国专家提出4点注意事项：

1. 新冠肺炎具有高传染性和高病死率的特点；

2. 无症状的病毒携带者也具有传染性；

3. 发病早期的病人具有更高的传染性，因此需要格外注意输入型的病毒感染者；

4. 需要保持下水道通畅。

一位恢复了健康的患者，在家中望着电脑屏幕，不禁赞叹：“钟老，牛！”

3月24日，2020年度国家科学技术进步奖提名公布，在创新团队评审组中，钟南山呼吸疾病防控创新团队入围。

这样的喜讯，包含了多少艰辛的奠基，多少坚韧的攀登，多少血，多少汗。四十多年前，广州市第四人民医院是如此袖珍、如此落

3月25日，钟南山团队参加中欧抗疫视频会，与多国专家分享中国诊疗方案及医护人员防护经验

后的小医院，勉强成立了一个慢性支气管炎防治小组，初为医生的钟南山就是呼吸科的创始人之一。

如今，钟南山哺育的这支团队，为中国医学事业跻身国际一流水平，作出了卓然的功绩。

如今，他没有冠冕，没有资产，只有人们心中的丰碑。

每天早晨8点30分，他双手拎着装满资料的书包，急匆匆穿过走廊，走进办公室——好像那早晨的太阳，在窗前和他有个约会。

非典那年

非典——SARS，2002年12月出现于广东。2003年1月，医生们意识到它来势汹汹，但使用大剂量抗生素也救治无效。这期间对于一线专家及医护人员来说，他们承受的不仅是坚持在一线的考验，更有对治疗方案不明的煎熬……

身为广州呼吸疾病研究所（下称“呼研所”，现已更名为广州呼吸健康研究院）所长和医学院士，钟南山此时深感责任重大与不安：用什么办法挽救病人？病人到底得的是什么病？

答案无从得知。

有着丰富一线临床经验的他，最直接的判断是：这不是普通的肺部细菌感染。所以，他始终不同意用大剂量的抗生素治疗，特别是在病因不明的情况下。他主张根据病情的具体情况配合用药。这就成为2003年非典期间，对于病人治疗方案争论的焦点之一。关键是，这一场空前的学术之争，不仅影响到对病人生命的救治，而且随着非典势头的扩大，上升到整个医学界，甚至影响了政治……

始终奋战在抗击非典一线的钟南山，由此被推到学术与政治的风口浪尖。

中国报告的首例SARS病人，即非典病人，也是全球首例，他是广东人黄杏初。2002年12月15日下午，黄杏初被送到广东省河源市人民医院内科病区。当班医生叶钧强诊断其症状为高热、咳嗽、呼吸困难。

两天后，河源市人民医院再次接收了一名症状相同的患者郭仕程。叶钧强笑称与他们相会是“缘分”，这两名病人都是在外地患病后返回到河源老家的。在用了各种退热方法及抗生素治疗后，两名患者的病情始终不见起色。

病情紧急！叶钧强亲自把黄杏初送往广州军区广州总医院。12月22日，他又把郭仕程送往广州呼吸疾病研究所。

很快，叶钧强这位最初接触非典病人的医生与河源市人民医院的其他6名医护人员，出现了与患者相类似的症状。

郭仕程从河源转到呼研所时情况“特殊”，他不仅持续高热、干咳，而且肺部经X光透视呈现了“白肺”：双肺部炎症呈弥漫性渗出，阴影占据了整个肺部，使用各种抗生素治疗均不见效。

不寻常！

钟南山和他的助手肖正伦、陈荣昌等人做出这样的判断：这种肺病的毒性见所未见、闻所未闻，不仅来势凶猛，而且难以治疗。

作为诊治呼吸疾病的专家，钟南山直觉这个肺病的毒性异常凶猛。它阴森森地扑面而来，让人如同身着单衫，伫立严寒。

幸运的是，郭仕程没有被死神带走。

在医生们为这非同一般的病例寻找救治方案之时，广东省内又接连出现相同的病例。顺德发生同样的疫情。中山截至2003年1月20日发现28例此类病人。

1月21日晚上，钟南山赶到中山，会同广东省卫生厅派出的专家组，对中山出现的这些病人进行会诊和抢救。第二天，专家们起草了《中山市不明原因肺炎调查报告》。这份报告，第一次将多日以来困扰着人们神经的“怪病”命名为“传染性非典型肺炎”，简称“非典”。

到2003年2月底，世界卫生组织将发源于中国的非典命名为“SARS”。

SARS——严重急性呼吸道综合征，是一种严重的急性呼吸道传染性疾病。

大量的而且是大剂量的抗生素被用于紧急治疗。然而，这样的治疗，一直无效！

广东省内各地都出现了疫情，而且陆续有同样症状的病人被送到呼研所和广州市内的各大医院来，病情发展迅猛。社会上早已开始恐慌。春节过后，很多人的手机都在转发着这条短信：广东出现怪病！

从2002年12月下旬医院陆陆续续接收此类病人开始，医生和护士就接连出现了感染，这是因为当时对疾病的认识不清楚、防护不充分导致的。对重症疾病的治疗也成了问题。是继续用抗生素，还是改用皮质激素？呼研所内部有了争论。

因为皮质激素会破坏人体自身的免疫力，从学术角度来讲，很多人都反对这种治疗方法。但是，不及时使用激素，病人感染病毒的症状就会进一步加重，缺氧也将更严重……面对皮质激素，就如同面对着一把双刃剑。

是用抗生素，还是用皮质激素？对病人的救治方案一时难以统一。

之后，这一争论，随着非典疫情的蔓延而扩大，上升到整个学术界。当时只要是接收了非典病人的医院，都会出现从科室到医院的如此争论。

对于医生来说，迫在眉睫的，是要挽救病人的生命，他们急需一个可以遵循的主流声音。在这时，每天奋战在一线的钟南山，以自己的威信，带来了对一个群体的影响力。

尽管如此，在最初的治疗过程中，还是暂时保留了两种方案。主张用皮质激素的，用一种方案；坚持用抗生素的，则用另一种方案。

当非典扩展到全国的时候，医学界还没来得及有一个统一的认识。

衣原体是一种比细菌小但比病毒大的病原微生物，非典是由新型冠状病毒感染引起的。衣原体的克星是抗生素，那么病毒呢？而且是如此厉害的病毒。

对这两种治疗方案的争论持续了一个月。广医一院、呼研所和广东所有的医学专家，在摸索了一个月之后，对非典的规律有了一些认识，包括如何预防、如何治疗。但是，非典到底是由什么病毒引起的，还远远是未知数。

蔓延。不断有疫情的消息传出。“怪病”这个词，随着广东2003年初的寒风，在民间愈传愈烈。

流传最广的说法是：一种怪病从顺德、中山传进广州，潜伏期很短，一天就发病，病人很快就呼吸衰竭，无药可治，已有多名病人死亡。不仅如此，这种病传染性极强，不管是谁，一旦和病人同乘一辆公交车，甚至和病人打一个照面，就可能被传染。更为恐怖的说法是：十几名被传染的医护人员，上午得病，下午透视，肺上就全是白点，晚上就抢救无效死亡。甚至还有人说同时在流行禽流感、鼠疫、炭疽的。总之，各路说法，有板有眼。

这些“民间流传”，从广州开始，向深圳、珠海、东莞等珠江三角洲其他地区蔓延，随后又向海南、福建、江西、广西、香港等邻近省份和地区传播。北方各地也有传闻：“广州乃至珠江三角洲暴发了夺命肺炎。”

2003年元旦刚至，春节的年味就渐浓了，因为这年1月31日就是农历除夕了。“怪病”的消息一方面被人们传得离谱，另一些人却掉以轻心。因为每到春季，广东总免不了有疾病流行，特别是流感，所以人们早就习以为常。

珠江三角洲毗邻香港，两地客商往来密切。每年临到春节，在顺德、中山、东莞等地开设工厂，或者定居在广东的香港人，都要回家过年，听说出现怪病，就更要早早地回港了。

当时的报纸，都相继很隐讳地表达：2003年春节要特别注意“流感”。

对于这样的说法，老百姓不明就里，但行内的人都意识到这是一种流行性疾病。而一时间，它的凶悍、危险程度，还难以被更多人了解和认可；事实证明，其凶险程度，也完全超出了行内人的料想。

不多日，珠江三角洲一带的病人越来越多，病情控制不住，明显出现家庭聚集性和医院聚集性传染。中山大学附属第二医院（下称“中山二院”）、广州市第八人民医院、广州市胸科医院等医院收治的病人越来越多。

广东第一批收治非典病人的医院，如中山二院，刚开始毫无防范意识，很多医务人员被感染，倒下一大片；中山大学附属第三医院（下称“中山三院”）是治疗肝病的专科医院，也出现了类似的内部人员感染，让人措手不及。

中山三院传染病科副主任、主任医师邓练贤，接诊了住进该院的第一名非典病人：呼吸衰竭并心力衰竭的11岁儿童。邓练贤和其他专家为心脏已经停跳了3次的患儿恢复了心跳。

2003年2月1日，农历大年初一，中山三院传染病科的医护人员开始面对先后传染了一个又一个医护人员的“超级传播者”。当时，这个病人呼吸困难，命悬一线。邓练贤和同事们开始了一场惊心动魄的抢救。在对病人进行气管插管、呼吸机辅助呼吸治疗时，病人的剧烈咳嗽使大量痰液带着血，从插管处向天花板喷出，在场的医护人员从头到脚都被污染。

2月3日晚上7时，连日抢救病人的邓练贤感觉全身酸痛、发烧；2月5日，他的肺部出现炎症阴影。

2003年4月21日，邓练贤殉职。

叶欣，广东省中医院二沙岛分院急诊科护士长。在病倒前长达两个多月的时间里，她始终没有离开过工作岗位，没有回过一次家，于2003年3月24日殉职，年仅46岁。

陈洪光，广州市胸科医院重症监护室主任。在一线抢救病人的70多个日日夜夜里，他亲自为100多名危重病人插管上呼吸机，经常会被病人喷射得一身一脸的痰液、分泌物。在如此漫长艰难的时日，他坚守岗位，始终没有半点儿畏怯。他的勇敢，感染和带动了身边的每一个医务人员，不仅科室、医院，甚至家人，都被他的精神所感召。

广东有个医学教授，一直在收治非典病人的医院工作。2003年1月，因朋友的孩子在香港结婚，他赴香港参加婚礼。当时包括他本人，都不知道他身上已经潜伏了非典病毒，他已经是潜在的感染者。

他到了酒店，接触了酒店里参加婚礼的来宾以及其他人。最后，这些来宾又离开香港到了不同的国家和地区。

如此的旅行，像蜜蜂采蜜一样，将瘟疫病毒散发了出去。

在钟南山的指挥下，呼研所逐步摸索出一套有效的治疗方案，提高了危重病人的抢救成功率，降低了死亡率，而且明显缩短了病人的治疗时间。这套方案后来被多家医院采用，成为通用的救治方案。同时，在钟南山的主持下，《广东省非典型肺炎病例临床诊断标准》也很快出台。

作为奋战在抗击非典一线的呼吸疾病专家，钟南山及时阐明了自己的观点。他认为，对于病情发展很快的病人，首先要进行面罩无创通气，一是使病人得到充分的供氧，二是在早期避免肺泡萎缩及硬变；同时，对危重病人给予小剂量皮质激素，避免病情进一步恶化；再通过支持疗法，使病人度过疾病危险期。

非典是一种传染性极强的疾病，大家都必须严防医院内的交叉感染。

于是在每一张病床前，都紧急安装了用于通风的换气扇，天冷也打开。

1月的广州，没有暖气，再开着风扇，就有点儿和北京的冬天类似。但是在非典肆虐以后的广州，注意室内通风尤其是注意公共场所的空气流通，成为共识。

2003年4月12日，由钟南山主持的联合攻关组宣布，在广东省的非典型性肺炎病人器官分泌物中分离出的两株病毒，与3天前由香港地区公布的冠状病毒相同，显示冠状病毒的一个变种可能是引发传染性非典型肺炎的主要原因。4天之后，这一结果得到世界卫生组织的正式确认。

38 小时撂倒铁汉

在抗击非典的战役争论中坚守了自己的立场，钟南山以一位科学家的科学态度与良知，在衣原体与冠状病毒之争。在重重的压力之下，他以坚持真理的勇气找到了“冠状病毒说”的依据，以不畏艰难的精神开创了对非典病人无创通气的疗法。是他冒着风险，力挺皮质激素治疗，以及治疗非典的“三个适当”的具体内容和方法……钟南山对于抗击非典战役取得最后的胜利，正如时任国务院总理温家宝的评价：功不可没。

“这是一个故事。”他声音平和，好像开始回忆发生在别人身上的一件事。然而，这个“故事”给钟南山带来的心理压力，甚至一时间大过了工作本身。抗击非典是战役、是困难。困难永远是需要人去克服的；而压力，精神的压力、心理的压力，却常常能够使人变得脆弱、让人屈服。

本来，如果是完全在病房忙于救治病人，即使38小时不眠不休，凭钟南山良好的体质，他很可能是不会病倒的，但这是像刀子一样刻下的38小时。其间，他被通知立即从上海的会场返回广州，然后直接由机场被接到另一个会场，家人不知他的去向……在一把无形的刻刀之下，一股不明来源的巨大压力，将他撂倒在必须撑住的38小时之后。

这段往事对于今天的他来说，已是过眼云烟。

但是，在讲述它未被揭开的真相之前，他还是有些迟疑。

首先是控制！控制传染，控制病人的病情。要做到，就必须先搞清楚病原体为何物。

面对这样一个未曾遭遇过的凶险的怪病，它的病原是什么？它的传播途径又是什么？大兵压境，何为良策？

面对这么多过不去的“大山”，该怎么办？等着吗？钟南山是有担当的人，不能等着，他等不了！

他说：“我们需要两个层面的协作。”第一个层面，是流行病学的协作。病原学和临床方面密切协作，只有这样才能够真正找到它的病原。第二个层面，是国际上的大协作。因为这个病是人类的疾病，是致命的，需要综合各国高科技的成果共同来攻关，只有这样才有可能解决问题。

在疫情暴发之初，钟南山就意识到应该进行国际性的技术合作，以期用人类共有的智慧来战胜病魔。

当时离上述两个层面，应该只有一步之遥。而这期间，却经历了那么多曲折。

2003年1月中旬到2月上旬，用于控制非典的所有物资——药品、医疗器具、防护用品等等，都处于严重不足的时段。那是最难熬的时刻，也是控制非典最艰难的时刻！

2003年1月下旬，钟南山去上海参加一个有关抗感染的会议。刚到上海，他就接到广东省卫生厅的通知，说有非常紧急的事情，让他马上回广州。于是，他不得不放下抗感染会议的重要安排，赶回广州。

他回到广州已是晚上10时多，一辆专车已经等候在停机坪。

钟南山一到，那辆专车立刻拉上他直奔另一个会场。这时，钟南山的家人只知道他从上海坐飞机回到了广州，但是下飞机之后，人呢？

会场气氛非常严肃，钟南山熟悉的一些领导也在场。这时，有位领导向钟南山发问了：“我们接到一个消息，说香港明天将要公布非典的病原体。我们想了解具体的情况。”他又追问：“你到底是不是与香港方面进行了合作？”

这就是为什么要用专车直接将钟南山拉到会场的原因。

钟南山这才明白了，领导紧急把自己找来了解情况，是因为担心：如果香港将疫情的有关资料、信息甚至是数据在第二天都公布了，对内地来说是极为被动的。

北京来的领导以为，钟南山将当时发生的疫情认定为禽流感。

钟南山熟悉的领导也悄悄地问他：“你到底是怎么做的？”

钟南山如实回答，他做的事很明确。

跟他合作的是香港大学的两位微生物学教授，也是他的学生，一个叫管轶，另一个叫郑伯健。他们之间有一个协议，内容就是他们共同来研究出现在内地的这个怪病的病原体。

非典来势汹汹。迫在眉睫的，是弄清楚这个疾病的来源。病原体是什么？即使是衣原体，衣原体也有很多种啊；如果是病毒，那么，病毒也有很多种，引起非典的病毒到底属于哪一种？钟南山只是想搞清楚病原体，以便有针对性地尽快控制疫情的发展。

对来路不明的敌人，仗，怎么打？

2003年1月中旬以后，焦灼，每时每分都在撕扯着钟南山的心。他是让人仰慕的呼吸疾病的顶尖专家，他的心情从来没有如此沉重过，不是为名所累，而是感到：我，应该担当！

在如此万般紧急的时刻，钟南山联络了香港大学的管轶和郑伯健这两位专门搞动物病毒研究的教授。

为了早日弄清病因，找到病原体，钟南山从非典病人身上取下病毒样本，交给了自己的这两个学生，希望他们带到香港去做检测。

香港的检测技术水平是很高的，这两个学生又是他非常信任的优秀同行。在病原学的研究上，香港的实力比内地强，实验室更先进。为了抢时间，钟南山决定把非典病人的血清拿去化验，双方一起研究。

在做这件事之前，钟南山与这两个学生签了一份协议。在这个协议里有一条：假如任何一方发现了病原体，必须共同协商，而且要通过卫生部，征得同意才能发布。

协议写得很清楚，钟南山和他的学生，双方都签了名。钟南山把那份协议交给了与会的领导过目。

听完钟南山的汇报，气氛一下子缓和了，但第二天，香港就要公布内情，但第二天，香港就要公布内情，怎么办？

这时，已经是夜里一点半了。钟南山说："干脆这么办吧，有没有可能让我去一趟香港，找我的两个学生？"钟南山想，大家对这件事这么关心，还是自己亲自去一趟香港为好。

凌晨三点半，钟南山稍做准备，就由呼研所的另外一名专家黎毅敏教授陪同，乘坐"两地车"，从广州出发，经深圳罗湖，直接到了香港九龙。这时，时间是早晨六点半。

一到香港大学，随同的人就让钟南山跟他的学生联系。钟南山说："还是等一等吧，他们还在睡觉。"为了不惊扰学生的睡眠，他就在车里坐着等。他还有一个顾虑，大清早的，他的学生在电话里听说情况这么严重，会不会不敢来见他？他一直等到八点十五分。

钟南山很赏识他的学生管轶，他曾经说："管轶很聪明，是很出名的微生物学家，也是禽流感方面的研究专家，他一直在用心探索。"

八点半，钟南山拿起电话，与管轶通话。管轶听见老师的声音，就急着问："老师您现在怎么样？是不是很辛苦？要保重啊！"他听钟南山说已经到了香港，不禁喜出望外：“钟老师，您在哪里？我去接您！”

当管轶听说钟南山早上六点半就到了，已经等了两个小时，他大吃一惊，心疼地说：“老师，您怎么能在车里等这么久？！”

钟南山对管轶说：“我要见你。”

管轶说：“老师，我马上去接您。”

钟南山说：“噢，不用了。我已经在你宿舍楼下。”

管轶一听，立刻按钟南山的吩咐，找到郑伯健，师生三人很快聚在了一起。

管轶和郑伯健见到自己的老师以后，马上就说要陪着钟南山一起去吃早餐。

钟南山说：“先别吃早餐。先说事情，你们今天是不是要公布我们一块儿合作研究的病原体的信息？”

管轶诧异地问：“哪儿来的这个消息？”他说，“第一，我们现在还没发现病原体是什么，还没有证实；第二，就算是证实了，我们之间不是有一个协议吗？那上面写得很清楚啊！”

管轶又对钟南山说：“您是我的老师，我能骗您吗？老师，我必须经过您的允许。而且，我们必须得到卫生部的许可，才可以发布的呀！这个基本的觉悟，我肯定还是有的！”

钟南山松了口气，说：“那行吧，我们一块儿去吃早餐。”过了片刻，钟南山想了一下，说：“你们同我讲的情况，我们的领导可能不信。你们最好和我一道回广州亲自证实一下。”他的两个学生说：“既然老师让去，我们是一定要去的。”

于是，管轶和郑伯健马上分别向自己的单位请了假，跟钟南山赶回广州。

中午12点，钟南山把两个学生带到会场，说：“还是麻烦你们亲自把这件事的详细情况给大家说一说。”

钟南山的本意非常明了：化验致病病毒，找出迫在眉睫的病原体，以便针对疫情，对症下药。然而，他意想不到的是，竟闹出如此误会。

钟南山深明大义，上级对这件事的考量，他是清楚的。但他更清楚，自己是个科研工作者。瘟疫降临，他首先考虑的是技术上的协作，是全人类的联手，是一致去面对共同的敌人——瘟疫。

管轶和郑伯健当面向会场里的领导作详细解释。

管轶说：“第一，我们根本还没有发现病原体；第二，就算我们发现了，也不会在香港单方面公布，我们绝对会遵守协议，联合公布。何况，钟南山是我们非常尊敬非常爱戴的老师！”

面对面的解释结束之后，钟南山又在当天下午参加了专门召开的疫情防控会议，还作了一个如何进行疫情防控的学术报告。

误会虽然过去了，但是，经过这惊心动魄的38小时，钟南山也病倒了。

我非“瘟神”

心力交瘁。

他病倒了，而且是只能回家养病。他抢救过多少病人？当他染病后，“回家治疗”竟成了最好的选择。让他感到辛酸的，还不是患病本身……

时年67岁的钟南山，早年是运动员，之后一直没有间断过体育运动。他的身体素质非常好，无论多么劳累，一觉醒来，就能恢复体力。

但是此时，他第一次感到异常疲惫。上海的会议是有关感染议题的，就是与目前这个特殊传染病有关的会议。他本想开完会后，回到广州能够休息一下。但是没有想到，事情发生了变化，让他一直没有合眼。他在上海时，从早上7点开始投入紧张的工作；赶往广州，是晚上9点，再到第二天早上9点在香港，从香港回到广州又持续工作到晚上9点多，整整38个小时。

钟南山在去上海之前，已经为抢救非典病人奋战了一个多月。“这是很关键的时候，我得带头啊！”他说。

他感觉自己的双脚从来没有这么沉重过，好像灌了铅，有点拖不动步子，已不是那个快步如飞的钟南山了。

艰难困苦他不怕，天大的难题压不垮他。

此刻，他抱着一个非常强烈的愿望——希望能够尽快把病原体找出来。

他回到家，那个至少38小时不知他下落的家。家里有常年为他忧心不已的爱人，还有他的孩子们。

他没来得及过多地去想，因为他被病魔击倒了。第二天上午，他发起了高烧，接着就开始咳嗽。他马上拍了X光片，左肺出现了炎症。

当时，广东及全国各大媒体，每天都在争相捕捉与疫情发展相关的信息，尤其是关于“虽是传染性疾病，但没有想象的那么可怕”的信息发布，几乎到了白热化的程度。但是突然有一段时间，好像有关报道又低沉了下去。

不少人还记得当时有传闻，说钟南山在宣传自己，哗众取宠。

有一天下午，一直埋头忙碌于工作的钟南山，发现手机上出现一条极其特殊的短信：“钟院士，我们是站在您这一边的。”

尽管钟南山当时并未完全明白这条短信的全部含义，但是他的内心有无边的落寞之感，他感觉出有一些人很明显地疏远了他。

2003年1月28日，钟南山必须马上停止工作，住院治疗。

钟南山如果住在自己所在的医院进行治疗，是最理想的。这里是治疗呼吸疾病的权威医院，有很多他的老战友、老部下，他们都会细心地照顾他。但是，他不想这样。在这样的时候，他不能多为自己着想——尤其是他不能躺在自己的呼吸疾病研究所里。

那样，对整个抗击非典的工作影响就太坏了，大家的士气会受挫，对病人的影响也会很大。“怎么，连专家都倒下了？”病人会丧失战胜病魔的信心。还有，谁都会知道钟南山病了，万一他的病治疗时间长、很严重，社会上知道钟南山病了，那影响就会更坏，不利于稳定。

“应该尽量找个僻静的地方。”钟南山的思路如此明晰。

他悄悄地说服了知情的战友和部下，商量了一个结果：住到其他医院去。

很快，钟南山被安排到了一家医院的干部病区。

但不久，钟南山收到一封信。信中说，这个病区马上有一名即将进行肾移植的病人，而且有一名香港的记者会在现场做报道，届时场地会紧张。此时的钟南山，刚刚卸下担任了10年的广州医学院（现为广州医科大学）院长职务。骄阳之下，他感觉像被秋风扫了一下："难道我是'瘟神'？"但是，他马上恢复了平静："医院也很不容易，还是替医院着想吧。"

于是，他拨通了儿子钟惟德的电话："爸爸要回家去养病。"

2003年1月29日，钟南山带着病走进家门，爱人李少芬最直接的反应不是担心自己会不会被传染。她对钟南山又怜又惜又疼，却不敢对钟南山多说半句，怕增加他的精神负担。

她的眼神明净而温暖，就像平时一样走近钟南山，如同没有发生任何事情。钟南山的心，一下子平静下来。李少芬悉心地安排丈夫在家养病的生活。

在钟家做家务已经十几年的保姆，这时非常紧张。平时，她每天全心呵护这两位她心目中又敬又亲的人，很为两位老人的健康担忧，所以此时掩饰不住自己的情绪。钟南山一进门，她就把所有的衣服都给他换了。房间的布置，是提前就已经安排好的，为了方便每天护士到家里来给钟南山打吊针。

钟南山平时的忙碌，是常人难以想象的。除了睡眠，他一刻也不能清闲，几乎很难静下来想一下自己。

此时，他躺倒在自家的床上。苦闷，真真切切的苦闷，如乌云翻滚，袭上心来。他胸中的郁闷，一时不知该如何排遣……

尽管心情不好，但是让钟南山欣慰的是，他感觉自己的病不太像非典。因为很多非典病人呼吸很困难，而他的感觉，并不严重。

他只是感觉身体异常虚弱。在家里打了5天吊针之后，他决定去复查一下。

复查之后，查看胸片，他惊喜不已：肺炎的阴影没有了；而为他治疗使用的药，全部用的是普通的抗生素。钟南山心中有底了，他的病，不是非典。

钟南山是以疑似非典病人的身份回家的，但是李少芬没有把他当作一个传染病人而嫌弃或者躲避他。钟南山有博大的心，很多事情时常被忽略不计，但是这几天妻子所做的一切都留在他心里，在他的记忆里是那么细致、清晰。

钟南山回到家后，李少芬像什么也没发生一样，平静地对他轻声细语，帮他把身上所有的衣服都脱下来，然后叫他洗澡。以后，她就再没有让钟南山出门，而是让钟南山安静地养病，除了一些不得不见的领导和护士，也不让别人来看望。

所有电话，她都不让他接。包括当时有一个领导问钟南山去哪里了，她说他出差了。她还做一些容易消化的食物给他吃。钟南山的感动在心中静静地泛起。在他最需要挺住的时候，能够真心照顾他、疼爱他的，唯有患难与共的妻子。

钟南山复查的结果，让李少芬放下了一颗悬着的心。但见到钟南山当时很虚弱，手里拿着的东西都会不自觉地掉到地上，她就让钟南山又休息了3天才很不情愿地同意他去上班。

当时，对非典病人的治疗情况已经显示出，大剂量的抗生素无济于事。事实触目惊心地摆在眼前：非典，不是普通的肺炎。它向世人狰狞地宣告：传统治疗手段，无效！

一场大病，使钟南山的身体虚弱不堪：“我觉得非常疲惫，就像搬了一座大山。”不得已，他还是拖着乏力的身子，往呼研所走去，因为那里是战场。他的心，牵挂着他的呼研所，担忧着病人的安危，更担忧着疫情蔓延的凶猛势头。几乎每时每刻，他都在想，怎样才能找到控制疫情的办法。

走进办公区的楼道，他尽量让自己显得没事，像没有“大病了一场”的样子。他习惯性地用手向脑后梳理了一下头发，尽量像平时一样步伐有力、面带笑容。知情的部下见了他，既惊又喜，他们忍着眼泪说：“所长上班来了！”8天后，出现在部下面前的他，整整瘦了一圈。他们还从来没有见过自己的领导如此憔悴，但是钟南山脸上的神情，显得很有力量。绝大多数同事不知道他得了肺炎，只是知道他因为身体不太舒服，所以没有上班。

“所长来上班了！”整个呼研所医务人员的心安稳了。钟南山又开始了他繁忙的工作。

可是，办公室的同志惊讶不已：钟南山手上拿着的东西，不知不觉地往地上掉，而他自己却没有察觉。所长的身体竟然虚弱到如此地步！这个样子，怎么能工作？何况还要进非典病人的病房！

钟南山低沉、和蔼却不容分说的语气是他们所熟悉的，根本没有他们劝说的余地。白大褂、口罩、帽子……他们帮助钟南山往身上穿，就像一件件、一层层穿在一副根本不用担心摇晃的铁架上。

穿上防护服，钟南山和其他所有医生一模一样。然而，他的战友能分辨出他，期待着他的病人也能分辨得出。一个病人这样说过：“我知道，那是他，尽管我非常难受，意识模糊，但是我的心，在他面前，踏实下来了。”

在钟南山生病前后，中国的电视观众、普通百姓，那些在艰难时期习惯“听钟南山都在怎么说”的人们，突然在电视上、在其他媒体上找不到他了。北京的很多市民，每天都在关注非典疫情、关注钟南山，因为他们知道非典在广州肆虐，钟南山是广州的专家，他说的是一线的消息，是新发的病人和来自病房的事情。但是，就连媒体记者也奇怪为什么这么多天没看到钟南山的影子；那些能找到钟南山的人，都急切地询问他的近况。

钟南山呵呵地笑笑："我不过有点儿不舒服，现在不是出来了吗？"

2003年2月11日，为了安抚民心，钟南山受命在广东省卫生厅召开的记者见面会上，面对媒体，讲解了非典的发生和病人的发病情况。这次，钟南山为了国家，讲出了自己必须负责任的一句话。

他以自己院士的声誉做担保，告诉大家：非典并不可怕，可防、可治。

2014年年初，钟南山家里大搞卫生。当擦拭客厅的门时，协助打扫卫生的保姆看见门的木框上侧有一颗生锈的钉子，准备拿钳子把它拔掉。钟南山的夫人李少芬说："这就是11年前给钟南山打吊针时挂瓶用的钉子，留下做一个纪念吧。"

伉俪情深

李少芬不见记者，不领奖金，不因丈夫获得的荣誉喜出望外。这位曾经叱咤体坛的国手，不仅为丈夫分担压力，为家庭付出了全部心力，更是一位以宽仁、大德服人的长者。

2009年1月春节前夕，呼研所举办了传统的迎新春联欢会。

1月26日晚，在广州宾馆会议大厅，400多名员工到达了会场。李少芬被邀请出席，她在离舞台最近的一桌，坐在钟南山身旁。

医务人员纷纷上台表演他们自编的文艺节目。联欢会接近尾声时，钟南山出场了，他用中英两种语言演唱了奥地利民歌《雪绒花》：

雪绒花，雪绒花，

每天清晨欢迎我。

小而白，纯又美，

总是高兴遇见我。

洁白的花朵深情开放，

愿永远鲜艳芬芳。

雪绒花，雪绒花，

为我祖国祝福吧！

他的演唱充满深情，磁性的声音回荡在大厅，全场一片肃然。在场的医务人员听到极富象征意味的“洁白的雪绒花”，更是满含感动和喜悦。

还有两个特殊演员：一个是钟南山的女婿，美国人费利伦；另一个是钟南山12岁的孙子钟嘉斌。费利伦和呼研所的医务人员一起，表演了令全场欢声雷动的双簧。

钟嘉斌身穿红色学生装，他的相貌和爷爷钟南山少年时的模样很相像，虽然年幼，却文静而儒雅。他为大家表演了横笛独奏，流畅的演奏、悠扬浪漫的曲调感染了全场观众。在掌声中，他走回座位。钟家的家眷，包括钟南山的女儿钟惟月、女婿费利伦和亲家母都围坐在同一桌，这一桌离舞台稍远些，桌上放的是地道的广东菜肴。

李少芬从座位上回过身来，向钟嘉斌那一桌打量了一下，然后徐徐地站起身，静静地朝那边走去。

这位曾经叱咤体坛的老人，气质娴静，面容和善，此时虽已年逾七十，但依然身材挺拔。从她的脸上，仍能看出，年轻时，她曾貌美如花。

伴着钟南山这样一个工作不要命、基本上陪不了她的“机器人”，她只能日复一日、年复一年，让自己把心放平，默默地替他分忧。

每当丈夫从单位、从千里之外的任何地方匆匆地回来，即使劳累得对她少言寡语，她也特别满足和开心。因为她那颗悬着的心，总算能够落下来放平一会儿。钟南山说一句“累死了”，就让她没有了任何怨艾，因为她知道他累，真的很累。

丈夫最关心她的，是有关她体检和复诊的诊断结果：一份定期的健康状况报告单。钟南山看一下诊断结果用的时间，实在是少得很，但让李少芬感到的是幸福。因为已经是如此年龄的丈夫，无论走到哪儿、无论工作多么繁重，心里都牵挂着她的这份体检报告单啊！

他们的幸福是默契的结果。

早些年，因为钟南山整天没日没夜在忙工作，当院长、出门诊，

◣ 伉俪情深

◣ 钟南山的孙子钟嘉斌

身为院士还顶着一堆不得不承担的头衔儿，李少芬的无奈曾爆发过，他们不止一次发生争吵。钟南山一时火大，但一转脸又马上安抚委屈的李少芬。他对爱妻好话说尽，最后，李少芬还是顺着他的意。

多少歉疚在心头啊。钟南山对普通的患者都能一视同仁，将心比心，他何尝不心疼为自己操劳了一辈子的爱妻啊！

跟钟南山过了大半辈子的李少芬，年轻时耳濡目染，粗通医学。运动员出身的她，性格比较泼辣，凡事敢作敢为。但她也有温文尔雅的气质，尤其遇到像钟南山病倒这样突发的情况，她急在心里，脸上却带着平静的微笑。

李少芬的父母有六个子女，一个不幸夭折。李少芬还有三个哥哥和一个姐姐，她是最小的，一出生就过继给了养母，养母一直没有结婚。李少芬小时候爱弹琴、爱打球。她15岁时被中央体育学院选入国家女子篮球队，她的养母想了半天，本来是不想让她去的，后来又想通了，因为不去也许就没有什么前途了，所以索性就让她去了。

李少芬是一个不见记者的人。难道她不把记者放在眼里？不是的，她是不愿意因为丈夫的原因接受采访。总之，除了温馨的生活，稍有浮华不实之嫌的“热闹”，都不属于她的兴趣，不是她的快乐。

李少芬是一位对功名利禄不闻不看、态度温和的老人。钟南山得了奖，她会为他高兴，会祝贺，因为他太辛苦了。她从来不会过问与奖金有关的事情，尽管过去她曾经和丈夫一起度过艰难的年代。这么多年来，钟南山从来没有拿过一次奖金回家，所以，李少芬不会指望丈夫的任何奖金。同时她也知道，大夫的奖金是直接用于科研及人才培养的。

李少芬会做一手好菜。以前，她让保姆学着做。但是自从2003年钟南山的心脏出了点问题之后，她就经常亲自动手给丈夫做可口的饭菜。

20世纪90年代初，钟南山做常规体检时发现，血脂和胆固醇都偏高。那个时候，他没有在意。这件事让李少芬后悔不已。她觉得，这导致了后来钟南山的心脏局部出现问题。

常年繁重的工作、非典之后超负荷的运转，让钟南山停不下来，这使他的心脏出现了一些问题。虽然不是致命的打击，但从那时候起，老夫妻两个就开始注意了。

作为患难与共的知心爱人，李少芬深知：对于钟南山来说，所有的往事，即使有过委屈，也已成笑谈。

而这笑谈，也只是出现在匆匆之间。如果事情不是被旁人提起，或者被再三请求回顾，这笑谈，他连回顾的时间都没有。

皮质激素这把双刃剑

“你认识钟南山？那好，你问问他，非典期间，是他说的非用皮质激素不可。这么多人都股骨头坏死了，他倒成了英雄，他忍心吗？”

说这话的是北京某大医院的一名医生。她的同事因为参加非典病人的抢救，被重度感染，所以用了皮质激素，后来股骨头坏死，从此开始了轮椅生涯。

在股骨头坏死的非典病人中，有些人提起钟南山就没好气：是他主张用皮质激素。然而，这么多年过去了，这些人骂对了没有？

事实上，这如同将一个屎盆子扣在了钟南山头上。这个事实有澄清的必要。

激素是有副作用的，但为什么还要用激素？不管它是常识，还是在喉的骨鲠，缘由必须是清楚的，因为那是一份对于良知与公正的交代。

那么，皮质激素的使用，到底出了什么问题，以致那么多人股骨头坏死？

没错，当大剂量、高倍数的抗生素在临床上被宣布无效，钟南山和广东省所有的专家，就开始面对空前的难题。这不是一般的肺炎，不是一般的感染，疫情带来的病例每天都在攀升。的确，是钟南山和与他意见一致的专家在这时提出必须用皮质激素控制病情，保护病人。

激素所起的作用是减轻肺损伤。由于非典造成的损伤首先是一个异常的肺部免疫炎症过程，使用激素治疗是为了减轻这种免疫炎症，减少肺损伤。但过量地使用皮质激素容易引起继发感染和骨代谢损害，所以，使用它要讲究技巧。换言之，使用皮质激素，要选择合适病人、合适时间、合适剂量，才能收到好的效果。

非典时期，很多病人一经发现就已经处于危重状态：肺组织变硬，不能自主呼吸，需要医生立即为病人通气。但是，在使用气管插管进行人工通气时，随着病变的演进，肺部会继续发展为纤维化，低氧血症会进一步恶化。使用激素之后，病人肺部的这种损伤就会被抑制；再通过免疫调节的过程和辅助的治疗措施，可以使病人的肺部逐渐恢复正常。

广东省是最早发现非典病情的，所以在临床治疗中最早使用皮质激素。广东人可谓身先士卒，为中国乃至世界最后征服非典铺了路。尽管当时有一段时间，对使用抗生素还是使用皮质激素的争论比较激烈，但广东的医务工作者在临床实践中还是坚持使用了皮质激素。

广东使用皮质激素治疗非典患者收到了很好的效果。在被救治的病人中，出现股骨头坏死的，仅为2.6%，在全世界是最低的……

北京市卫生局的同志于2003年春节假期刚过，即2月8日，就到了广东省卫生厅积极取经。那时，风声多紧、多悬哪，人心惶惶啊！他们是冒着一路被传染的危险赶过来的，可是到头来，北京还是有那么多非典患者最后股骨头坏死了，这是为什么？

2003年1月下旬，广州医学院第一附属医院广州呼吸疾病研究所的吴华医生被非典病人感染了，和她一起病倒的，还有一名骨干男医生。

呼研所的老大姐吴华从非典疫情发生以后，就连日不离岗位，抢救病人，指导护理。大病初愈的钟南山看到战役伊始连伤两员大将，心中又痛又急，眼泪不知不觉地流出了眼眶。这是他一手缔造的呼研所，现在面临前所未有的挑战。更严峻的问题是，这场战役到底要打多大、打多久？

早在2002年12月的时候，吴华就觉得有点儿奇怪：怎么有这么多病人呢？而且得的是同一种病。那时，她只顾忙，来不及多想。到12月20日，传来发现“怪病”的消息。吴华已经首当其冲，与非典病人有了近距离接触。当时还没有隔离衣，连一般的防护措施也没有用上，甚至根本没有戴口罩。

病人情况严重。需要插管的病人，有一些分泌物沾在了吴华的手上，她没有及时消毒、清洗。后来她猜测，这可能是她被传染的直接原因。

两个病人的家属，也很快开始发病，让没有准备的吴华感到触目惊心，这是多么强悍的传染性！

将输氧管慢慢送进危急病人的肺里，这是临床上常规的救治方法。病人因为生理反应会剧烈咳嗽，而直接从肺部喷出的血痰最毒。所有医护人员都很清楚其危险性，但职业的坚守精神，让他们无从顾及个人安危。

当时在广医一院和呼研所，当病人出现比较明显的缺氧现象的时候，医生首先不采用插管或是切开气管来通气，而是采用无创的鼻部面罩通气法。这个方法被证实很有效，它帮助很多生命危急的病人渡过了难关。

起初，为了攻克这一难题，钟南山与肖正伦、陈荣昌、黎毅敏等专家，研究出了用这种“无创通气”的方法给予病人呼吸支持，增加病人的氧气吸入量，为挽救病人的生命赢得了更大的机会。这是其一。其二，当病人出现高热和肺部炎症加剧时，适当给予皮质激素；

而当病人继发细菌感染时，又必须有针对性地使用抗生素。这使最危重病人的抢救成功率达到87%，这既降低了死亡率，而且明显缩短了病人的治疗时间。

整个抗击非典的战役，广东之所以能够夺取最后的胜利，有两大“利器”起了决定性的作用：一是钟南山始终叮嘱医务人员根据病人的病情，在适当的时间，以适当的剂量，科学、合理地使用皮质激素，这就有效避免了更多的伤亡；另外一项就是在火线创造了“无创通气法”，运用这一方法，减少了病人的痛苦和死亡率，避免了更为严重的继发性感染。

以上措施，由广东省卫生厅于2003年3月9日以《广东省医院收治非典型肺炎病人工作指引》的文件形式，下发到广东各地市与省直、部属医疗单位。这是钟南山以及广东专家组对抗击非典所作出的重要贡献。

非典过去6年，在呼研所安静的办公室里，吴华主任是始终面带笑容讲完自己被感染的经历的。她没有眼泪，也没有哀叹，仿佛那是一场惊险、刺激，以平安为结局的游戏。她虽然已经不如30年前那般年轻、美貌了，但那双大眼睛，仍然闪烁着热情和智慧的光彩，衬托着她开朗的性格。

吴华说，她现在的体质应该算是很好的，“24小时心肺功能都还不错，只是肺部的纹理比较多”。她说自己好像老了，年轻的时候，可以一口气登到山顶，现在上楼容易气喘，出现了骨质疏松，所以在吃带有维生素D的钙片补钙。她觉得有点儿遗憾，没有专门抽空进行运动锻炼，但是，她又给自己找了一个最恰当的理由：“忙得要死啦。”

呼研所一批又一批的医护人员，都是她亲自带出来的，这是她作为一位优秀的主任医师发自内心的自豪和欣慰。

她应该自豪和欣慰，因为她用自己被病毒严重侵染后的身体，检验了用皮质激素控制非典的成效，为后来对非典病人病情的控制和治疗提供了有力的佐证。她是所长钟南山的好搭档。在国家医疗卫生权威机构对非典的治疗方针、意见难以统一的时候；在钟南山坚持认为非典病人必须使用皮质激素来控制病情，而不能用抗生素，因为临床证明，使用大剂量的抗生素根本无效的时候，正是她，为钟南山的声音提供了最好的支持和证明。

特别是她亲自验证了钟南山所主张和担忧的，使用皮质激素，需要严格控制用量这一点。

吴华被感染后的症状是突然发高烧，但是，这莫名的高烧上午发起来，下午又突然退了。她觉得非常奇怪，拍了X光片：肺部没有异常，就又开始工作。但是第二天，她突然又一下子高烧到39℃、40℃。到第三天，她就感觉支撑不住了。“我不行了，整个人感觉非常疲惫。”她告诉护士，自己可能被传染了。

那时候，非典尚被称作“不明原因的肺炎”……

第四天，吴华作为病人开始住院。她立即被注射了大剂量的抗生素，但是，无济于事，高烧照样不退。这再次证明：以往的常规抗生素治疗，无效。

这时，吴华自己要求使用皮质激素，却不获准，为她治疗的医生坚持继续使用抗生素。

由于当时主流声音认为应该用抗生素，出于对坚持用抗生素专家的尊重，吴华不得不继续接受用抗生素进行治疗。

值班医生不给她用皮质激素，她就叫主管医生来开药。主管医生的态度很迟疑，说是要请示，还要观察。她于是央求着说：“你们不给我用皮质激素，我就会死的，一点儿胃口都没有，人累得不得了。”浑身无力的感觉已经让她难以承受。

“那时，我基本上一个星期都没有吃东西，一碗稀饭吃两三口就吃不下了，你说怎么能有力气呢？一点儿力气都没有。一直发高烧，浑身发冷，一不冷了，就难受得不能忍受。”吴华的述说似回到了当年。

2003年1月31日，农历除夕。

这一天，吴华的要求终于得到了特许，她非常高兴。上午用了皮质激素，到了下午，感觉就舒服了，不再那么憋气了，而且还能跟着中央电视台春节联欢晚会的节目唱歌。

“医生见我用了皮质激素，效果不错，就放心了，继续用。当时，我的肺还没有受到严重感染。”到了农历大年初一的下午，吴华感觉自己的病已经没有什么问题了。大年初二上午，拍了X光片，肺部果然没有了阴影。她于是打道回府，回家过年去了，因为家里老老少少一大家子人，正在发愁地等着她这个“主角”呢。

由于吴华轻看了它的厉害，所以不知不觉她将非典病毒带回了家，和家人一起过了一个春节。

吴华的妹妹从香港回来过年，一家人住在吴华家；吴华爱人的两个姐姐也都从国外回来过年了。大年初二，吴华一到家，就去敬老院把她的家婆接回家来吃团圆饭。

本来，吴华戴着口罩，后来看到家人不习惯，感觉怪怪的，就拿掉了。她和大家一起吃饭，只是自己用另外一副筷子给家人夹菜。回到家里，和亲人们在一起，她的心情好多了，病似乎也好多了，也就有了一点胃口。吃过饭，她把老人送回敬老院，然后又回到家中。

当时，非典病毒仍潜伏在吴华身上，幸运的是，她的家人都没有被传染。“家里的窗户全部都打开了，通风是很重要的。”她说。

大年初三接近中午时，吴华又有了那种很累的感觉，又开始觉得有点气急，她妹妹劝她赶快回到医院去。吴华知道，这种症状说明她又要开始发烧了。到了晚上9时多，吴华高烧到了39.8 ℃，她开始出现呼吸困难。第二天一早，她的爱人和妹妹就把她送回医院了。这时，吴华开始意识到，必须与家人隔离。她对爱人和妹妹说："你们不要在这里停留，赶快走！"

大年初四，吴华的病情开始升级了，本来肺部没有了阴影的X光片上又出现了问题，病情发展得很快。到了晚上11时左右，她的呼吸很困难，医生决定给她上面罩呼吸机。

上了呼吸机以后，她感觉舒服多了。一直为她忧心忡忡的钟南山，这时打电话来问她的情况。

2003年春节以前，钟南山就一直忙于制定非典疫情的对策，参与专家会诊，参加各种针对控制疫情的会议，查房，抢救病人，呼吁尽快调拨抗击非典的物资……

他几乎每天都没有安稳的睡眠。"他的眼睛熬得通红，这是他来查房时我看见的。"吴华做了个钟南山弓着身子的样子，"他给病人检查得非常仔细，身子俯下，连病人的嘴巴都认真检查了，和病人脸对着脸的。旁边的医生看着都担心啊。"

吴华上了三天呼吸机之后，病情又有了好转。

吴华仔细讲述了她使用皮质激素的过程，这个过程完全是医生给她用药。她自己就是医生，有几十年的医疗经验，并且对皮质激素的应用，也有自己的经验。

她深知皮质激素的副作用：过量使用会导致股骨头坏死。

她说："一开始，我用的是40毫克的剂量，一天用一次。后来加到一天两次，这个提高的量，起到了关键的作用，有效地控制住了病情。但是，我只用了两天半，然后又在七八天的时间内把量逐渐往下减，后来就减为口服了。"

吴华又说："当时，我自己不听话。虽然知道这个药品的副作用，但我没有看病历。看了病历，我就应该知道，那时我的尿糖出现了升高。皮质激素过量使用，会引起药源性的尿糖高。医生当时也没有注意到。实际上，那是由激素引起的。”

“后来，我并没有吃控制尿糖的药，而是一直慢慢减少皮质激素的用量。果然，当时我的尿糖偏高只是一个表面现象，等我把皮质激素降到低量时，尿糖也不高了。”

吴华已经不确切地记得那时医生开了多少激素给她，她说好像是30毫克，有很多片。她偷偷地把它们装起来，开始几天，每天吃4片，后来则改为每天吃3片。

别的非典病人用了皮质激素后变得胖胖的，吴华却瘦了。钟南山去查房，纳闷地问她到底有没有吃皮质激素。她说：“我不敢骗你。我一开始是每天吃4片，吃了3天就改成每天3片了。我觉得自己很好，没问题呀。”

后来，吴华告诉钟南山，她确实恢复得很好，一点儿气急的感觉都没有，走路快步如飞都没有问题。

吴华早在2002年10月就做好了准备，要和家人一起到悉尼去探亲。这次，终于从瘟疫的魔掌中挣脱出来、大难不死的她，要去一趟悉尼，出一趟远门的愿望特别强烈。开始，钟南山担心她的身体没有完全恢复，所以没有同意。又过了几天，确认自己完全没有传染性了，吴华再也按捺不住，像出笼的小鸟一般，毅然登上了去悉尼的飞机。吴华是跟旅游团走的，上了飞机之后已是半夜时分了，但是她的精神很好，一直坐到天亮，然后又转机。到达目的地之后，再去她向往已久的黄金海岸时，吴华感觉有点儿乏力。她说：“我就慢慢地坐一下，又走一段，然后停下来休息、吃饭，吃过饭以后，一下子又感觉精神好了。一路上只有一次感到有点儿累，因为是刚出院，又是半夜上的飞机，熬了夜。到第三天，精神就好很多了，跟正常人一样。

澳洲的空气真好，我感觉很舒服，吃得也多。”她出院不到半个月，就用这半个月不到的时间出了一趟国。

吴华从澳大利亚回来以后，感觉恢复得很好，所以马上就上班了。上班后，她除了每天忙工作，还要挤时间对医务人员进行培训。

她重返工作岗位之时，正是抗击非典最艰难的时刻，也就是病人就诊和住院的高峰期，一线救治的医护人员非常紧缺。

吴华又站在了最前线，她要顶着被二次感染的风险。然而，她是有经验的，所以，她成了病人的福音。

6年之后，2008年12月的广州，天气和暖，像北方的春天。静谧的窗外，午后的一缕阳光透进来，像金子一般。

“皮质激素是有副作用的，给病人用，要按不同的体质分别对待，掌握一定的量，并且不断调整、控制用量，才能将副作用减少到最低。”吴华说，“只有在激素用量不合适的情况下，才会产生副作用。”吴华自信自己的皮质激素用量是准确的，所以她的股骨头并没有出现坏死。

吴华的自豪让人感动。

吴华说，广东的非典病人之所以绝少出现股骨头坏死，毫无疑问是严格控制了激素用量的结果，是得益于广东有钟南山这样的呼吸疾病的大专家。此外，有呼研所这样的专科医院，能把理论和实践紧密结合，提供深厚的技术和科研力量的支持。在以往的临床治疗中，医生自然也少不了使用皮质激素，所以，吴华对皮质激素的使用，能够根据身体情况自我掌控。

相比之下，非典疫情在2003年4月至5月逐步蔓延到国内其他地方后，由于对皮质激素的使用指征（什么病人用、什么时候用、用多大的量）把握得不太好，而且当时广东的疫情还没有得到完全控制，广东的专家和专业人员一时还难以抽调到外地交流，所以在一些地方，皮质激素在有的病人身上的用量超出了常规剂量的5~10倍。

皮质激素成了非典病人的一把双刃剑：他们保住了性命，但超剂量使用却使他们沦为残疾人。轮椅，将承载他们一生的痛。

所谓无奈，正是因为非典病人面对如此残酷的抉择。本来，他们的结果可以好一些。

吴华说：“钟所长一直这样问我：‘你吃了多少激素啊？’他是关心我，其实，他心里一直都有个数。他只是需要随时观察和总结，因为有那么多病人在使用呢。”吴华对自己的老领导、老搭档钟南山在非典时期的印象，终生也不能忘怀。

压力，把钟南山置于极限之地，他必须从那里带着曙光返身。

人们信任他、依赖他。他需要把自己的能量发挥到极致，群策群力，众志成城！

“我有时候去办公室找他，他插着两个手，就是这样的——”吴华的模仿形神兼备。钟南山两手叉腰，微微地弓着身子，仿佛周身的血液和神经，都凝聚于思维最深处的声音——那深邃缜密的难题密码。他有时摘下眼镜，拇指和食指掐住眉心，这是他思考问题时最常出现的动作。

吴华说：“几次看见他都是这样沉默不语，就是在那里想东西的样子。”她回忆当时钟南山默默沉思的程度，“你叫他，他有时候都反应不过来，不知道有人在叫他。”

检查每个患者的口腔

非典期间，在给初诊病人做检查时，钟南山始终没有戴口罩，以便于为病人示范张大口腔的动作，以准确掌握每一个非典病人咽喉部的症状。检查时，他让病人屏住呼吸……他如此冒险，果然得出了令世界医学界为之震惊的结论：非典病人并没有明显的咽喉部的异常症候。

钟南山在没有确定非典的病原体为冠状病毒之前，最初对非典病人进行诊断、检查时，没有戴口罩就检查每一个病人的口腔，却也没有被传染上非典，这是一个不解之谜。这个疑问一直被很多人认为匪夷所思。所以，钟南山那句“我查看过每一个非典病人的口腔”后来被很多人流传。

有多名经历过非典的专家都认为，当通过飞沫传染的非典带菌病人张开口腔与你近距离接触时，传染的危险几乎是十有八九。如果非典病人面对面冲你咳嗽几声，你恐怕就在劫难逃。

钟南山当时察看的非典病人都是带菌、带病的，一开始就是这样裸露着察看病人，到后来，越来越谨慎了。

医务人员一开始都没有什么防护措施，因为没有想到病毒会这么厉害，从未经历过，所以缺乏足够的警惕。有很多病人在咳嗽。钟南山当时从最初两三周对病人感染情况的观察，发现了这些病人的特点：一个是他们工作或生活在人群很密集的地方；另外一个就是，他们实际上是被咳嗽的飞沫感染的。

他这样解说自己为什么没有被感染：“一般我做检查的时候，会告诉病人：你忍一忍，不要咳嗽。所以，我并没有因为给病人检查而受到感染。”

钟南山的声音不高，每个字却清晰在耳：“如果把这个过程全部解释为不怕死，或者是解释为不怕被感染，我觉得不完全是这样的。”

除了不要病人咳嗽之外，他在察看病人口腔的时候，自己也是张着嘴巴，为病人示范“啊——”一声，所以，病人的呼吸会免不了直接呼到他身上去。

“噢，那我只能解释为自己的体质好，抗病能力强。另外，就是长期接触那些病人，所以有了抗体。”他哈哈地笑了。

最初，钟南山的确没有对这突如其来的病毒强悍的传染性有足够的预想。

他的部下这样介绍：没有戴上口罩这种从容和淡定的做法，也使他自己无形中对非典病毒的传染性做了一次测量。艺高人胆大，他是如此深入到最实际、最直接的现状中，去获取宝贵的第一手资料。

非典过去多年之后，仍然不乏有人对钟南山当初那声大胆的吆喝“把重病人都送到我这里来”心存疑问——他干吗揽这么大的差事？为什么胆子这么大？

“我之所以后来才戴口罩，是有很多想法的，不完全是不害怕被传染，我觉得自己应该带头不怕才行。后来，我让把所有的重病人都转到我这里来，还是经过了一段实践以后才有信心的。要是完全没有依据，没有任何把握，我是根本不会这样做的。”他说，“作为一个临床大夫，你一眼看过去就知道，这个病情是需要自己总结的。”他这样阐释不戴口罩的缘由：“是为了获得一线上最真实的情况。”

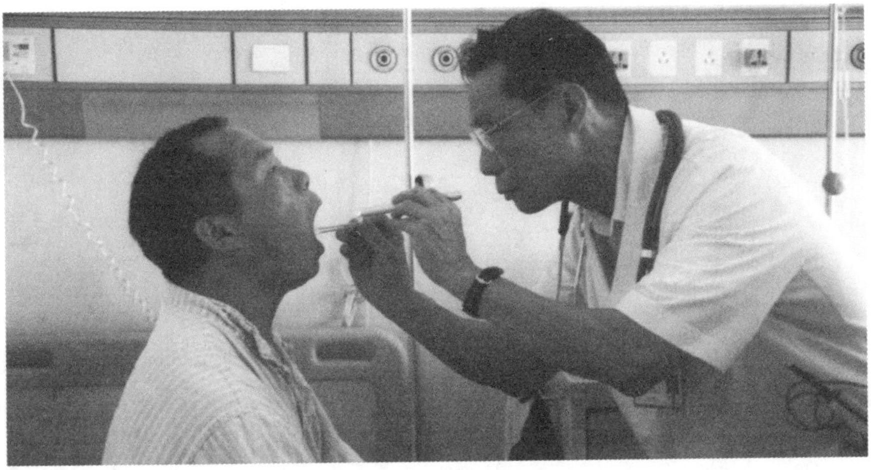

为病人诊病

在整个抗击非典战役中，钟南山之所以能够有把握确认对非典病人的诊断，其重要的原因，是他掌握了病人的症状。这一番掌握，使他有理由发出自己的声音："我查看过每一个非典病人的口腔。"他反复强调，他就是想说清楚一个问题：非典是一个很特别的感染，而不是一个普通的肺部感染。它需要医学界有很多直观的、感性的认识，然后逐渐形成一个概念、一个结论。

最简单的就是："我们所知道的一般肺炎或者是感染，常常都是先有红肿或者是先有咽喉的症状，但是我观察的这些病人，没有一个是有红肿的，一个都没有。就是说，没有咽喉部充血的一般性症状。但是你要想证实这个观点，必须观察很多病人，每个病人都要去看。所以当时所有的病人，无论确诊还是不确诊的，我都去看。确诊了以后，得出一个不同的概念，就是这种病人的特点为咽喉部没有症状。"他说，除此之外，非典病人的临床特点和一般肺炎病人的不一样，还在于他们发烧，白细胞低，然后是肺炎，却没有啰音，跟一般肺部炎症常常出现啰音的情况并不相同；而且，他们最突出的特征是呼吸困难。对于非常深奥的专业问题，钟南山表述得简洁明了。

2003年5月18日，在美国胸科学会国际会议上，面对来自世界各地的2000多名专家学者，钟南山作报告讲述发生在中国的非典（SARS）的特殊性时，描述了此番真实所见。在这个大会上，来自美国的临床医生听得特别认真。

钟南山坚持认为，对待非典病人要从最简单的病情入手，从最直接接触的情况做起，而不要跟病人说：先去做一个血液检测。

"这个发现"——他指的是深入一线，"是实践，是真实，需要时间，但是可靠，有说服力。"

巍然挺立

然而，究竟还会出现多少病人？究竟疫情会到何时？还将有多大的风险需要承当？

对这一切，谁能预测得出？答案究竟在哪里？

2003年3月初，是非典最严酷的时段，也是最为岑寂的日子。不知去路有多远，不知归路为何处。

广州6家专门用于接收非典病人的医院已不堪重负，一批又一批医务人员倒下去了。对于大多数医务人员来说，治疗和控制非典的办法都是临阵磨枪。

据有关资料记载：2003年3月17日，广东全省累计报告的非典病例在这一天首次突破1000例。

呼研所，一个坚固的阵地，倔强峥嵘。全体勇敢的医务人员临危不惧。

吴华重回一线。呼研所病倒的医务人员在经受痛苦的闯关后，仍然有人在病倒。呼研所先后共有14名医务人员被感染。整个广东，抗击非典的医务人员紧缺，已经到了危急关头。

一线在告急！各大医院在告急！

“把重病人都送到我这里来！”在如此危难之际，钟南山果决的声音，像攻城的大炮，为整个战役的胜利开辟了通道。

这句豪言壮语事后被无数媒体，尤其是主流、权威媒体迅速传播，有着深厚的社会根基。

英雄主义，无论任何时代，战争或者和平时期，都是贮藏在人们心灵中的火种。即使平庸的人，它仍然会潜藏在其心灵的最底层，它会敏感于光明的召唤。

真实在表面，也在最深处。

在当时那般危急的情形之下，钟南山，只为铁肩以担。

他说出了这句冒险的话，其冒险的程度，又如何测量得出？

钟南山为什么非要如此挺身而出？吴华主任最清楚底细。她爽快地回答："是啊，我当然清楚，责任心嘛。"

呼研所，挺立的呼研所，服从命令、顽强不屈的呼研所！

呼研所全体人员尊重钟南山，却不会苟同于他。科学、民主、融洽的气氛充盈着这个集体。

当呼研所上上下下的人都知道了所长向上级主动请缨："把重病人都送到我这里来"，大家就清楚了，"我"，就是呼研所，每一个人，都是一样的！

自从广州各医院的非典病人越来越多，就有重病患者不时转到呼研所来。但是，转来的病人常常是生命已经到了极限，到了一息尚存的地步。

早诊断、早隔离、早治疗，在适当的时间合理使用皮质激素，合理使用呼吸机。钟南山的叮嘱被大家一一记牢。

"中山二院过来的病人，病情挺重的，终于醒了；中山三院过来的那个病人，病情也挺重的；都是从大院过来的，病情都那么重。"眼看着病人越来越多，而转过来的病人病情都是这么重。面对着命悬一线的病人，"几乎回天乏术啦！"吴华这样描述。

当重病患者被抬过来的时候，他们的手硬邦邦的，神志不清，脑神经也出现了问题，一下子无从判断他们是否被真菌侵犯了大脑，或者是不是由非典引起了脑部的病变。

必须赶快给这样的重病患者脱去身上的衣服，但是衣服已经脱不下来了，病人的四肢都不能打弯儿了。最后，他们只好把病人的衣服剪掉。

“不能到这个地步才送过来！不能前脚送进来，后脚就被抬出去……”

钟南山的提议被上级采纳之后，马上就有病情不是极重的病人被送进呼研所来了。

“我这里是广东呼吸病专科研究所，不送这儿来，送哪儿去？我应该承担，我应该负责。”这就是钟南山唯一的想法。

每当回想此情此景，年逾八十的钟南山都对广东省相关的领导在当时能够同意他的此番请求，表示万分感激。这是领导干部的重大决策啊！钟南山纵然胆量齐天，如果没有中共广东省委领导的批准，也不能如愿以偿，至少会阻力重重。

呼研所的医生和护士抽出人手，到各医院去把非典病人接来。

到处缺人，极缺医护人员。

可是他们到那些有非典病人的医院去接病人回来的时候，有的医院并不像他们这样亲力亲为，有些医生或者护士是隔着门看病人的。“当呼研所的一个主任跟一个主治医生去一家医院拉病人时，有个护士就是隔着门去看病人。”吴华这样回忆说。

中山二院和中山三院是医务人员被感染的重灾区。当大批医务人员倒下去，幸存者、那些未被感染的医务人员，仍然能够坚持在一线工作，已经是战胜了恐惧，超常发挥了。

如果只有两个女医生的时候，抬担架是非常吃力的。男司机往往帮助一起抬，但是在上担架之前，三个人抬仍然很艰难，因为不是只抬病人，还要抬随着病人移动的救护仪器、针剂。

房间里好似低回着悲婉的重音……

钟南山回忆那一幕一幕——

“那个时候的感觉，看到自己的骨干一个一个地都倒下去了，非常难受，又觉得现在真正的办法也不多，而且还要继续抢救病人。”

钟南山的团队，终于化解了危局，终于挺过来了！在当时严酷的境况之下，整个团队的治疗没有出问题，预防没有出问题，何其不易！

当时有两个来自内蒙古的患病姐妹前来呼研所就医，在平时，这是一件再寻常不过的事情。但是在2003年3月，那是呼研所抗击非典最艰难的时刻，这两个姐妹千里迢迢慕名而来，深深打动了医务人员的心。对呼研所来说，这件事，成为他们心头永远的最生动的风景。

距离那么远的普通病人，都投奔他们来了！呼研所已经疲惫不堪的医务人员，突然被强烈地激励了一下，干劲又回到了身上。两个远道而来的姐妹，深深唤起了他们心中作为医务人员的价值与责任的神圣感，他们受到如此的褒奖——病人，需要他们。

这两个从内蒙古来的姐妹发着烧，有肺炎，从呼和浩特来到广州，然后直接到呼研所来了。

当时，两姐妹的病情已经很重了，其中一个马上就插了管子，上人工呼吸机。但两个人后来都完全病愈了，她们很开心。

2003年3月底，就在最为艰难的时刻，出现了一个转机：由于上级卫生部门及时送来了面罩和全身防护服，医护人员得到积极的隔离和防护，非典病例在广东开始下降了，非典病人开始减少了！

呼研所被感染的医生和护士也都一个个逐渐恢复健康，陆续上班了。有一个是其他医院的医生，病情最重，骨头都坏损了，差点儿没救治过来，恢复了好长时间，幸好没有落下残疾，后来还回单位上了班。

患者梁合东

“我出现了狂躁，邪劲特别大，比五六个人的力气都大。他来了，我的意识并没有完全丧失。不会错的，这个人就是钟院士。”这是非典过去8年时，广东患者梁合东深情的回忆，“他把我压住了。他并没有用太大的力气。我一下子安静了。”

“请你告诉钟院士，从SARS病房出院后，我一直坚持锻炼，进行多项体育运动，特别喜欢爬山。我的体质非常好，不仅没有落下肺部的阴影，更没有出现股骨头坏死。”梁合东是2003年2月10日被感染的非典病人，是一名海务工作者，家住广州市越秀区。

“我想让钟院士知道，他的劳动成果——他曾经的病人，如今在自己的工作岗位上，重新担当了重任。”梁合东表达着自己的心情，面容上有一种红润发亮的光彩。

患病之前关于非典的风声，令梁合东感觉如兵临城下。尽管如此，他想不到，自己转眼之间就被病魔击中了。非典过去6年后，他尽管已经60岁出头，却仍然体魄健朗。他身材不算高大，但是结实得像个运动员。

他这样说：“这场大病让我死里逃生，也让我有幸结识了钟南山院士。”梁合东记得很清楚，当时仅仅是从手机上看到信息，说可能有一种肺病，是很严重的，“我们根本就没有意识到应该有所防备”。

2003年2月10日，梁合东90岁的岳父，在晚上睡觉时不小心从床上滚到了地板上，却一直睡着没有醒，因此着了凉。第二天，老人家就开始感冒、发烧。“到了医院，医生的态度异常严肃，要求老人马上住院。”梁合东一时还有点纳闷儿，就是个发烧，怎么还要住院？

他岳父在2月13日开始住院，没到两天，2月15日，医院里一下子就出现了很多这样的病人。医院马上通知，凡是发烧的病人，已经住院的，要全部集中起来，统一住到一个病区里去。

医院通知必须转移病人，然后就把梁合东的岳父转移到广州市第八人民医院。这是一家传染病医院，也是肝病的专科医院。

梁合东的病是由他岳父传染的。他岳父转院之后，梁合东和家人就开始到病房探病。这时，他才觉得触目惊心：“这个病现在看起来真是很厉害，不得了。我们一进病房马上就被感染了。”

梁合东探病的时候没有戴口罩，也没有做任何防护。他的女儿首先染上了，紧接着是他和他的妻子，三个人全被传染了。他的女儿比他还早一天被确诊，一确诊就马上在广州市第八人民医院住院了。他过了一两天也开始发烧，发烧以后就觉得病情来势很猛，一下子就烧到39 ℃。

2003年2月18、19日，梁合东一家三口都出现了程度不同的传染症状，但他们发现所在的广州市第八人民医院的病区已是人满为患。广州市最早收住非典病人的三个医院根本住不下了，后来只好向别的医院扩展。

梁合东说，最初医院讲，医疗界对非典这个病都不认识，也不知道怎么治疗。他刚开始得病，住进广州市第八人民医院的时候，他的肺就有点发白，后来一天比一天严重，到了第四天、第五天，已经是非常严重了。

梁合东被安排住在一个单独的房间。X光照出的肺是白白的，严重感染。这是第五天。

在前一天，梁合东已经感觉到呼吸非常困难，第五天更是觉得有气进、没气出。他感觉自己的病情非常严重。

医院一楼住进了非典病人，为了严防传染，整个大楼处于封闭状态。

躺着的梁合东自感痛苦不堪。后来，他被转到广州市第九人民医院。迷糊之间，他听明白了医生的话：他的肺已经是硬的了。食水不能进，也不能入睡。比他症状轻的妻子，被特许一直在他的病房守护。

他回忆的语调，透着紧张和触目惊心："九院意识到我的情况已经严重了，就把危险跟我的夫人说了：他们治不了了，我的呼吸系统不行了。卫生行政部门也说，这个医院救不了我。他们知道，到钟南山那边会有救的。我夫人于是要求一定要赶快转院。"这时，梁合东单位的领导也再三向医院请求，把他转到治疗条件最好的医院去，找到最好的专家。

梁合东的一双黑眼睛亮亮的："我是幸运的，幸运在哪里呢？说得不好听一点，如果再在九院住下去，如果再过一个晚上，我已经要到另外一个世界了。""因为钟南山院士一直在搞科研，搞有关人的呼吸衰竭的研究。一般的医生对最后呼吸衰竭的人，就没有任何办法了，但是他会有办法的。"

梁合东充满信心地想：尽管这个非典刚来时，很多人都不认识钟院士，也没有特效药，但是他知道，钟院士可以给呼吸衰竭的病人治疗，这是他最大的贡献。

梁合东几经周折，找到了钟南山。梁合东回忆说："我最大的幸福就是这一点。我是幸运的，就在于这一个关节点。"他的脸上，如午后的阳光，喜气洋洋。

当时，呼研所年轻的副所长陈荣昌亲自到九院接走了梁合东。

“他们打电话给陈荣昌，已经是晚上九点多了。可以想象，他当时已经非常累了，一直在抢救病人，很累，回到家里刚刚洗完澡。”梁合东发出由衷的赞许，“钟南山培养出来的人，就是这个样子！”

“钟院士的几个副所长，在广州个个都是大名鼎鼎。我夫人后来告诉我，九院的护士当时都在说我，这个病人怎么这么厉害，连昌哥都给请来了。可见，行内人都比较尊敬陈荣昌，我想就是钟院士派他过来的。”梁合东这样说。

“如果不是陈荣昌亲自过来的话，我可能也转不过去了，或者可能在路上就不行了。像那个氧气铁罐，如果不是陈荣昌一直拿着手动呼吸器为我救治，我恐怕早就没命了。”梁合东说，“陈荣昌在救护车上一路为我做人工呼吸，非常危险。后来，我们想起来都非常后怕。”

说到此处，梁合东对当时为他转院的陈荣昌和医务人员，流露出深深的感激之情。

到了呼研所之后的梁合东，昏迷了5天。梁合东的妻子后来告诉他，首先来查房的，是呼研所另一位副所长、很有名的专家肖正伦。梁合东回忆说：“当时我夫人见到大专家，就求他救我。肖教授人很好，他请我夫人放心。”

梁合东非常感激他的妻子。她陪着他，自己也被感染了，也住在医院里。她每天都来看他。整个过程如果没有她，梁合东可能挺不过来。

“我昏迷后被抢救的时候，有些事情是不能给家属看的。到了第五天，我能醒过来，全靠我夫人的一声声呼唤。所以，我非常相信人间有这样的事情，就是亲情可以把昏死过去的人叫醒过来。”

梁合东说：“不是有一个电视剧叫作《激情燃烧的岁月》吗？里面那个男主角在战场上受了重伤，结果人家以为他死了，还告诉了他家里人，但他夫人坚决不相信，后来终于在医院把他唤醒过来。这样的事是真的。第五天，我夫人把我叫醒，我就有了意识。”

梁合东醒来时，一下子惊讶不已：不得了，全身都是管子，右臂插的是通氧气的管子。“这是钟院士他们总结出来的一个重要的治疗方法，用高浓度的氧气给病人通气，并施行了保护性通气措施，同时用了几天静脉的皮质激素治疗，先把生命给拯救过来，稳定生命体征。”

梁合东抑制不住地赞美，钟南山他们可真会发明。他们在这次非典时的新发明，包括在病人左臂插上能提供静脉营养的管子。当病人昏迷了，吃也不能吃，只能靠静脉营养。“当时，我的两条手臂、鼻子及口腔全部插满了各种管子。”

在昏迷之际，梁合东似乎听见，很远很远的地方在说他已经不行了，忽然没有血压了。他听到整个病房的医生都在跑，急切地说着：“赶快用药！”当梁合东醒来之后，ICU的医生都松了一口气。总护士长潘瑶亲切地对他说：“你知不知道，你是转了好几圈、过了好几关，才闯过来的！”

“真高兴我今天还活着。真的很感谢很多很多人！”他的表情可以用两个字注解——“幸福”。

“说来非常巧合，钟南山院士曾经是我的学长、校友。我早就知道他，因为他是有名的人，只是当时不知道他在呼研所里面，也不知道他研究得这么深。如果不是因为自己得病住院，我还不知道他为抢救非典病人作出这么大的贡献。”

梁合东说，他当时知道钟南山是一位名人，非典之前就经常看到媒体对他的宣传，知道他是一位院士。梁合东苏醒过来以后，一睁开眼睛，好像就见到了钟南山：“所以，当时钟院士真的是成了我活下去的主心骨。”

梁合东在重症监护治疗病房一共住了20天，白天、晚上睡觉醒来以后，都好像看见他敬重的钟院士就在眼前。“钟院士一定有办法救我的！”这是他生存的信念！

“他们都戴着很大的口罩，后来听说口罩是三层的，一层不行，要三层。再后来，有了防护镜，还戴了帽子。”梁合东说，“尽管他们被捂得这么严，但是我觉得自己还是可以认得出钟院士，这个应该就叫作心灵感应吧。”

梁合东用一只宽厚的大手轻抚一下自己的胸膛，说：“他一走过来，我就认得出来。其中有一次，因为病情的折磨，我很狂躁，现在我自己都还想得起来。我的狂躁就是出现了幻觉，暴躁不已，感觉有人在害我。所以，我把身上的管子全部拔掉了，当时浑身都是管子，包括输血、测血压等管子，然后就大叫。我后来听医生说，我的身体异常虚弱，激素用多了以后，就出现了狂躁。我夫人告诉我，当时因为我很狂躁，整个重症监护治疗病房的人都惊动了。”

梁合东说：“谁都压不住我，因为我要甩开他们，邪劲特别大，五六个人都不行。”

“后来，他来了。我的意识并没有完全丧失，我认准不会错的！钟院士又出现在我的身边，把我压住。我感觉，他其实并没有用太大的力气，可是我竟然一下子就安静了。”

“你知不知道我是谁？”

“我知道，您是钟院士。”

“他按住我的身体说：‘那好，你知道我是谁，那你就要躺下来。’”

梁合东说：“然后，我竟然平静了，开始接受打针了。”

后来，他逐渐清醒，逐渐好一些了，但是身体非常虚弱。

梁合东的意识是清醒的。“好像一睁开眼睛，看见的就是他——钟院士。还有肖正伦副所长，他的身影，我也很熟悉。我能分辨出这两个人。虽然他们都穿着白大褂，都捂得非常严实，但是我能认出来。”梁合东反复这样说，在证实自己一定是对的。

清醒以后的梁合东，被转到普通病房：“钟院士跟我说过，我是他所有非典病人中第二重的，能够大病痊愈实在是非常幸运。”

2008年，《南方都市报》为改革开放30年新闻人物颁奖，报社请梁合东作为嘉宾为获奖的钟南山颁奖。大病痊愈5年之后，梁合东能见到他心目中的抗非典英雄——钟南山，是多么荣幸。但是，颁奖大会上只是匆匆地一见，多少话语在心头，梁合东没有来得及对钟南山说。他非常珍惜这个难得的机会，给钟南山送上了一个有象征意义的礼物：一尊拓荒牛的雕塑。梁合东双手捧着，送到钟南山的手上，称赞钟南山“俯首甘为孺子牛”。

他想再握一握钟院士的手，向他道一声辛苦，说一声保重！

出现在大家面前的梁合东，挺拔健朗，当年的病容烟消云散，真是令人欣慰。梁合东想向钟院士报喜，虽然年已六十，但是因为自己的才能，特别是良好的健康状态，不仅早已重返工作岗位，而且在单位继续担任要职。

又见陈冯富珍

2003年3月，陈冯富珍急切要见到钟南山的心情，几乎到了寝食难安的程度。她要了解对非典的防控措施，可是……她一方面要应对香港民众的批评甚至指责，另一方面焦灼于同广东省卫生厅“联系不上”。

陈冯富珍，1978年加入香港卫生署，1994年6月开始担任香港卫生署署长，成为香港卫生署首位女署长。2003年8月出任世界卫生组织人类环境保护局局长，主要负责传染病防控事务。之后，陈冯富珍在国际上赫赫有名。

谈到对陈冯富珍的印象，钟南山评价说：“她很有工作热情，也很善于协调。一开始对SARS也同样是预料不足，但是她有一条，就是比较尊重事实。”在非典期间，钟南山一共与陈冯富珍约见过两次。

钟南山第一次会见陈冯富珍，是在2003年3月。她向钟南山了解广东非典疫情发生、发展的情况以及广东的对策。

香港是从2003年3月份开始出现非典疫情的。当时，广东抗击非典到了白热化的程度，香港对广州的情况已经有所了解。

香港民众对陈冯富珍有责难，批评卫生署延迟对非典疫情消息的发布。香港民众听到非典疫情暴发，就开始打电话咨询如何防治、如何救助。因为当时大家对疫情缺乏足够的认识，所以官方给予的答复不太令人满意，对疫情的严重程度也没有解释到位。香港卫生机构的人也并不了解广州的疫情。

杨伟强是当时香港卫生医管处的处长，受到香港民众的批评，说他的工作不得力，通报不及时。

陈冯富珍急切地想见到钟南山，了解防控非典的措施。

陈冯富珍此次终于得到了详尽、真实的第一手材料，而且包括成熟的治疗经验。她对钟南山心怀感激地说："你为香港防治SARS做了很多的工作，非常感谢你！我们今后要多加联系。"

其实，香港方面从听到非典疫情，就开始关注经常在媒体上如实介绍疫情的钟南山，并且非常关注他对病原体——冠状病毒的介绍。所以，香港的一些媒体通过各种渠道，采写钟南山的情况。尤其是他的言论，媒体都给予大篇报道，并配上大幅照片。

当时香港记者采访钟南山，喜欢挑一些不同的观点去作报道。钟南山通过查看一些资料和报道，发现大多数香港记者是尊重事实的，所以，他总是非常诚恳地向他们讲述非典的情况以及正在采取的措施。

香港记者对钟南山很友好，很相信他，一有新的问题来了，就来找钟南山问个究竟。从那个时候开始，钟南山的思想有了一个很大的转变。他看到，香港的媒体当时对非典的报道大多数是实事求是的，尽管他们的观点不同，但是他们的报道是客观、真实的。钟南山越是真实地和他们讲，他们越是如实报道，这给他留下很深的印象。正因为建立了互信关系，他和香港记者相处得非常好。他们很信任他，他也很信任记者，直到后来都是这样。尤其令钟南山欣慰的，是时任国务院总理温家宝的态度也是主张跟香港的记者谈事实。

相互信任是很重要的，但是首先自己要诚恳。钟南山举了一个例子，2004年年初，在广州有4个人出现了非典症状，这是继2003年春天之后，第二次出现非典疫情。紧接着，又出现第五例疑似非典病例。

在呼研所，当时所有香港媒体的记者都围过去了，但后来所里请他们走了，说是钟南山不见他们。

为了这件事，钟南山的心情很不好。他想了半天：为什么记者们特别注意这一非典复发呢？一般来说，世界卫生组织认定的标准是，只要在一个地方发生5例，就说明疫情复发，那就不得了啦。要是2004年年初再来一次非典，那么，对内地、对香港的经济都是很大的压力，所以记者特别关心这第五例到底是不是真的非典病人。

第五例病人是一个高中生。钟南山仔细地给他看了几次，做出了一个初步的判断：应该不是非典病人。于是，他就主动向呼研所提出来，现在我们不跟香港记者讲，他们回去后，说不定会大做文章。

事态紧急，钟南山当机立断，向相关人员提出建议："请你们打电话把记者全部叫回来，让我跟记者谈。"

等把香港记者全部请回来，钟南山用幻灯片很快说明了这个病人的病理，证明那个病人得的不是非典。这些记者听完以后就回去了，第二天如实作了报道：在广州发现的第五例可疑病人现在被排除了。结果，气氛一下子就缓和了。

2008年，钟南山满含深情地回忆着往昔的情景。窗外还是那绿绿的树丛，一片片绿叶沐浴着晴朗的阳光。

钟南山在香港讲过几次课。第一次是在2003年3月份。香港生物科技协会的两位主席说，钟教授，你能不能到香港给我们讲讲非典的情况？钟南山欣然允诺。他在去日本参加学术会议后，直接飞到了香港。

那天一大早，600多名医生来了。香港的医生都很喜欢听钟南山讲课。钟南山详细地讲解了非典从一开始被发现，到暴发，特别是控制疫情方面的经过。当时是3月初，香港刚刚出现非典疫情，所以医生们听得非常认真，而且问了很多问题。

钟南山尤其向香港的医生们讲解了皮质激素的使用规则：第一，

用于适当的病人；第二，用在适当的时间；第三，控制适当的剂量。

如果做到这三条，效果是很好的。香港医生们一一记下了钟南山的讲解。

后来，在治疗非典病人时，香港医生基本上都是按钟南山的思路去做的，但还是有一些医生把皮质激素的剂量提高了5到10倍。当时，钟南山没有来得及写出这次讲课的内容，只是即席发挥，因为是转道去的香港，没有带更多的资料。然而令他欣慰的是，课后，香港中文大学的医生结合他们自己在威尔士亲王医院收治120多例非典病人的体会，接连开了几天夜车，详细地写出了《非典病情病例的报告》，并刊登在了《新英格兰医学杂志》上。

钟南山与陈冯富珍的第二次见面，是一次紧张而深入的商谈，讨论香港如何防治非典、应采取哪些具体的措施。陈冯富珍悉心听取钟南山的建议。

当2004年春天非典再次出现时，由于钟南山与广东非典专家组一直是有防备的，所以已做了大量工作以应对可能出现的非典第二次发作。

不仅如此，非典之后的两三年时间里，钟南山与广东的其他专家及他领导的科研人员，一直对该病毒做跟踪实验，甚至是生物室的实验。结果一切都证明，2003年，他们认定病原体为冠状病毒是对的。

当时有人对钟南山说，非典灾难都过去了，事实已经证明你做的是对的，这些带有总结和反思甚至自我检验性质的实验，做与不做也没什么关系了。但是，钟南山坚持认为："不是这样的！非常有必要！"

在科学的问题上，是就是是，不是就是不是，钟南山永远不会有半点儿含糊。

病原体之争

呼研所的发现，与世界卫生组织公布的结论相同，但呼研所提前了5天……

“实践是检验真理的唯一标准。”中国人由衷地为这句话叫好。至2020年，它整整伴随了中国改革开放40余年的风雨坎坷！而在2003年，中华人民共和国亲历了一场活生生的历史检验！

对于非典病原是衣原体还是支原体，是细菌还是病毒，在一场学术领域的争论之下，是千百个病患的生命何去何从，是浩大空前的疫情该如何战胜。

钟南山没有顾及“反对”的风险，没有顾及名声的代价，他毅然决然提出相反的意见。他顶着莫大的压力与委屈，挺直了科学家的脊梁。

钟南山的发现——病人的咽部没有流感症状，使这场争论形成了交锋。

广东以钟南山为首的专家们，始终不渝地在进行关于非典病原的研究。2003年4月11日下午，广州呼吸疾病研究所拟在次日下午举行新闻发布会，宣布非典的病原——一种新型冠状病毒在广东被证实。

4月12日，广东媒体在重要位置刊登消息，首次公布在广东的非典患者身上找到的病原体是冠状病毒。

4月16日，世界卫生组织在日内瓦宣布，经过全球科研人员的通力合作，正式确认冠状病毒的一个变种是引起非典的病原体；因为把从非典病人身上分离出来的冠状病毒接种到猕猴身上，猕猴出现了和人一样的非典型肺炎。建立了动物模型是证实病原体的“金标准”，就像癌症确诊的“金标准”是病理切片的报告结果一样。

这是全球发生非典疫情以来取得的最有价值的阶段性成果。

因为使用抗生素的治疗方案已经在呼研所被实践过，没有效。按这个方法去治疗，很多非典病人都要死的。

面对生与死的问题，非典疫情中的钟南山无从让步。他坚持着自己的观点，那曾经是怎样的心焦如焚！

钟南山能够坚持己见，是因为他对自己坚持的东西实践过，他在用实践后的事实说话。

按国家已经公布的方案去治疗非典病人，即使错了，谁也不用背负责任。反正全国统一执行，这是国家的权威机构发布的啊。这样报道出去了，全国就这样去做，不用再去探索了，将来出现什么问题，不用任何一个专家来承担责任，当然，也不用他钟南山来承担。

钟南山恰恰没有这样明哲保身。

但是，反过来说，他坚持的万一错了呢？他不就把自己的声誉都搭进去了吗？“人家就会说，国家的声音、权威的中国疾病预防控制中心都是这样定的，你钟南山为什么不按规定去做？你看你现在才知道错了，你这是怎么一回事？”那是要承担罪责的，是道义和良知的谴责。当时，钟南山一连几天沉默寡言。

由于他在不同场合表述了自己严重的担忧，表明自己坚持不使用抗生素的观点，本来就与他持不同意见的人，远离了他这门“大炮”；认为中央电视台代表中央的声音、不能“违抗”的人，更是对他退避三舍。钟南山深深感觉到来自各个方面的压力。几十年来，他听党的话，跟党走，对党始终坚信不疑，但是，对党忠诚岂能是盲从？

在沉重的挑战面前，他没有回避和退让，没有选择推卸自己的责任。他选择了最艰难的办法，把压力扛在了自己的肩上。

在2009年为迎接新中国成立60周年，中组部、中宣部等11部门联合组织开展的“100位为新中国成立作出突出贡献的英雄模范人物和100位新中国成立以来感动中国人物”评选活动中，钟南山当选。其中，对钟南山有这样的评语：在抗击非典战斗中，他以实事求是的态度、勇往直前的大无畏精神，主动请缨收治危重病人，全力以赴地精心制定医疗方案，以医者的妙手仁心挽救生命，显示出了科学家治学严谨的作风与高度的责任感。在抗击非典成败的重大问题上，他能置自身荣辱得失于度外，力排众议，坚守科学家的良知……

谁能掂出这评语之下的千钧重量！在当时的情况下，钟南山顶着何等沉重的压力，忍受着多少不被理解的委屈。

2003年，中国被世界卫生组织列为疫区和旅行的限制地，几乎所有的旅游活动、商务活动和政务活动都受到限制。那一年在广州举办的一年一度的春季中国进出口商品交易会虽然照常进行，但是人气冷落，透着压抑。

北京、上海与全国其他地区，由于惧怕感染非典，纷纷在县与县、村与村之间封路，如同画地为牢，老死不相往来。不见物流和人流，经济的流动、生活的运转何以堪？社会稳定问题已是迫在眉睫。

一声咳嗽，四座不安。在广州出现这样的笑话：一个员工在早晨给老板打了个电话，报告自己好像有点儿发烧。老板即刻被吓得要死，马上批准这个员工请一个星期的假。当时有人一发烧，不管三七二十一就去医院，社会为此承受了重大的资源浪费。

2003年5月初的一天，钟南山肩负着沉重的使命。他要说服各界，说出在一线控制非典疫情的真实情况，以便尽快遏止错误的决定。

北京长安街往常上午9时左右，都是车阵云集、川流不息。当他途经长安街，复兴门、西单、新华门——5分钟、10分钟，50米甚至500米……竟然只有一两辆机动车飞驰而过。他取出随身携带的相机，拍下了这一历史的镜头。

在整个社会处于恐慌的状况下，确实需要权威的声音来压惊、来稳定人心，但是当时这个权威的声音，说是要采用抗生素进行治疗。这是无效的治疗，跟实际情况恰恰是不符的。

2003年4月初的北京，正被非典疫情包围着。当听说非典的病原是衣原体，可以用抗生素治疗、“并不可怕”，各阶层都大大松了一口气，缓解了一下一直绷得很紧的神经。

北京一度冷落的大小餐馆，开始有了客源；商场、集贸市场、电影院……本来已经冷落不堪的场所，开始出现人流。特别是国内和国际航班的售票处，又恢复了些许忙碌。人们试探着开始如常的生活。

这就意味着，要孕育更大的恐慌！老百姓一旦恢复各种活动，放松警惕，岂不是会出现更多感染？

很多专家逐渐认识到，如果非典的病原确是衣原体的话，患者只需服用红霉素等普通药物，即会产生效果。衣原体肺炎一般呈散发性，即零零星星地发生，流行的可能性不大，死亡率也不高。

最先认定“非典型肺炎的病原为衣原体”的，是当时中国疾病预防控制中心病毒学首席研究员、中国工程院院士洪涛。他于2003年5月下旬，诚恳地对记者说，他自己一生中遇到很多挫折，作为科学家，在科学研究上遭遇的大多数是失败，很少遇到成功。为此，他告诫身边的学人，不要气馁，遇到挫折、批评，还要继续走下去。

洪涛院士将自己通过电子显微镜，在几例非典病人尸体的标本试验中，没看到冠状病毒，而是分离出衣原体的事实和盘托出。他承认：“很多医学研究者情绪浮躁，包括我们自己。”他当时观察的非典患者，死亡后引发了衣原体继发感染，所以，他分离出了衣原体。

当然，洪涛院士没有作假。

科学家的本职是从事科学研究。科学研究是允许有误差的，何况科学研究是一个从谬误走向真理的过程。科学家以及科学结论，也直接影响着中国的公共卫生决策。

洪涛院士生于1931年7月，从事医学病毒学研究半个多世纪，曾主持建立了我国第一个病毒病理和生物医学超微结构实验室，在成人腹泻轮状病毒和出血热病毒方面的研究，取得了世界领先成果。从2003年2月7日开始，他投入非典型肺炎病毒研究。他通过电子显微镜，观察到非典病人的尸检肺标本上有衣原体，随即于2月18日向社会公布了这一研究成果。

回顾当时的情景，洪涛院士说，自己曾要求媒体宣布他的发现时“要留有20％的余地”，但实际发布时“余地还是留小了”。留有余地是洪涛院士的主观意愿。在当时事态紧急的情形之下，洪涛院士所代表的是权威话语，中央电视台、新华社等主流媒体就势迅速报道：“非典型肺炎的病原基本可确定为衣原体。”“衣原体之说”从此成为官方宣布的“非典不可怕”“已经得到控制”的一份“医学证明”。

但是，2003年4月16日，世界卫生组织在日内瓦宣布，经过全球科研人员的通力合作，正式确认冠状病毒的一个变种是引起非典型肺炎的病原体。

虽然洪涛院士的结论曾获得官方认可，但由于他仅仅观察了几个死亡之后的病例，而并不是非典病人在患病期间的真实情况，根本没掌握一线证据，就确认衣原体为非典型肺炎的病原体。一直亲历抗击非典战斗的广东医疗界人士对此无法认可，钟南山尤其觉得，这个结论没有依据。

2003年5月，这个中国医学科研领域最大的公案——衣原体与冠状病毒之争落下帷幕。洪涛院士的结论被证明是错误的。他对记者纠正说，冠状病毒是非典型肺炎的元凶，通过基因分析，对于这一点非常肯定。

获得“世卫”认可

从香港回到广东的钟南山没有想到，就在他为香港医务工作者作关于非典的报告时，一位世界卫生组织的官员对钟南山的报告产生了极大的兴趣。他渐渐听入了神，并且为之震惊。他就是伊文斯博士（Dr. Evans）。伊文斯没有想到，在中国的广东有钟南山这样一位医生，他对非典的研究已经达到了如此程度，对这个病怎样诊断、怎样治疗、怎样预防，都有了如此翔实的结论。伊文斯又到了北京，对钟南山的作为大加赞赏。钟南山却对如此隆重的肯定提不起兴趣：“反正我讲完了，我的任务也就完成了。”

当时，国际上关于非典究竟是一种什么样的病毒，以及到底应该如何防控，尚无对策。一时间，谁都无从考证。

2003年3月底，非典已经在几个国家和地区出现零星的病例，后来很快蔓延到澳大利亚、新加坡、加拿大和中国台湾、中国香港等地。

在这之前，世界卫生组织对钟南山也并不十分了解，尤其是他对于非典防控的一系列科学措施。在听他这次报告之前，香港部分媒体甚至认为内地的疫情是“肺腺鼠疫”。

对此，钟南山纠正说，鼠疫是没有腺病毒之说的，这种说法是骇人听闻的。因此，世卫组织的官员很关注钟南山所作的报告，他们要过来了解个究竟。

伊文斯强烈要求到中国内地来。

2003年4月初，伊文斯一行终于来到中国广东。当时的广东省卫生厅厅长黄庆道接待了他们。黄庆道遵从了伊文斯的意愿，请两位专家来谈一谈，一位是钟南山，另一位是广东省疾病预防控制中心的权威专家许锐恒。

最初，在对钟南山有所了解之前，世界卫生组织本来对中国广东的非典防治是抱有很大怀疑的。伊文斯一行把所有的怀疑直接表达了出来。第一个怀疑：广东是不是有很多病人没有上报？第二个怀疑：广东是不是死了很多人？

钟南山事先就对伊文斯所要提出的疑问做了充分的估计，所以，为了应对可能出现的种种质疑，他提前做了充分的准备。他将自出现非典以来的大量防控资料、数据等，制成了一套内容翔实、直观、颇具说服力的幻灯片。这些资料，不仅详细介绍了非典的特征、如何进行医疗防控，而且更有如何通过有效的措施，达到很低的病死率。

钟南山第一次接触了远道而来的伊文斯。尽管是第一次，钟南山却对伊文斯评价说："他是很有经验的。"钟南山又说："他们想听什么，我是很清楚的，所以他一听我的讲解就觉得：噢，原来你们已经做得这么成熟了。"

钟南山的英语既娴熟又风趣幽默。通过钟南山的介绍，伊文斯一行觉得很有道理。钟南山不仅提供了大量周密可行的治疗方案，而且有可靠的依据，是极为难得的文献，所以他们才会觉得非常惊奇。不仅如此，伊文斯还意外地发现：从预防的角度，广东也做得很好。如此生动、全面的资料，令伊文斯一行很是惊奇。

伊文斯连连赞叹，且不无感慨地说："有些经验是通过生命和鲜血换来的。"

伊文斯赴广东考察后，面对记者时表达出他的感受，不仅是"完全出乎意料”，而且是“震惊”。他说：“钟南山教授的经验十分丰富，这些经验对于全世界的抗非典工作都是宝贵的财富。在防治非典方面，广东做了大量的工作。”

伊文斯一行离开了广东，但并没有离开中国，而是继续北上，来到中国的首都北京。他们到了北京以后，就向接待他们的中国官员大加称赞了一番钟南山的作为，并表达了他们对广东非典防治工作的惊讶和赞许。

钟南山对伊文斯当面给予他的赞许，提不起兴趣，因为他觉得：赞扬也罢，批评也罢，他都要面对疫情、面对病人。

“反正我讲完了，我的任务也就完成了。”钟南山的意思是，他讲的是真话，是有效的办法，尽管有人可能不一定同意。

直到今天，钟南山也并不清楚伊文斯这位世卫组织的官员到了北京后，都讲了他一些什么。他对伊文斯后来的举动也无暇顾及，但是他第一次与世卫组织的接触，着实为中国人赢得了信誉。

钟南山非常自然和自信地去做这一切，受到如此的肯定，却没有一丝一毫的志得意满。

“我想，我不仅要让他们能感觉到我们的作为，不仅是对他们说实话。”钟南山用了一个习惯性帮助强调语气的手势，竖直的食指离鼻梁很近，“最重要的是解决问题。”

非典作为世界级的医学挑战，发源在中国。中国人自己找到了答案，中国人也能有领先于世界的探索和科学技术。攻克非典这一带有实验性的国际难题，中国人自己实践出来了！钟南山，是一个敢于直言的中国专家、一个世界卫生组织眼中的中国标志性人物。这应该就是伊文斯和世卫组织其他官员为之叹服的原因。

让钟南山觉得欣慰的是，自非典出现以来，听他作疫情报告的外国人，都传递出从未有过的很强的信号：一听他所讲的内容，就觉得很吃惊。钟南山由此获得一种类似于从自己学生那里感受到的、融合与呼应的氛围。而且在整个非典期间，这种感觉在不同的场合，都同样强烈地让他感受到。

钟南山所设计的报告形式和风格，完全按照西方人的思维方式——科学的理念、精确的数据和事例、清晰的描述方法。在西方人看来，毫无疑问，这是与国际先进学术水平接轨的报告。所以，外国专家听了，在惊讶之余非常兴奋。

然而这种报告的模式，对于钟南山来说，早就非常普通和娴熟了。早在英国留学时，他就开始不断与西方的学者和专家打交道，日后还经常联系，所以积累了大量的经验。

除了世界卫生组织对钟南山作出了高度的评价，国际媒体也纷纷以惊奇的口吻，报道了出现在中国的非典与钟南山。英国《泰晤士报》评价钟南山不仅有胆量讲真话，而且还认真寻找病原体，研究传染途径，研究它为何传染给人类。

通过伊文斯一行的全面而满意的考察，世界卫生组织做出这样的肯定：钟南山和广东的专家们总结得很好，资料翔实，显示出了科学性。如果缺乏如下两项内容，也绝对是不能令他们感到信服的：一是尊重事实。非典自身的发展规律是怎么样的？对此，钟南山摆出了事实。他作为一线专家，通过自己的眼睛来发现。二是及时总结。广东恰恰是从总结中发现规律，由最初试探性的治疗，到后来的有效控制，并且将所发现的规律，及时总结之后又进行推广。

说出真相

“事实的真相是这样的——

疫情还在蔓延，

医护人员的防护没有到位，

病原体还没有找到！”

一门“大炮”，架在世卫组织专家组北京记者招待会现场。钟南山的真话，令人骇然……

2003年清明节，钟南山匆匆地与家人一起为父母亲扫墓。

“爸爸，怎么办？我想说出事实，可又不能……”他的双手下意识地握在胸前。面对父亲钟世藩的陵墓，钟南山喃喃低语。他从来没有这样犹豫过。

往年在扫墓时，面对曾经为祖国的医学事业呕心沥血、已长眠九泉之下的父母，他从来都是默默不语的。

面对真实而严峻的疫情、大批大批倒下的医务人员……钟南山如鲠在喉，胸中郁闷，无语问天。

此时，站在一旁的钟南山的夫人李少芬，怜惜得心如刀割。

钟南山无比思念父母。父亲钟世藩是他心中正义、良知和真理的化身。此时，他觉得自己迷惘、困顿、挣扎，痛苦得无法言表。九泉下的父亲啊，您能为儿子指明一条道路吗？钟南山多么期望父亲钟世藩的风骨，在冥冥之中指引着他啊！

2003年4月，非典疫情尚没有得到控制，却有声音说“已经得到控制”。如此不符事实的说法，让钟南山心焦如焚。

2003年4月中旬，广州市民的紧张感开始有了些许缓和，北京的紧张气氛，却达到了巅峰。

北京的百姓因不知非典疫情到底有多严重而惊恐万分，政府官员忧心的则是疫情的蔓延会影响社会的安定。

疫情是全人类的事，需要全人类携起手来共同抗疫。疫情是不能不报告的啊，否则，全人类就可能因此堕入灾难。这是钟南山的心声。

钟南山把这一切看得很真切，他忧心不已！深重的责任感压得他透不过气来。

自从2003年3月底世界卫生组织官员伊文斯一行在考察广州非典防治情况之后，转道北京，中外记者就早已闻风而至。伊文斯非常兴奋地向大家讲述发现钟南山的过程。

在伊文斯的记者招待会之前，北京先行召开了一个大会。在这个会上，伊文斯一行，得到了代表中国政府的相关负责人所发布的消息：我们的非典疫情得到了控制，医务人员的防护已经到位，病原体被找到了……

伊文斯对此很是欣慰。

世卫组织官员到达北京前，上述消息已经在中华大地迅速传开。其时，钟南山为首的医疗团队依然在广州继续控制非典疫情。钟南山着实为这样的权威发布，捏了一把汗……

北京发来通知，要求钟南山前往北京，去参加此番为世卫组织官员和中外记者召开的新闻发布会。会议准备分两天进行。

上午10时30分，新闻发布会由国务院新闻办主持召开。会场鸦雀无声，一片肃然。来自全中国乃至全世界的镜头，此刻高度聚焦。钟南山的声音由这个会场向各个国家及地区辐射："作为一名医生，我觉得这次跟世卫组织的合作和交流是很愉快的。"

他郑重地介绍："我们实际上共同交流了三方面的问题，第一是对非典病人的诊断和治疗问题，第二是有关流行病学的一些规律，第三是对病原学的探讨。非典型肺炎到目前为止，50%以上的病人出现在广东。世卫组织对广东是怎么诊断和治疗的，特别是早期的治疗，以及在降低死亡率方面，都非常感兴趣。"

在这样的场合，世卫组织一位专家随即表态：以钟南山为首的广东专家组摸索出来的治疗经验，对全世界抗击非典型肺炎具有指导意义。这是对钟南山以及广东专家组的努力，给予的结论性评价。

钟南山告诉到会的各位记者，他与伊文斯一行做了很好的交流。短短5天，他们之间建立了友好的关系。钟南山说，希望以后中国与世卫组织建立更加密切的联系。大家的目标是一致的：共同面对人类的疾病。

果然，钟南山话音刚落，就有境外的记者向钟南山提出关于患病人数的问题。钟南山说：为什么有一些病人我们没有发现呢？因为当时有的医生不是搞这一行的，识别不出。听了钟南山这样的解答，疑惑的记者更是穷追不舍。钟南山站在政府的角度，进行了认真地解释和沟通。

钟南山还解释说："作为专家，我觉得这个病可以控制，只要隔离得好就可以。现在，我们中国这个病，你们也听说了，很多地方已经蔓延得很厉害了，但是公开报告的数字比较少，为什么呢？恐怕你们要理解：有一些病人转移到了其他科，而这些科又不是呼吸疾病的专科，所以病人在这样的科里接受治疗，是需要一些时间才能够确诊。"钟南山的解释，目的是想回答记者所质疑的病人发病率的数字到底属不属实，而不属实又到底是因为什么。

第一天的新闻发布会总算过去了。

第二天按计划照常开另一个新闻发布会，这次比第一天的规模小，会场上只有70多人。记者主要来自日本以及中国香港和中国台湾。虽然规模小了，但是记者的发问“攻势”显然比第一天更加凌厉。会议一开始，就有几名记者发问，而且提出的是和第一天同样的问题。很显然，这些记者对第一天得到的答案并不满意。

这时，记者的提问更加直截了当，直接提问钟南山：“那么按照你们的看法，是不是疫情已经得到了控制？”

在第一天的新闻发布会上，政府部门的领导听了钟南山高水平的答记者问，已经是放心了，松了一口气。所以，第二天在座的领导人数比较少。然而，面对各位记者反复不断地盘问诸如此类的尖锐问题，钟南山终于忍不住了：“什么现在已经控制？根本就没有得到控制！”

整个会场一片哗然。

他这门“大炮”开了腔。他的一位朋友坐在旁边，不由地擦了一把脑门儿上的冷汗。

钟南山继续开口说话，整个会场霎时间安静下来：

“最主要的，是什么叫控制？现在病原不知道，怎么预防不清楚，怎么治疗也还没有很好的办法，特别是不知道病原！目前病情还在传染，怎么能说是控制了？”

他掷地有声地扔出了一句话：“我们顶多是遏制，不叫控制！”

他如此鲜明地讲出了这个观点，记者们继续提问。有个外国记者问：“中国医护人员的防护有没有到位？”钟南山立刻回答说：“没有！”这是一个很关键的问题。医护人员的防护都没有做好，何谈控制疫情呢？钟南山当时还讲了这样一些看法：“一个是我们要对病原体进行更多的研究，医护人员要加强防护；还有就是我们要进行更多国际之间的交流。”

钟南山讲过这些话之后，境内地方媒体相继作了报道，香港各家媒体也都刊登了钟南山的有关言论。

2003年4月14日上午，来到广东考察的时任中共中央总书记的胡锦涛与广东医疗专家座谈，他的一番话响彻全国：“我们很揪心，既为我们的人民群众的身体健康、生命安全受非典型肺炎的严重威胁感到焦急，同时又为我们广大医务工作者做了大量的艰苦细致的工作，使得许多患者尽快地恢复了健康而感到欣慰。”

胡锦涛在时任广东省领导的张德江、黄华华等陪同下，来到广东省疾病预防控制中心，看望来自23家防治非典型肺炎的一线医院代表，并与他们详细座谈。中央电视台《新闻联播》节目将这一消息传遍全国。

时任广州医学院第一附属医院院长的叶广春，是此次座谈会指定的发言代表之一。他向胡锦涛汇报了广医一院呼研所收治危重非典病人的治疗经验，特别提及许多医务人员放弃了休假、舍弃了家庭生活，冒着生命危险近距离抢救和护理病人。他说，早期在重症监护中心工作的医务人员，每为一个危重病人做气管插管，就有两三个参与抢救的人被感染。但是，白衣战士们没有畏惧、没有退缩，身体康复后立即重返岗位，前赴后继，大家都无怨无悔。而且，广东省所有医务人员都是这样做的。

叶广春的汇报过程很短，胡锦涛听得非常仔细。叶广春汇报完毕，等着胡锦涛作指示。没料到，胡锦涛却指着他说：“我看你言犹未尽，你还有什么要补充的？”

胡锦涛一句话点中了叶广春。他当即提出了如鲠在喉的国际大协作问题，这正是钟南山自非典出现以来深深的期盼。叶广春说，非典型肺炎是一种关系全人类健康的疾病，必须发挥大协作精神，进行包括省内外乃至世界各国的合作。

胡锦涛沉吟片刻，然后说道：“大协作！”

欣喜不已的叶广春，待会议一结束，赶紧拨通了钟南山的电话。没等叶广春讲完，喜出望外的钟南山就连连地说：“我真是非常高兴！”

广东的专家，终于盼到了这一天！

搞国际协作，钟南山终于实现了初衷啊。

他挂上叶广春的电话。身边一片寂静，他的眼泪在眼眶里打转……

按照钟南山的观点：第一，对付非典需要流行病学，首先是病原学和临床方面的密切协作。只有这样，才能够真正找到它的病原。对非典的防控，也需要国际上的大协作，综合各国的优秀科技成果，群策群力，共同攻关。

在非典疫情开始之时，钟南山就提出了自己的观点，但却为此承受了相当大的压力。压力来自不同方面，来自对他的非议。他虽然每天忙于工作，但是如人饮水，冷暖自知。如今中央的指示和决策，都一一证明他当初的观点是正确的。

当初，他与香港大学的协作，就是为开展国际大协作做的良好准备，可惜，协作之初就遭到误会。但是，他的内心始终坚持一个信念：自己要在学术上求得同行的支持，希望把这个难题更快地解决，这本身并没有错。

关于在广东流行的非典的病原体为冠状病毒的事实，中国内地是在2003年4月11日于广东正式召开的新闻发布会上，同香港特区政府卫生署联合公布的。但是，在4月8日，中国香港地区及美国的专家已经提前公布了非典的病原体是一种冠状病毒。

然而实际上，新型冠状病毒是中国内地医学研究人员最早发现的。军事医学科学院微生物流行病研究所的祝庆余、杨瑞馥等研究人员，早在2003年2月26日就发现了这个病毒。但由于需要重复观察等诸多原因，他们一直没有公布。

2003年7月美国《科学》杂志的封面上，有一个大标题是：中国失去了机会（China's Missed Chance）。内文描述的大意是：中国的军事医学科学院早在2月就已经发现了非典病毒，但是他们没有公布，而是保持沉默，最后变成是美国最先发现的。但互联网以及其他报道，都显示为中国最早发现。

2003年4月底，当非典向北京进而全国蔓延，党中央、国务院采取了一系列重要的措施，明确提出要以对人民高度负责的态度，及时发现、报告和公布疫情，绝不允许缓报、漏报和瞒报。国务院果断决定，将传染性非典型肺炎列入我国法定的传染病进行依法管理。对一些地方“信息统计、监测报告、追踪调查等方面的工作机制不健全，疫情统计存在较大疏漏，没有做到准确地上报疫情数字”的情况，中央给予了严肃批评。国务院决定，从4月21日开始，将原来5天公布一次疫情的机制改为每天公布一次，和世界卫生组织的要求接轨。

《面对面》的采访

中央开始高度重视对非典疫情的真实报道，中央电视台大举出动，发挥了强大的舆论功能。当时影响最大的，当属王志主持的《面对面》节目。回忆起王志，钟南山说："我觉得最重要的不是我与他是否'面对面'，而是在于他对事业的追求、对职业的热爱。为什么这么说呢？他进病房之前，来找了我很多次，我一直都没有顾得上和他说话。他就每天都到这里。后来，我问他，你是不是想看看病人？他说'是'。"

2003年4月15日，中央电视台新闻节目主持人王志带着《东方时空》的人物专访特别节目《面对面》节目组来到了广州呼吸疾病研究所。

采访钟南山，并不是王志最初的计划，因为他那时对钟南山的了解还不多。

《面对面》的栏目定位是"用人来解读新闻、见证历史"。谁能见证抗击非典的历史？出发前，王志听别人提起钟南山的有关情况，便把钟南山也列入了采访范围。

当时，王志没有想到，真正让他的节目赢得声誉的，是起初不在他们采访计划之列的钟南山。并且，还让他获得了纵然是用一腔热血去抒发，也表达不尽的壮怀激烈！

4月26日，《面对面》节目播出。广大的电视观众在了解钟南山顽强拼搏、挑战病魔的英雄事迹之外，也第一次明白，原来在抗击非典的过程中，还有那么多的曲折——关于病原体、关于国际协作、关于“控制”还是“遏制”……

2003年4月16日清晨，王志紧跟着钟南山从一楼爬上了八楼。他纳闷儿：这个66岁的专家，怎么走得这么快？年轻力壮的王志，竟然跟得气喘吁吁。

王志一直跟在钟南山的后面。钟南山想，难道他还非要跟着自己进非典隔离病房不可？

“你敢不敢进来？”

“敢。”

这是再单纯不过的对白。

“那好吧。你进来吧。”钟南山的本意，其实是想试一试王志：胆小，你就别再往上凑。“好样的！”钟南山在心里夸赞了王志。

王志进了门，开始按医务人员的指导迅速换衣服。在门外的录音师急忙向台里打电话通报。王志换好了衣服，门外的同事仍在焦急地等待台里的回音。王志站在第二道门，再往前一道门，一步之遥，那门里就是一张张非典病人的病床，就是病人那一个个痛苦挣扎的灵魂，一个雪白、恐惧侵入骨髓的世界。医生、护士们正在里面忙碌地护理、抢救！

王志一步跨进门去，举起了摄像机，真实地记录下钟南山和他的战友们——奋战在一线的白衣天使，以及那些让全体中国人民触目惊心、可歌可泣的历史现场。

王志事后对媒体说，那一天，他和同事们在非典病房里面待了一个多小时。就在非典患者的身边，他们一边采访正在护理病人的医护人员，一边尽可能拍到每一个细节，一直到身上的电池用光为止。周围的一切——全身上下严严实实的防护服、钟南山院士脸上严肃凝重的表情……都在告诉他们：这里，是真正的抗非典一线。

这里是病人同死神赛跑的地方；是天使用尽浑身解数，与死神搏斗，带着垂死挣扎的病人返回人间的地方！

正是这种贴身记录、共同战斗的经历，让钟南山与王志展开了信任的对话。

钟南山回忆，王志自从进过非典病房之后，天天都来，只要看见钟南山有一点儿空闲的可能，就来找他。钟南山开始觉得王志对自己的业务这么投入、这么热爱，那么“我应该支持他”。钟南山回忆说：“当时，我是这么想的：‘当一个人对事业有这么高的要求和追求的时候，我应该支持他。’后来，王志到我家，想尽办法跟我爱人联系，我爱人都坚决不同意。他说请我爱人吃饭、喝茶，动员了好久还是没有成功，然而他依然锲而不舍。我觉得很重要的是，他这个人对事业的执着精神打动了我，而不是访谈节目本身。”

钟南山这样评价王志：“作为一个新闻工作者，真正需要一种锲而不舍的精神。搞哪一行都一样，有这样的精神，一定会成功。”

事后，有记者采访王志，让他评论一下钟南山。“钟南山，对我这样的人来说，是可望而不可及呀。我觉得他是完美的，既有勇气，又有智慧。”王志说，在广州的日子里，他的内心只有两个字——感动。

王志说，他每天都被一线医护人员的故事打动。他们是抗击非典这场战争中最可爱也是最可敬的人，“如果眼泪能说明问题，珠江一定会涨水的”。他在呼研所采访时，甚至跟那里的医生说好了：“我们要是感染了就住这儿。”

那期《面对面》节目的合成，实际上是在北京。

2003年4月中旬，钟南山在北京见到了王志。“他把我拉到一个酒店，说问我一点事就行。”但是王志并没有马上就问，这让忙碌的钟南山有点纳闷儿。“我根本就不知道他要问我什么。那天下午4点，我要回广州。他在中午1点多把我带到中央电视台去，说跟我谈谈。”钟南山根本不知道什么是《面对面》。整天忙碌的他，在这以前对这个节目几乎没有什么印象。他心想反正王志要谈，那就谈吧。

“他曾经跟别人说，能够采访到我，是他逮到了一条‘大鱼’。”钟南山幽默地说，“我不知道媒体是不是有这个说法，就是这个采访对象如果还可以的话，那就是逮到了一条‘大鱼’。”他说：“这可能就是因为，我能比较切实地回答问题。”

钟南山对王志已经有了相当的好感。

钟南山说，他是从抢救非典病人的第一线来的，所以谁怎么说他，他都不在乎。从对公众的影响来说也是如此，钟南山认为，他在第一线见到了真实的情况。在证据面前，如果还有人指手画脚，那么，这样的人了解一线的真实情况吗？

钟南山的态度可以算是强硬的。对于他来说，如果说有压力，那就是来自救死扶伤的职业责任。

“我觉得最重要的，是病人的那条命。”他说，“如果你可以救病人那条命，你怎么说我都行。除了能救命，其他都是次要的。只要你说我救活病人了，就行了。你再说我其他如何如何，无所谓。”

那时候只要是能救活非典病人，钟南山认为就是最大的事了。其他的真的不重要。

他很困，也很累。王志化了一下妆。钟南山不肯化妆，就坐在那里：“赶快讲，讲完我要走了。”

对于医疗行业的问题，钟南山从来都是站在客观、公正的角度上说话，从没有姑息过。

有一次，钟南山在一个会议上讲跟传染病有关的事情，很快就联系到非典。他说，那个时候，医务人员没有一个辞职的，也没有一个脱岗的，为什么？“因为我们有医生的良心。”说到这里的时候，全场400多人都拼命鼓掌，因为他说出了大家的心声。

他眼里隐隐含着泪光诉说不平，也以冷峻的口吻批评虚夸。他说，媒体对医务人员的态度经常是180°转弯，媒体的宣传不能跟风一边倒。

除此之外，钟南山还列举了一个类似的事实。呼研所一名年轻的女医生叫刘晓青，她很瘦弱。非典疫情最严重的时候，她要到一家医务人员受感染较严重的医院去把非典病人转移到呼研所来。当时是准备把6个病人一起接过来。钟南山对刘晓青说：“好，你全接过来吧。”然后只接来了5个病人，还剩下一个重病的司机。

刘晓青就来找钟南山，说她想把那个司机也接过来。钟南山说：“你认为接过来好，就接过来吧，我非常支持。”

钟南山后来回忆说，他在《面对面》里面把这个过程讲得非常详细，是为了讲医生对病人的感情。“当时，我都哭了。那个时候，王志也听得很动情。为什么呢？因为他想的是多谈一谈那些正在抢救非典病人的医务人员，那是医务人员最需要挺住的时刻。他们在冒死抢救非典病人，很多人倒在了火线上。

后来，刘晓青去抬那个重病的司机了，但人手不够。当时，很多人都不敢进去，隔着窗户在外面观望。所以那时，很多非典病人都希望去呼研所。在那里，病人的内心马上就不再感到恐惧，因为护士亲自到病人面前，跟病人谈话，安慰病人，那个感觉是完全不同的。

刘晓青用瘦弱、单薄的身子，抬着沉重的担架。她已经想不起自己在哪一天好好地休息过。那个已是命悬一线的司机，本来就身躯高大，当时更是重得好像整个担架都要下沉、下陷。周围的一切都在黑夜的笼罩之中。偌大的医院，几时如此冷清？！死亡的气息威逼着人的意识。刘晓青咬紧牙关，步步向前——撑住担架，就是撑住了司机师傅的一条命啊！

刘晓青的勇敢，深深打动了钟南山的心。他回忆着那天的一切。

此刻，窗外的光线不再明亮，而一份来自有过非凡阅历之人的感动，真切地汇入了火红的夕阳。

“做好本职工作就是最大的政治”

当敬业的王志追问钟南山：“您在病倒之后，难道没有害怕过吗？”钟南山显出面对记者时少有的烦躁，把手用力一挥：“你再追问这个问题，我们就停止！我没想过。我还要赶快去抢救病人！”然而，王志的另一个问题，可谓再次“击中”了钟南山：“您关心政治吗？”

率直的钟南山脱口而出：“我想，我们搞好自己的业务工作，以及做好防治，这本身就是最大的政治。每个人都有自己的政治。像你们做一个采访，把采访工作做好，而且让人们喜闻乐见，对你们来说是最大的政治。你在本职岗位上能够做到最好，这个就是最大的政治。”

王志问钟南山：“2003年2月中旬，有关方面宣布这个病的病原有可能是衣原体的时候，您为何站出来表示反对？”

钟南山的回答是用事实向全国人民讲出了缘由：“一开始宣布是衣原体，不是说有可能是衣原体，而是很明确地说，现在已经确定非典型肺炎的病因基本诊断为衣原体，而且治疗采用抗衣原体的药物，有足够的疗程，比如说两周，就可以解决问题。这个看法是不是缺乏调查研究，有没有认真地从临床的角度来认识？从我们临床观察感觉有两个大的不同，很难用衣原体肺炎来解释。第一个就是，衣原体肺炎很少发病这么严重；第二个，我们使用了足够剂量治疗衣原体肺炎的药物，但是一点儿效果都没有。当时，我考虑，除非这个衣原体是一种特殊的变种，否则的话，是很难用衣原体来解释的。”

王志接下来所说的，可谓“蛇打七寸”：“在当时来说，衣原体是一个很权威的声音。”

钟南山的回答脱口而出：“学术上的声音就是真理，就是事实。但是，当看到这个学术的事实跟权威的是不一样的，我们当然首先尊重事实，而不是尊重权威。”

王志紧接着继续追问：“但是从人际关系来说，或者从其他方面的考虑来说，您可以不说话，您可以我行我素。”此话产生的效果，更让电视观众目睹了钟南山的风骨。

钟南山的回答同样敏捷而不假思索：“我完全可以，但这不是一般的学术讨论，而是救命的问题。假如我们采取错误的治疗方法，死的人会更多。在这种情况下，我们是没有什么可选择的，必须按照我们自己看到的事实、我们总结的经验，来进行治疗。”

钟南山回忆说：“后来，我也了解到，那期《面对面》节目好像反响挺大的，而且很多电视台都播了。《羊城晚报》还选载了其中我讲的话，可能也是因为这个，王志被关注了。”

对于题材如此重大的报道，钟南山的印象也不过是如此模糊。可见，他对被宣传的事，就是这样不会特别关注，尤其对那些赞美和肯定的声音，印象更是不深。就连骂他的话，他只要认为自己是对的，就说：“我怎么就没听说呀？”

媒体因为钟南山的威望和直言而追踪报道他。他是非分明、仗义执言，无论面对多么严酷和尖锐的问题，他从来都对事不对人，钟南山从不希望因为他的说法、他的建议、他的批评甚至指责，而使相关的人受到过分的追究。匡正风气、教化社会、推进文明，这，才是最重要的。

他这条被王志抓到过的“大鱼”很是感慨：“后来，我似乎明白了为什么他那样问我，因为别人不如我尖锐。”多年后，说起稳定、真话、政治这样的字眼儿，钟南山仍然显得有话要说。

稳定是最后的结果，如何达到稳定？非典期间，他面对这样一道难题。“当时的看法有分歧，到底掩盖有利于稳定，还是把真相公布于世有利于稳定？我压根儿以为，把真相公布于世有利于稳定。”

2003年那期《面对面》节目，决定了央视“2003年度感动中国十大新闻人物”对钟南山的评选。感动，是这期节目给观众留下的印象。

不仅如此，这期节目的话题之中，涉及民主政治、医疗体制等多方面的正面的敏感问题，也就是说，政治味道很浓。

电话像不能停止的催命钟。钟南山要马上去忙工作了。他匆匆地接了一下手机：“马上来了，马上。”

临走，他补充说：“这个事要慢慢讲、慢慢思考。我没有想到会涉及那么多问题。”他讲的这后半句话，大概不仅指王志提到的政治。

2008年，中国实行改革开放已满30周年。钟南山作为见证这30年的风云人物，从年初开始，媒体就络绎不绝地前来采访他，尤其是广东的媒体。在南方报业传媒集团举办的“30年30人——改革开放30年风云人物”颁奖晚会上，钟南山作为“抗击非典第一功臣”，在感言中再次说出他曾在多种场合表达过的观点：“大家给我投票，是因为我讲真话。我最推崇讲真话，但是真话不一定是对的。讲真话的可贵之处，不在于它的对，而在于它是心里话。我觉得在任何群体、任何单位，或者是家庭，能够讲真话，一定会是一个和谐的群体。”

“有的人一说到讲真话，就认为是讲真理。我觉得不见得，因为我讲的一些东西是被别人批判的。”钟南山还说起2009年全国“两会”，他在全国人大广东省代表团会上的发言，也是这样表述的。

改革没有回头路，它需要英雄挺身而出，去践行、去铺路。

◣ 一口气爬上18楼的钟南山院士，气定神闲。

2007年3月全国“两会”期间，全国政协医卫组委员的驻地，如同往年一样，被围得水泄不通。围追堵截的各路记者，蹲守在分组会议室门口的警戒线之外。

3月6日下午的会议刚宣布结束，钟院士几步就钻进门外的楼道里，正准备爬梯上楼躲过记者，刚好被我“抓”到！楼道的环境实在无法采访。于是，我跟着钟院士爬到他所在的第18楼！

我实在要断气了，我的手因体力严重不支在微微颤抖。然而面对钟院士如此的笑容，我连忙举起相机，记下了这难忘的瞬间。

世界赞誉

2003年，面对国际舆论给中国施加的压力，出于对国家、对民族强烈的责任感，作为一名医学专家、一个公民，钟南山在学术场合，向国际同行实事求是地介绍中国政府所做的工作和努力……而这一切，都是他自愿自觉的担当。

据统计，2003年3月31日至4月12日，西方四大媒体——美国《华盛顿邮报》、《纽约时报》、美国有线电视新闻网（CNN）和英国BBC广播电台，关于中国非典疫情的报道有202条。其中，负面的有132条，占65%；公开指责的有46条，占23%；中性报道69条，占34%；正面报道只有1条。因而有学者认为：这是20世纪80年代末以后最大规模的一次反华浪潮。

在非典期间，钟南山一边投入一线的临床救治工作，一边来去匆匆地到许多国家和地区走访，争取一切机会，宣传中国对非典疫情的防治。他以广东防治非典的成功经验，以中国的实际行动，赢得了世界的赞誉。

其间，他应邀访问了澳大利亚、丹麦、美国、日本、新加坡、马来西亚、荷兰、瑞士、瑞典，还有中国的香港和澳门地区。

因为牵挂国内的疫情、牵挂广东，钟南山出行的时间都很短。比如去瑞士日内瓦和英国，他就只待了一天，另外的时间都是在路上。

平时生活中，很多人会问起他，钟院士跑了世界上很多地方啊，某某地方看起来怎么样啊。这可难坏了他，因为他从来都是机场—会场—住地三点一线。如果当天离开，那更是两点一线：机场—会场。所以关于风景，他哪有心思顾及？如果问钟南山在那里是怎么发言的，都讲了什么，别人是怎么反馈的，那无论过多少年，他都记忆犹新。因此，人们会感叹：他的记忆力怎么会这么好！

钟南山最早是去日本讲非典；真正在国外对非典问题进行学术讨论，则是在美国。

他靠在沙发上，能这样休息一下，已经是难得。他把声音放缓，陷入悠悠的回忆中。时值2008年岁尾，钟南山已是72岁高龄，但他的记忆从来都是那么清晰，像词典一样清晰可查。

在美国的会议，给他印象最深，深到一生无法忘记，那是2003年5月在西雅图召开的美国胸科学会国际会议。

那一次美国给钟南山的临时邀请，紧迫到在开会前20天才发来。而钟南山绝不仅仅是去旁听，他要认真准备在这样全球性的学术会议上的发言。

20天以后就要开会了！他一定要向全球、全人类介绍大家关注的非典疫情，但是，他尚无半点儿准备。

“应该是来得及的。”他这样胸有成竹地为自己鼓劲。

钟南山做好了充分的思想准备。当时的美国，已经有不少关于中国非典的“传说”。他想去告诉美国人，中国对非典的防治是成功的。

在当时美国人的眼里，毫无疑问，他属于中国“疫区”的人，一定会对他限行。钟南山直接到美国驻广州总领事馆说明，是他们美国邀请他去开会的。2003年5月，是非典在美国刚刚出现的月份。他对一名美国领事说：“中国有一定的成熟经验可以介绍，所以你们应该给我签证。”就这样，在全世界都严防非典的特殊时期，美国驻广州总领事馆破例给钟南山这位在一线救治、接触非典病人的中国专家发放了签证。

钟南山还是担心自己会过不了美国的海关。

美国海关人员当时问他是不是从中国来的，他坦率地回答：“是的。”

这个蓝眼睛的美国人立刻来了兴趣：“你们那边对非典研究得怎么样了？”

“正在研究。我自己就是为这个事来美国的。噢……我没什么健康问题，我没有发烧。”

这个美国人微笑着，对他友好地挥了挥手……

美国人对钟南山很友好。友好是有感染力的。何况他一开口说话，很自然地，就能让人对他产生友好的态度。

到了西雅图，有两件事给钟南山留下了很深的印象。

第一件事是在开会之前，他和很多人一起在大厅等候。这时，他留意到一本杂志《美国新闻世界》。钟南山顺手将这本杂志拿在手上翻阅。他很快就看到杂志里有这样一篇报道，标题是《非典是中国毁灭世界的武器》。这是一个长篇报道，其内容是讲中国军事医学科学院某某人，发现非典生物病毒……这篇文章还歪曲说：实际上，非典这个病毒是中国为了发展生物武器所搞的破坏，是用来摧毁世界的武器。

钟南山看到这里非常气愤，想不到美国的报刊为了政治宣传的需要，居然将中国丑化到如此程度！由于2003年的中美外交关系出现一些不愉快，所以美国媒体就做了如此的跟风报道。

会场上，有2000多名来自世界各个国家和地区的胸科医学专家。钟南山的发言是临时加到发言表上去的。

他此次发言的主题是“非典在中国”。

会务组对整个会议的发言顺序和发言内容，早在一年前就定下来了。为了插进钟南山此次的发言，会务组在中午抽出了一个时间，给他安排了一个大的会议室来进行。

会议室可以容纳2000多人，钟南山开讲之后，很快就座无虚席。很多人仍然在往会场里走，人们没有座位就直接坐在了地板上，连通道上都坐满了人。

人越聚越多，实在是挤不下了。工作人员不得不设了一个门岗，阻止再进来的人。

进不了会议室，会议室外面挤满了人。工作人员只好把进行电视直播的线路，从会议室所在的四楼拉到二楼。把二楼开辟出来之后，一楼的许多人也都能听得真切了。人们都在用心聆听钟南山所讲的非典在中国的情况。

本来，钟南山就想把中国抗击非典的真实情况介绍给国际社会，以赢得世界对中国的尊重和理解。在看到那样一份杂志的内容之后，难以抑制的愤慨更是让他觉得，他必须讲清楚不可：非典在中国绝不像别有用心的人讲的那么恐怖！

“我们做了很多工作，现在的病死率很低。”钟南山流利的英语发言清晰、洪亮。

很多人站起来向他提问，问的都是一些他觉得容易回答的问题：“非典是怎么出现的？”“中国是怎么对待疫情的？”……

钟南山的发言，获得了到会的美国及很多国家和地区医学权威们的高度赞许。美国疾病控制和预防中心的一名官员，随即邀请钟南山召开了一场关于非典的记者招待会。在记者招待会上，美国的记者提问，钟南山回答。他自信而又诙谐幽默的英语表达，让记者们感到拉近了相互间心灵的距离。他们对钟南山这个从“疫区”来的中国人，有了亲切感，而且不得不对这位中国专家刮目相看！

紧随其后，德新社、美联社等新闻机构对钟南山进行了专门的采访。钟南山的此次亮相被美国记者们报道了出来。

“那一次给我的印象、给我的感觉，是他们能听我们的，和以前相比，有了天大的不同。”钟南山不无感慨。以前像这样的国际性学术会议，中国的专家一般只有听会的份儿，从来都是中国专家对外国人洗耳恭听。现在，终于是外国人听中国人的了！

那次参加会议的有80多个中国留学生，是从美国各个州来的。他们知道钟南山要作关于非典问题的报告，就都来参加。报告结束后，他们都没有走，一直陪着钟南山聊到很晚。他们觉得很自豪，也非常开心：“中国有了让美国人刮目相看的研究成果！”

钟南山此次发言，运用了大量的数据和事实。这些自抗击非典以来所积累的宝贵经验和翔实资料，具有强大的说服力。

谈到他的说服能力，钟南山是这样给自己作评价的：“一般我讲话，不会有什么官腔，比较有人情味儿，所以人家就很容易接近我。现在有些场合，他们都很喜欢我来主持会议。但说实在的，那个时候，在2003年，我总是出现在媒体上。”

媒体总是问钟南山一些有关非典疫情的问题。他说，他要回答得体，又不违反原则，这给了他很大的锻炼机会。幸好，他喜欢迎接挑战，“所以后来慢慢就习惯了，就过来了”。

他说的“就过来了”，是指那一段时间频繁地应对媒体，包括国内的以及国际的，尤其是要在世界上树立中国的良好形象，着实花了他大量的精力。

组带王智琼

“谁能像钟院士这么全面呀！”这是广东省卫生战线的“铁娘子”王智琼展开话题的第一句。“我总是说，可能一个人在某一方面是很出色的，但是谁能达到钟院士这样的程度？业务水平既高，对病人的服务态度又好。有的人服务态度很好，技术却很难是一流的；有的人技术很好，但是对病人没有像钟院士这么好。所以说，钟院士是全能的，个人素质也极高。”王智琼夸赞钟南山不止“五项全能”。

时任广东省卫生厅副厅长的王智琼，一手连着省政府，一手牵着专家组，领导打赢了抗击非典这场战役。

回首峥嵘岁月，钟南山心里充满了感激。他说，整个抗击非典的过程，得到广东省卫生厅的全力支持。特别是王智琼，给他留下了很深的印象。

王智琼对广东省抗非专家组非常尊重，始终支持专家们的意见。钟南山这样评价她：“她很重视实际情况。她觉得你是专家，讲得对，她就尊重你。”“她给我们提供了很多帮助。而且，她的态度总是很温和。”

在王智琼的印象里，钟南山总是把沉重的压力扛在自己肩上。王智琼说：“他现在的工作量，即使是30多岁的壮年人也扛不了啊。他始终有一个动力，就是为了我们这个国家。他以前出国学习的时候，有一个信念就是要报国。他的父亲钟世藩就是这样报国的。”

王智琼在广东省抗击非典战役中的作用不可估量，她始终坚守在省卫生厅“510”抗击非典的特殊办公室。尽管她极其诚恳地说，“这一切都是省委、省政府英明决策的结果。省委书记4次到省卫生厅部署、督导工作，4次啊，一位省委书记，从来没有过的”，尽管她自谦只是7000万抗击非典的广东人民的一分子，但是，她不仅起到了坚韧的纽带作用，连接了专家与政府；而且，她作为一名防疫专家，还亲历一线，从非典一开始就下基层、进病房，与专家通力合作，甚至遭遇感染，病倒在床。

务实、尊重实际情况、有合作精神，这些都是广东人的特质。王智琼就是典型的广东人。

2008年，年逾六旬的她，即使衣着再普通，走在大街上，那出众的职业气质，还是能让人一眼就识别得出。王智琼已经不是广东省卫生厅的副厅长了。抗击非典战役结束后，她也走完了自己的行政生涯。2008年，她担任广东省医师协会会长。

对于非典，王智琼是这样总结的：“我们在很短时间内战胜了非典。虽然到现在为止，我们还不完全知道它是怎么回事，它来无影去无踪，但实际上，我们熬过来了。我们是实事求是的，我们也是相信这些专家的，虽然当时有不同的声音，有不同意钟南山的治疗方案而向他提出反对意见的。”

王智琼说，在当时非常强大的不同声音面前，她并不觉得有太大的压力，因为，她相信广东这些专家的水平，相信他们一定会拿出最好的方案。

王智琼回忆说，有一天开会，是讨论衣原体与冠状病毒的，研究控制非典病情和治疗病人的方案，到底是用抗生素还是用皮质激素。当时，很多专家都是沉默的，都不支持冠状病毒的说法，“这主要是考虑到来自上面的压力”。

经过一番讨论之后，专家们讲出了内心的真实看法。多数人倾向于非典病原体为衣原体是不对的，应该是冠状病毒才对。最后，他们坚决地说：“我们的方案没有错，治疗没有错。”

钟南山当时把时间用在了抢救非典病人上。事实已经分明、气氛却很沉闷的讨论会，他一时尚不能到场。到了下午，钟南山仍然对催促他来开会的王智琼说：“我有事，来不了。”王智琼马上说，他们在讨论：“我觉得从临床表现、从治疗效果来看，非典的病原体应该是冠状病毒。我们要预防非典，就要有一些抗病毒的手段。使用皮质激素，主要是提高人的抗病能力。但是从整个形势来讲，信心很重要。”

王智琼如此的一番话，给钟南山传递了信心。她说：“我觉得任何时候都要依靠专家，他们是专业人士。”

王智琼如今对当初发生在广东省卫生厅“510”指挥部的这场专家讨论的回溯，看似简单又轻松，如闲庭信步，根本看不出曾经弥漫的“硝烟”。那天，专家们最后几乎是异口同声发表的观点，是有悖于当时国家已经宣布非典属于衣原体感染、抗生素可以治疗非典的大背景的。

对于钟南山来说，专家们此次的讨论结果，无疑是莫大的鼓舞。

王智琼当时身为分管医政工作的广东省卫生厅副厅长，历来是非分明。在决策上，作为整个中共广东省委抗击非典指挥中心最基础的一个决策层，她在业务上亲临一线，在原则上不能让步，在医疗的科学问题上又得尊重事实、尊重专家，上对省委，下对医学专家，她是枢纽啊。

当时，她要向广东省卫生厅防治非典领导小组作汇报，要征得各个领导的支持。领导不同意的时候，她就需要向领导提出建议，要尊重专家的意见，让专家说了算。如果领导的工作做不通，专家的意愿就不能变为现实。

首先是领导支持，然后是专家队伍支持，最后是社会各界支持。无论王智琼怎样表达，出于诚恳、出于谦虚还是出于其他，如果“抬轿”的人不行，就会把“坐轿”的人摔下来，这是常理。所以，成事与败事，“抬轿人”的作用不容低估。同样，王智琼的作用也不容低估。

王智琼说，广东省一直是这样的，实事求是地向领导报告。她记得，她在2003年春节期间，曾向当时的广东省卫生厅厅长黄庆道打电话。黄庆道正在老家。以前，他从来都没有回过老家过春节。唯独2003年那一年春节，他回老家了。

“厅长，我们这里出现了一些问题。”

“什么问题？”

“好像有一些传染病传染到广州来了。很多病人陆陆续续来医院了，很多医生都倒下去了。”

“有这么严重啊？！”

“你要不要向上级报告啊？”

“我要报告。”

从他们这一问一答可以看出：王智琼与上司的关系比较融洽，这对工作有利，容易沟通顺畅；黄庆道虽然当时不在办公室，但是，他一直表现得冷静、清醒，能办实事。

向上级报告还是不报告，对于王智琼这样的干部来说，从来都是两难。她说：“为什么要报告呢？因为你如果不报告的话，当时这个事情，你是不知道后果的。但你报告了，如果这个事情结果没事，我们就等于干预政事了，省政府会说你们怎么这么一点儿事都搞不了——这是很难的。”王智琼这样的干部确实有苦衷。“像这样，厅长说要报告，这就好了！我们的专家就开始起草报告：非典病人怎么样，医生有多少人被感染，我们打算怎么做。我们一一把文件和方案都上报了。”

她说，他们当时觉得是应该这样做的。他们实事求是地报告上去，至于什么时候公开、报到哪一程度、上级向不向中央报告，那些就是领导的决策。所以当时的广东省卫生厅的领导很早就向省委领导作了汇报。

对于钟南山同香港大学关于非典病毒分析的那次合作，王智琼是这样解释的：“当初，有人告诉我，说香港的管轶，要发表一篇文章，说我们非典的事情最早是禽流感，并说我们内地要隐瞒。我听到以后说，不对啊，没有这样的事啊。可听说管轶检测出来我们的病毒是禽流感，还发了一个消息出去，那怎么得了啊！后来，还有人说，钟院士检验了非典病人的血清，跟管轶他们合作。如果是这样，不就把这个事情闹大了吗？这怎么得了！”

王智琼说，管轶曾经因为禽流感的问题，跟当时的农业部有过不愉快的摩擦，但这次不愉快是个误会，最后，大家解释清楚也就没事了。

对于当时北京市卫生局的几个负责人在2003年2月8日来广州考察的事，王智琼回忆说：“他们很勇敢，跑到广州来。我说，广州是‘疫区’啊。他们说，我们必须来，是来‘取经’的，看你们都是怎么控制疫情的。”

当时，王智琼坐在自己的“510”办公室接待他们。王智琼很诚恳地对北京来的同行现身说法：“第一，你们该报的就报。至于公布不公布，是上级的事情。”王智琼的表达细致、明了：作为下级，发现疫情，不要保留，要及时上报。领导知道了，是否向再上一级报告是领导的事。即使领导不报告，中央追究下来，起码你没有更大的责任。“如果你不上报，领导怎么知道呢？这是你的错。如果你上报了，但上级不公布，那是他的错，他将来不会怪你。你是实事求是报上去的，上面怎么公开的、怎么向社会公布的，就由上级决定了。”

王智琼这一番质朴的“传经送宝”，体现了广东人性格柔和、不露锋芒的特点。

当时除了北京市卫生局南下“取经”，另外一件让王智琼记忆犹新的事，是非典疫情结束之后，“卫生部的人打过来一个电话问：‘你们到底要赔多少钱啊？’我说，赔什么钱啊？我们不用赔钱啊”。

这番对话是针对皮质激素使用不当，导致非典病人出现股骨头疼痛和坏死问题的。

“因为我们基本上没有这种病人，即便有几个病人的骨头有点疼，问题也不大。按照钟院士的建议，对非典病人不是一发烧就要用激素，而是要在适当的时间，根据适当的病情，把握适当的量，这是一件很关键的事情。北京那边说，他们用激素的时间特别长，用了几个月，而且用的量很大，所以非典病人出现股骨头的问题。”王智琼说。

只有用了皮质激素才可以控制非典病情，它可以保护肺，但用量和使用时间是很关键的。如果非典病人刚一发烧就用激素，“那是肯定不行的，肯定不能那么用”。王智琼反复这样说。

广东有一些非典病人，应该说病情比较重，再加上年纪比较大，本来就患有慢性病，可能就影响了愈后的效果。“我们也觉得，本来可以少出现一些骨疼痛的人，但是得先挽救病人的生命啊！”

幸会吴仪

2003年，钟南山受到时任国务院副总理吴仪的接见。他那苍茫的心上，有如云开日出。

他没有辜负吴仪。

钟南山说："中央从来没有正面批评过我。"

凡是了解钟南山秉性的人，都认为他天不怕，地不怕，就怕昧着良心说假话。自从非典一开始，他就不由得在心里嘀咕：老是有那么一种感觉，好像自己专门喜欢跟谁较劲似的；老是觉得不管走到哪儿，自己都不是一个太受欢迎的人。

他暗自思忖：自己从"私自"让香港专家化验非典病毒，到病原体之争，再到当着世界卫生组织官员的面说出真相，让相关领导尴尬的新闻发布会……我钟南山给政府添了多少"乱"啊，让中共广东省委为了多少难啊！同时，他一直都能理解那些胆小不愿惹事的人。他们会离他远一点儿，对此他表示宽容，觉得自己大不了被冷落就是了。

但是，钟南山也暗想，对于像他这样一个人、在第一线抢救病人的大夫，领导干吗要批评他？

"也可能因为我是一个院士，他们考虑到要给院士留点面子，所以不作当面批评。反正我说的都是实话，反正我就是一个给人看病的大夫。"

实话是要说的，病也是要看的。郁闷、委屈对他来说是相对有限的。钟南山说，他不求官，也不求利，只要能给病人看病，受病人欢迎就行了。

2003年4月底，本来觉得“雷声”离自己很远的北京市民，突然被噩梦惊醒，北京出现了非典病人。

早在3月31日，北京有一家胆大的媒体报道：北京的纱布口罩连日脱销。其实，北京市民的动作比这篇报道快得多。

对于非典，北京人普遍的心态是既觉得可怕，早就心有提防，又觉得“雷声”还远，唯独没有想到会来得措手不及！

就在4月3日，世界卫生组织官员对广州竖指赞叹的同一天，在北京，媒体又在告诉市民“不用慌”。当时北京市卫生局有关负责人说：“市卫生行政部门及疾病预防控制机构，已在全市范围内建立完善的监测系统和有效的应急机制。”

仅仅时隔两天，4月5日，一名非典病人出现在北京大学人民医院。之后，93名医护人员很快就被感染了。4月23日，这家医院被整体隔离，一直到5月17日才解除隔离。

时任北京大学人民医院院长的吕厚山很无奈地说，出现这样的结果，是因为医院没有传染科，病人转不走，又不能拒收。吕厚山说的是心里话，真是没给北京市护一下面子：“我如果事先知道非典是怎么一回事，吸取广州的经验教训，我想我会准备得很好。”

他还说：“知道有非典要来，但非典到底怎样传染、厉害到什么程度，我们对这种烈性的上呼吸道传染病真的是没有认识。”

此时离2003年2月8日农历正月初八，北京市卫生局官员不顾危险，南下广州火线“取经”，已有近两个月之久。北京市民不会忘记之前看过的电视新闻，那段新闻让北京人心里很踏实：政府给咱撑腰做主啦。这么大的北京——祖国的心脏啊，一个非典还能闹塌了天不成？那些一早一晚出门遛弯儿的市民，虽说心里都害怕，可一贯都是比较相信北京市政府的。

近两个月的时间过去了，当初北京市卫生局取来的“经书”呢？更何况，广州抗击非典的战役，不但有用生命和鲜血换来的宝贵经验，而且仅仅是倒下的医护人员的数字，还不足以让他们触目惊心吗？这高昂的代价，对于他们，价值几许？

后来，北京市民从电视节目上发现：广州钟南山的调调怎么老是和他们的声音不一样啊？他们老是说非典不那么可怕，让人感到踏实，可这个钟南山……

2003年4月，因瞒报非典疫情，党中央决定免去时任卫生部党组书记的职务；4月26日，第十届全国人大常委会第二次会议经过表决，决定免去时任卫生部部长的职务。

其实，北京市第一例非典病人早在2003年3月7日就已经出现了。可惜，不知情的北京市民那时还自以为高枕无忧。

姜素椿生于1929年2月，湖南宁乡人，解放军第302医院原副院长，曾任解放军第302医院传染科主任，是著名传染病专家。他曾参加对北京市第一名非典患者的抢救；曾组织对北京市第一例非典死亡患者的尸体解剖；还是全球首位用自己的身体进行血清注射试验并获得成功的非典患者。

2003年3月7日晚8时许，已退休在家的姜素椿接到302医院领导打来的电话，请他立即赶到医院病区，指导对一名非典患者的抢救。姜素椿年事已高，且患过鼻咽癌，呼吸系统是他免疫屏障中最脆弱的部分。然而，姜素椿一到治疗现场，立即感到了问题的严重性，他毅然走进了病房。

当时，他只知道非典是一种传染性极强的病，而那名病人也是北京市第一例输入性非典患者。姜素椿听302医院院长介绍，这个由山西来的病人呈肺炎症状，是从广东回来后发病的。姜素椿的心里“咯噔”一下。此前，他只听说广东出现了非典，但在北京还是第一次听到。

那天，一生从事传染病医学工作的姜素椿多留了个心眼儿，特意在口罩里多夹了两层纱布。那名病人最终没能抢救成功。姜素椿当时就想：“我看了一辈子的传染病，这么厉害的真是少见。半小时前，病人还吃东西，一转眼儿就死了。这种病到底是由什么引起的？”姜素椿建议马上进行尸体解剖。病人尸体内残存着大量病毒，打开胸腔后，病毒四处蔓延，其危险性比以往任何时候都大！姜素椿不顾年迈和自己患过鼻咽癌，在解剖室用最快速度对北京市第一例非典死亡患者进行了尸检，为开展非典研究积累了宝贵的一手资料。

3月14日晚，姜素椿突然感到发冷，他意识到自己可能感染了非典。

处在高烧中的姜素椿，脑子里一直在琢磨一个问题：是否用自己的身体做试验？姜素椿这一设想在当时还尚无先例。3月22日，姜素椿的体内被注射进从广州采集来的非典患者恢复期的血清。奇迹出现了！在注射血清并配合其他药物治疗后，74岁高龄的姜素椿住院23天，经检查，所有体征指标合格，最后康复出院。

到2003年4月6日，北京的老百姓已经开始不太相信媒体了。

4月12日，世界卫生组织宣布将北京列为非典疫区。

在国际上，媒体的舆论对中国已经极为不利。

4月下旬，在中国、在北京，影响安定、使得人心惶惶的非典瘟疫，像无形的毒蛇，开始在空气中、在人们的意念中随处游走。

4月16日，位于北京海淀区的中央财经大学出现了非典病人，学校当即宣布停课。这所大学周围密集的居民区一下子像炸了锅。

北京市民真的慌了——“狼到了家门口！”

“不是说非典没那么厉害吗？”有太多的人感到不解。

在中央财经大学校园里，大学生们惊慌失措地拖着行李涌向校门，他们恨不得一步跨出学校。校园大道上，放眼望去，一片白花花，那是戴着口罩的学生在落荒而逃。

一个小时之后，原本喧闹的校园，死一般地沉寂了，退场一般地空空荡荡。

早在4月3日，北京的解放军第309医院一天就收治了60例非典病人；而媒体当天公布的数字是：非典患者12例，死亡3例。72岁的蒋彦永退休前，是解放军总医院的外科主任，熟悉北京各家医院的情况。气愤的蒋彦永第二天立即写了一封署名信，从互联网上发给北京的两家媒体。

4月8日，美国《时代》周刊刊登文章《北京遭到非典袭击》，里面引用了蒋彦永的信。

4月20日，党中央撤换了卫生部和北京市政府的主要领导。中国抗击非典的战役终于打开了新局面。

4月20日下午，国务院新闻办公室举行记者招待会。时任卫生部常务副部长的高强通报了中国内地非典型肺炎防治工作情况，并回答了中外记者提出的问题。他坦言，卫生部的工作存在缺陷，疫情报告制度亟待完善。

高强说：“卫生部应对突发公共卫生事件的准备不足，防疫体系比较薄弱，对地方报告要求不明确，指导不得力。北京市有关部门信息统计、检测报告、追踪调查等方面的工作机制不健全，疫情统计存在较大疏漏，没有做到准确地上报病例数字。”

北京市民乃至全国的广大老百姓，在同一时间双目凝视着电视屏幕，清晰可见高强额头上的热汗。

不容易呀，终于拨开云雾见太阳！

4月23日，时任国务院总理的温家宝主持召开国务院常务会议，决定成立国务院防治非典型肺炎指挥部，由副总理吴仪任总指挥；并决定由中央财政设立20亿元的非典型肺炎防治基金。

这时，吴仪为北京的非典防治措施，专门与钟南山面谈过两次。

“我觉得那个时候，她主要不是鼓励，而是请教。她给我的感觉是虚心向我请教。”钟南山在说起这件事时，态度恳切，同时也表达了对吴仪深深的敬意。

吴仪第一次接见钟南山，是了解非典疫情及防控方面的情况；第二次接见钟南山，是在温家宝带钟南山出国去参加国际会议以后，当时北京的非典疫情已经非常严重。吴仪问钟南山北京到底应该怎么做，她非常希望能够听取他的意见。

钟南山当时直截了当地告诉吴仪，北京的医疗水平、学术水平和医疗力量，比广东高得多，但是对于非典的防治，工作却做得差很多，为什么？听说北京连治疗重症病人的重症监护室的医生都还没有动员起来，没有发挥他们的作用。很多有能力的医生还处于“没让我管”的状态。如果这样的话，救治重症病人是没希望的。

吴仪郑重地问钟南山，“你认为北京应该怎么做？”

钟南山建议说：“首先应该考虑把重症病人集中到一两个地方，有必要集中高水平的医务人员进行抢救。”

尽管后来建立小汤山非典医院并不是钟南山提议的，但是对于钟南山的建议，吴仪全部采纳了。

将遇良才，恰逢其时。钟南山被中央领导接见，他的才能从此得以更自如地发挥。

2007年10月15日，党的十七大报告全面阐述了科学发展观的深刻内涵。

以人为本的科学发展观之所以被牢牢记住，连普通百姓也耳熟能详，就是因为它代表了人民的根本利益，实现了人民的夙愿。像钟南山这样敢于直言、求真务实的实干家，对其功绩的肯定和表彰，成为党和政府执政为民的见证。

让钟南山感到温暖的是，他和吴仪早年就读的大学曾经那么近。吴仪是在1962年从北京石油学院毕业的，北京石油学院在钟南山上大学的北京医学院隔壁；隔壁另一边是北京地质学院，温家宝曾是北京地质学院的学生，比钟南山低五届，而吴仪比钟南山低一届。

因为有才能而被接见，因为是同时代的人更显亲切，因为被认可所以得以被重用。

吴仪当时主管卫生部，于是，她有意识地提出来，中华医学会不应该像一个行政机构，应该由一名学者来担任会长。而她首先考虑的就是让钟南山来当，她想发挥钟南山的作用。钟南山也明白了吴仪的想法。

后来，媒体曾报道过钟南山的感慨："吴仪啊，我觉得我对得起你！"

中央电视台请钟南山做了四次关于如何进行非典防治的专题节目。北京的医学专家比广东多很多，医疗水平也比广东高得多，但是为什么出现这么高的非典病死率呢？最关键的原因是，北京的重症监护治疗病房没有被全部动员起来，一些专门的治疗技术没有到位。

吴仪采纳了钟南山等人的意见后，把北京的非典重症病人暂时集中在了两个医院；同时向全国一些非典疫情比较严重的省市，派去了医疗队。

几天后，吴仪再次接见钟南山。根据北京非典疫情可能会更加严峻的趋势，吴仪要求钟南山派一个医疗队到北京增援，钟南山迅速到北京帮助指导一线工作。由于广东的情况还不能使他放心，因此钟南山不得不离开北京时，钟南山把呼研所副所长肖正伦教授留在了北京。

吴仪正式对钟南山谈起让他出任中华医学会会长的事，是在2004年。

继2003年4月26日卫生部部长被撤职之后，2003年4月29日，钟南山随温家宝到泰国，出席中国—东盟领导人关于非典型肺炎问题的特别会议。中国政府抗击非典的形象，开始令世界瞩目。

寻找钟南山

2003年4月30日，时任国务院总理的温家宝说：钟南山是我们的专家，他在国家突发性公共卫生事件上所起的作用，功不可没！

出国回来后，为了同钟南山一起走访一下钟南山的母校华南师范大学附属中学，温家宝派人去寻找钟南山，并让他的车队等了钟南山半个小时……

钟南山在抗击非典中的卓越贡献，受到了党和国家领导人的关注。2003年4月29日早上，温家宝经昆明抵达泰国首都曼谷，出席中国—东盟领导人关于非典型肺炎问题的特别会议。钟南山也在随行之列。

2003年4月22日，钟南山在北京参加完中国医师协会召开的一个会议之后，刚回到广州，就接到通知：温家宝总理准备去泰国参加“10+1”高峰会议，即中国—东盟领导人关于非典型肺炎问题的特别会议，要选三名医学专家随行，其中一位是温家宝亲自点名的钟南山。

时任卫生部副部长的王陇德通知了钟南山。钟南山对王陇德说，只有几天了，他连办签证都来不及。“签证，我已经帮你办好了。”王陇德说。

4月27日，钟南山又到了北京。

此次曼谷之行，钟南山及其他随行人员一同乘坐温家宝的专机前往。

温家宝坐在前舱，钟南山、王陇德、李立明与几位部长在中舱，后舱是随行的工作人员和记者。

飞机起飞之后大概不到半小时，温家宝就把三位专家叫到了前舱。能随总理出行，钟南山深切感受到党和国家领导人执政为民的本色，也真切地感受到，党和国家对他是信任的！

曼谷当地时间2003年4月29日8时30分，温家宝的专机降落在曼谷空军机场。下午，中国—东盟领导人特别会议结束后，随即举行了记者招待会。在主席台上就座的四位领导人，从左至右依次是东道国泰国总理他信、中国总理温家宝、东盟轮值主席国柬埔寨首相洪森和东南亚非典重灾区新加坡的总理吴作栋。不太大的会场挤满了各国记者，还有400多位不能入场的记者则在场外收看电视实况转播。

提问的记者无论来自哪里，关注的主要是中国。温家宝对大家说，他知道各位记者对于中国的情况非常关注，愿意借这个机会坦诚地、实事求是地回答记者的问题。

谈及对这次特别会议的感受，温家宝说，这次会议是必要的、及时的，也是成功的。中国政府是负责任的政府，不仅要对我国13亿人民的身体健康和生命安全负责，而且要为世界人民的福祉和健康贡献自己的力量。他说，自己之所以坚定地出席这次会议，就是勇于面对现实、面对世界。

针对几名西方记者的提问，温家宝的回答让大家感到他非常坦诚：这场疫病突然到来的时候，我们缺乏预防和控制的经验，我们的应对机制也不完善。现在，我们已经从中吸取了经验和教训。在与疾病作斗争的过程中，中国领导人和中国人民学到了很多，这可能是今后我们对付类似这种突如其来的疾病的宝贵精神财富。

对于进一步控制非典疫情，温家宝充满自信的语调很有感染力。他说，现在，记者们如果到中国去，会看到从中国政府到普通百姓，都已经行动起来了。他觉得行动本身就是希望所在。一打纲领不如一个行动。检验我们最终成果的标志，是要使发病率降下来，使死亡率减少，使治愈率提高。说许多话，不如事实更为有力。因此，温家宝请记者们继续关注中国的情况。他说，我们会用具体行动来证明中国政府的决心和中国人民的毅力。

温家宝在泰国停留了24个小时，出席了9次会议。为了把中国抗击非典的信息在第一时间传到世界各地，他不顾劳累，9次接受记者访问。在每个场合，温家宝不仅不摆架子，甚至每次都提早到场，有礼貌、有风度地迎接东盟各国领导人，主动热情地与他们握手问候。

作为随行者，钟南山除了出席有关会议，还接受了中国记者的采访。他诚恳表达自己的观点：非典是一种全人类的疾病，不是一个地区的疾病，也不是一个国家的疾病。它已经扩散到接近30个国家和地区，需要全人类的共同努力来战胜。东南亚是中国的邻居，相互间的影响很大。不管是在哪个国家和地区，非典这个病的蔓延都会影响到邻国。不仅是病情会影响到邻国，它对邻国的经济、社会发展也都会产生很大的影响。中国此次与会，是一个很好的证明，说明中国很愿意和东南亚国家合作。

当时，非典的病原体、传播途径，还有它的预防方法和治疗手段等等，还不是那么清楚。所以，钟南山提出：共同交流信息，有助于加强相互间对非典的认识，并使对它的防治水平，提高到一个更高的阶段。

当记者问钟南山，这次会议对中国正在进行的非典防治工作有什么作用时，他回答说，东盟一些国家包括新加坡等，它们在疾病的预警还有防护方面，有一套比较好的系统，这方面很值得中国学习。另外，钟南山说，他知道东盟国家在病毒学基础研究方面，有很好的底子。双方要是在这方面有一个合作的话，“我相信，能够对疾病的进一步认识和找到它的病原有更大的帮助”。

钟南山的回答落落大方，得到了国际社会的好评。

温家宝在出席这次特别会议之后，于2003年4月30日上午离开曼谷，抵达广州。按事先的行程安排，他要去钟南山的母校华师附中参观。但这时的车队里，并没有钟南山。钟南山以为温家宝到达广州之后有其他安排，与他没什么关系了，就一个人留在了宾馆。

温家宝坐进中巴里，环顾了一下左右，问：“钟南山有没有来呀？”大家告诉他，钟南山没来。

温家宝说：“不行！我去华师附中，钟南山一定要和我一起去。”

温家宝说完之后，整个车队就在原地等待。中共广东省委警卫处马上派人四处去找钟南山，终于在宾馆找到了他。警卫温和地催促钟南山：“请您快去，总理在等您呢！”

钟南山一听，立即上路，赶到之后，整个车队已经等了30分钟。钟南山连连道歉。

温家宝知道钟南山是华师附中的校友，所以他和华师附中的学生们照相的时候，就把钟南山拉到身旁，对大家介绍说：“这是你们的校友钟南山院士。你们要好好学习，以后和钟院士一样……”

当天晚上开会的时候，温家宝又当着时任广东省省长黄华华的面，表扬了钟南山。

钟南山回忆说：“我记不大清楚温家宝具体的话了。他的意思是说，我在非典防治工作中作了很大的贡献。我是专家，在国家突发性公共卫生事件上所起的作用，功不可没。”

整顿野生动物市场

5天，广东境内，1万多只果子狸消失……

2004年1月，广州又出现4例非典病人！这触碰了钟南山一直警觉着的神经：必须严防二次暴发。这4例病人发病的时间，和2003年相同。难道这个瘟疫又来了吗？

风声又悄悄地紧了。第一例非典病人，是摄影师、自由职业者，居住在广州市花都区，因为吃野味，染上了非典；第二例，是一名饭店的服务员；第三例，是广州郊区的一个农民。

非典再次出现，是一个很危急的情况，只因措施得力，才得以遏制。

说起此事，钟南山在言语之中，流露出对时任中共广东省委书记张德江的赞扬："他是一位讲党性的领导。那次是黄华华省长亲自主持开会，也是我第一次主动要求见黄省长。各个厅的负责人都来了，听我们几个专家陈述，最后做出了决策。广东省委和省政府做出的这个决策，有效杜绝了非典的第二次暴发。这是一个贡献，因为它是在一个很关键的时刻做出来的决策。"

钟南山和广东的专家们一直没有放弃对非典冠状病毒的追踪。2003年9月，他在与合作研究者——深圳市疾病预防控制中心和管轶教授等人的共同研究下初步认定，非典和野生动物市场里食肉猫科动物中的果子狸、獾、貉等有关。管轶还撰写了一篇论文，发表在美国的《科学》（*Science*）杂志上，论文的题目是《果子狸是非典冠状病毒的主要中间宿主》。

在这样一篇学术论文的发表背后，以科学精神立身的钟南山，经历了常人难以想象的艰苦卓绝的探究过程，这也是一个求真务实的过程。

当时，关于非典病毒是否来源于果子狸的问题，虽然早被察觉，但一直存在分歧和争论。因为在北方，一些权威的研究机构做了一些关于果子狸的分析研究，并未发现非典冠状病毒。

钟南山很相信管轶的这一发现，但是，在北方饲养场的果子狸并没有被发现带有非典冠状病毒，所以北方的专家不认可。而广东人喜欢吃果子狸，专门在入冬时吃，是将果子狸作为应节的补品，因而南方的专家认为，果子狸与非典有关系。

“我记得，当时美国《科学》杂志很负责任，他们要求我们广东提供这些资料：一个是果子狸分泌出来的冠状病毒，另一个是来自非典病人的病毒，看这两种病毒是不是高度同源。这是从基因的序列分析是不是同源，如果是同源的话，非典就很可能是由果子狸传染给人的。”钟南山说。

因为美方也听到中方在这个问题上有争论，所以这篇文章被延时发表，非典病人的病毒样本和从果子狸身上采集的病毒样本被送到美国的实验室。在其同源性得到核实之后，美方才在《科学》杂志上发表了中方这篇文章。

在此之前，当时的国家林业局下发过一份文件，文件中明确规定，在54种可以饲养的食肉动物中，有果子狸。

当时可以饲养，也可以交易的肉食野生动物果子狸，在国家林业局文件的允许范围之内。至此，非典冠状病毒来自果子狸之说，再也不是空穴来风。

此篇文章发表以后，学术界持有两种不同的观点，皆因为南、北方饲养场里的果子狸的检查结果不一样。

长春农业大学动物研究所做了一个面向全国的果子狸调查，共进行了103例果子狸非典病毒抗体的实验。结果发现，在湖北、湖南、河北等地的果子狸饲养场里，果子狸全部没有非典冠状病毒；但是到了广东汕尾，就发现那里的果子狸呈非典冠状病毒抗体阳性的占40%；到了广州非常有名的野生动物批发市场增槎市场，那里的果子狸呈非典冠状病毒抗体阳性的，竟然高达78%！

尽管长春农业大学动物研究所证实果子狸是一种很容易受到非典冠状病毒感染的动物，但是果子狸的非典冠状病毒又是由什么感染给它的，人们还不清楚。

广东的果子狸为什么就携带非典冠状病毒？专家从装运果子狸的笼子上，检测到非典冠状病毒，又经过调查得知：原来，野生动物市场装运野生动物的笼子并非只装运果子狸一种动物，所有的野生动物都用同样的笼子。不仅如此，被装进笼子的果子狸经常是与其他野生动物同运同存于一个空间，野生动物的品种多、种类杂、市场大。最关键的，果子狸又是容易携带非典冠状病毒的受体。

由此，专家做出这样一个推测：各种野生动物混运、混住，导致非典冠状病毒传播。

非典出现在广东，而且在冬天。专家推测，这正是因为广东人喜欢在冬天吃果子狸。钟南山说："那个时候，我们已经掌握了一些资料。2003年9月出版的《科学》杂志已经认可我们的看法，即人类的冠状病毒有可能是由野生哺乳动物传过来的。当时，我们和广东省疾病预防控制中心合作，做了一个基因分析。"

2004年1月的4例新发非典病人都分离出冠状病毒，从病人就餐酒家的果子狸身上也发现了冠状病毒，分析比对结果为：二者高度同源。

钟南山认为，有必要建议政府做决策了：取缔或者是关闭野生动物市场。对于这样的决定，当时专家们的看法还不一致。钟南山在掌握充分的资料后，就和管轶一起商量。管轶是香港人，不方便出面。钟南山找到广东省疾病预防控制中心的许锐恒。许锐恒是个热心人，也是一位很权威的专家。

他们几位专家聚在一起，在一个礼拜天，由钟南山打电话先找广东省雷于蓝副省长，又找黄华华省长。钟南山拨通了黄华华秘书的电话，说有重要的事要见黄省长，又出了4例非典病人，人心惶惶。

2004年的春季广交会一天天临近，到会的国际展商明显少于往年。日本的厂家闻听非典又来了，就打了退堂鼓。

在这关键的时刻，钟南山一定要见黄华华省长。

钟南山对黄华华的秘书说，他想说明现在的情况，以及下一步该怎么办，将他和其他专家的意见，向领导汇报一下。秘书说，他马上向省长汇报。令钟南山没想到的是，当天下午，秘书就给钟南山回话，说黄华华晚上在广州迎宾馆见他们。

钟南山立即开始准备很翔实的资料。晚上到了迎宾馆，钟南山才知道有很多人都来了。黄华华很重视这件事，所以把卫生厅、林业厅、民政厅、公安厅、文化厅、商业厅、农业厅等广东省各个厅的负责人都叫来了，包括广东省疾病预防控制中心的负责人。

当时，钟南山代表专家们先讲话。他一一分析这4例非典病人的情况：第一，有两例病人有接触果子狸的历史，有吃野生动物的历史；第二，这次从果子狸和4例病人身上分离出来的冠状病毒，高度同源；第三，专家们认为，野生动物市场是一个重要的传染媒介。

钟南山讲完这些，最后提出要怎么做的问题。他说，大家统一意见后的结果是，马上切断传染的途径，这样才有可能避免出现非典第二次暴发，“一旦发现第二次暴发，再从广州传到香港，那就太危险了”。

黄华华听完以后就征求各个方面的意见。广东省卫生厅的负责人说，如果真有这样的情况，我们就要采取措施，关键是预防。广东省农业厅的负责人说，这么做也对，但是广东省有17个果子狸饲养场，如果全部杀掉果子狸，是不是要给农民适当的补偿呢？

17个果子狸饲养场一旦被取缔，农户的就业问题、生存问题，该如何解决？

广东省公安厅的负责人表态：可以这么做。以后，外省的果子狸不允许运到广东来卖。

广东省商业厅的负责人提议：要不要考虑把野生动物市场控制住？

总的来说，大家基本上同意钟南山他们的建议。

黄华华听了大家的意见后，最后表态。他说，钟院士讲得有道理，要马上采取措施，马上整顿野生动物市场，5天之内把所有的果子狸饲养场全部关闭。

会上还当即商定，给每一个饲养果子狸的农民以成本补助。然后，大家就开始分头行动。

这以后，广东售卖野生动物的酒家的招牌上，“野生”的字样被盖住了。这些酒家自己也知道，省政府就要采取行动了。

2004年1月11日，1500名广州市民签名表示“我们不吃野生动物”，韶关的果子狸全部被杀光。

5天以后，广东境内的1万多只果子狸被宰杀一空。

果子狸，从此回归自然家园，不再被人类残忍地利用。

之后，广东再未出现非典病人。

钟南山说，有几个证据证明广东的措施是对的。第一个证据是，

2004年有一篇文章发表在美国《科学》杂志上，是中国科学院上海生物科学研究所的赵国平写的。文章一共总结了中国发现的63株冠状病毒，发现冠状病毒感染人以后，就开始变种。刚开始，病毒是不会传染给人的，但是经过一段时间以后，就变成能够传染给人了。随着病毒的变异，就成了人与人之间的传染，而不用果子狸传染给人。就是说，在没有果子狸传染的情况下，人之间就可以互相传染非典。当病毒完全脱离了原来的宿主果子狸，发展到这个程度时，是非常危险的。一旦扩大到在人与人之间传播，病毒的毒性会更强，也增大了控制疫情的难度。把由动物传染给人的环节及时地切断了，可以阻止病毒不断地升级、不断地传染下去。

这样就可以理解，在2003年的非典疫情过去之后，钟南山为什么一直警惕着二次暴发，为什么为之忧心忡忡，为什么要建议政府加强对野生动物交易市场的管理。

现实如此残酷，没有第二条路可走，这是唯一的选择。

果子狸很容易被其他动物传染，人在吃果子狸之前，在屠宰、烹调的过程中，都很容易受到感染。

另外一个证据是广州市疾病预防控制中心发现的。原来，贩运野生动物这一行的从业人员，大概有25%呈冠状病毒抗体阳性。消灭了果子狸之后，到2004年的7月，呈抗体阳性的从业人员比例，从25%降到5%。这一点可以说明，对果子狸采取的措施是有效的。

钟南山欣慰地说："黄华华省长常常以这件事作为例子，说广东省委、省政府主要是听了专家的意见，避免了第二场非典传染。这在当时是一件非常重要的大事。"

在整个抗击非典的战役中，最后对果子狸的行动，是一个很重要、很关键的举措。专家、政府二者紧密合作，避免了一次非典病毒大传播。

为什么过去吃果子狸没有出现过非典病毒，后来却出现了呢？钟南山仍然在追问这个谜。

果子狸并不是源头，可能还有其他的源头。后来的研究发现，蝙蝠——中华菊头蝠，在武汉和香港都有，就有和果子狸一样的病毒。广东也有人吃这些东西。

钟南山说：“当时，林业部没有根据我们的意见拟定文件，出来的文件存在一定的片面性；卫生部在2004年发了一个正式的文件，是关于禁止销售果子狸的，我们很高兴，这样就对了。”

严酷的教训提醒人们，对各种野生动物肆意杀戮、集中贩运、使其杂居，所酿成的恶果，最终不会饶过人类。

当2003年的非典疫情趋于风平浪静，终于从噩梦中回过神来的广州市民，在一个静静的早晨，被一家媒体上“调查钟南山”的报道弄得有点糊涂。自非典暴发，媒体除了暂时出现过一时沉默的情况之外，对钟南山一直予以肯定，怎么会出现这么一个报道？

钟南山说，这篇报道讲了很多东西，比如他如何沽名钓誉、怎样突出自己……最核心的问题是说，他把病原抓住了，把病人抓住了，不给别人。到现在，钟南山都不知道这是怎么回事。这篇报道的作者从来没有调查过他，这篇报道却称专门给他“做了一次调查”。

钟南山回想起，那好像是上海一家叫《外滩画报》的刊物。其实，那个记者总共就只问了他几个问题，不到3分钟。他根本就没有回答什么。最后，钟南山还反问了记者几个问题。结果，那个记者写了两万多字的报道。

“我还真是不理解，也许他是想搞一个新闻的轰动效应吧，但我不觉得这对我没有什么太大的影响。”

钟南山说，这件事给他的启发就是，他需要进行更多的协作与合作。现在的合作，与境外和国际的合作还不够，与国内的合作也不够。

这篇报道涉及了几个人，其中有香港大学的郑伯健，还有中国工程院院士闻玉梅。他们主动找到上海这家杂志的电话，打电话给那个记者，澄清事实。郑伯健气愤地说，那个记者无中生有，完全是颠倒黑白，钟南山从来没有那样做过。

南山精神

2003年春夏之交，在中国，特别是在非典疫情严重的这种氛围中，讲真话是非常不容易的。钟南山讲真话的方式，在当时的氛围下至少比讲假话好，破除了讲假话的氛围。

按呼研所工作人员的话说，与其说是非典成就了钟南山，不如说是道义将使命给予了有铁肩的人。是这样一个重大考验，把钟南山放到了历史的天平上。

非典这个突发事件，让钟南山脱颖而出，成为家喻户晓的人物。然而，正所谓偶然产生于必然，钟南山凭的是一贯的积累、坚实的底蕴。

说到钟南山，呼研所党支部原书记程东海感慨良多。作为非典时期临时受命来到呼研所的党支部书记，他有对“南山精神”透彻的论述和深刻的体悟。程东海说，其实在非典之前，在很多患者的心目中，钟南山就是名副其实的好医生。只是非典这样一个历史的契机放大了他，正所谓时势造英雄。

要真正了解钟南山，就得走进他的内心深处，感受他的人性化情怀，这样才能真正懂得他的魅力。他有很多闪光的地方。程东海诚恳的语言让人内心隐隐地感动。

程东海是一名讲政治、有水平的党支部书记。他提纲契领地介绍了钟南山院士几个最闪光的特质。他认为钟院士最突出的一个特质，就是有坚定的理想信念——报效祖国的信念、服务社会的信念。钟南山1979年去英国留学，当时不论是他的导师也好，其他人也好，都希望他留在英国工作，因为当时国内的条件还非常差。但是他“儿不嫌母丑”，毅然回国。回来以后，钟南山也还是有很多机会再到国外去工作，但是他一直都没有走。

在非典肆虐时，国外有很多媒体对中国做了妖魔化的宣传，美国等国家的一些媒体都有大篇幅的负面报道。在这种情况下，钟南山尽管要负责撰写很多关于非典防治的文稿，在呼研所也有很多重症病人要救治，非常忙，很疲惫，但是只要有机会，就主动到国外去演讲。国外的人都知道，他在呼吸疾病这个领域内是中国的权威。他的这种做法得到国外很多学者的认可。

程东海说钟南山非常不容易，他在世界各国和地区发表的言论，为我们的政府缓解了很大的压力。他以自己作为一个学者的眼光，以亲身经历的救治过程，对非典在中国是怎么发生的、政府是怎么来应对的、应对措施起到了什么样的效果，进行了大量的讲解。当时，国外的记者不了解，国外的政府也不了解，以为中国封锁消息、蒙蔽百姓，想借此丑化中国政府的形象。钟南山在这么严峻的情况下去了国外，起到了非常有力的作用。程东海神情骄傲地说：“这也是党和政府后来给了他这么多荣誉的一个很主要的原因。”

“你知道那个时候有点像什么？各国都把中国封锁起来了。开广交会时，很多国家的商人都不来广州了。许多国家把中国列为‘疫区’，从政治上和外交上把中国给隔离起来，那是多么严峻的关头啊！钟院士功不可没，就在于他实事求是、敢讲真话的做法。”程东海饶有兴致地介绍着，神态特别自豪。

2003年非典期间，钟南山敢于坚持真理，蒙受各种诘难、误解去研究病毒，力挺“冠状病毒”之说，坚持以皮质激素控制非典病情，危急关头主动请缨，顶着各方压力说出真相。不仅如此，他为国家挽回在国际政治舞台上的地位和影响的作为，表现了一位科学家的使命感和责任心。非典后期，他还进行了艰苦卓绝的对非典病毒宿主的搜寻、核实与考证工作，为打赢抗击非典战役画上了完美的句号。当2004年非典出现卷土重来的迹象时，又是他在关键时刻面对香港媒体，说出了重要的事实依据。

因为他是医学专家，始终亲临抗击非典一线，所以钟南山面对国际舆论具有说服力，可信度高。对科学的严谨态度、让西方人易于接受的理性表达方式，都顺理成章地使他在非典时期成为中国政府和国家形象在国际舞台上的代言人。

然而，没有人指派钟南山去做这样的事，这完全是他个人自觉自愿的行为。

程东海作了一个假设：“假如是政府去讲非典这个事，说我们中国是怎么去做的，国外的人就会不太相信；因为我们国家一开始应对这个事件的立足点和方式方法出了问题，人家已经不信任了。但钟院士一开始就以自己的科学精神，赢得了大家的信任。他主动去讲，而且是以一个学者的角度去讲，从第一例非典病人开始讲到抗非的全过程，实事求是地讲，所以很有说服力。”

程东海认为，钟南山的出现，他在非典中所表现出的科学精神，他的言行，对整个国家、对传统思维、对那些在重大事件中报喜不报忧的恶习是很大的冲击。

在信息全球化的今天，一个小小的事件，往往就可以引发整个社会甚至是全球的关注；所以，信息不公开是没有用的，那只能更加被动。例如后来的“毒奶粉”等事件，都说明报喜不报忧的思维方式再也不能继续存在下去了。

非典还激活了国家的应急管理体系。非典之后，从中央到各个省区市都基本建立了应急管理体系。从此，可以最大限度地减少重大突发灾害造成的损失。

非典对国民的健康卫生习惯养成也起到很大的促进作用，比如直接关系到十几亿民众疾病预防问题的一个小细节——洗手，被空前地重视。

非典的出现，还大大减少了人们对野生动物的捕抓和食用。

国家对医疗卫生事业的重视同样上升了一个高度，政府加大了对医疗卫生行业的投入。政府、医疗机构和民众对“未病先防”空前重视。全民更加重视健康的生活方式了。

抗击非典战役展现了钟南山的科学精神，民众敬重的也是他的科学精神，他对整个社会的推动靠的还是他的科学精神。这种科学精神，说白了就是讲真话、讲实话、讲有事实依据的话。

钟南山一贯讲有根据的话。他以科学家的视野来讲话，体现了科学性。这一点在非典时期，尤其重要。

非典过去多年了，但是程东海始终没有间断对钟南山在抗击非典战役中重大作用的思考和研究。他说，就是在非典时期、在三岔道口、在真伪的对抗中，钟南山的科学理性得到证明。一个是衣原体，另一个是冠状病毒，是钟南山在这件事上根据自己的研究做出判断，尤其在那么大的压力面前，坚持自己的观点，直到被中共广东省委支持和采纳。钟南山的一些观点在他的据理力争之下，对整个广东乃至全国的非典防治工作都起到了一个很大的推动作用。

人民感谢你

2004年7月20日，在第七次全国归侨侨眷代表大会上，时任中共中央总书记、国家主席的胡锦涛，亲自为当选“全国侨界十杰”之一的钟南山颁奖，并对钟南山说：“你在非典防治中作出了突出贡献，人民感谢你！”

“有的人很少流泪，那个时候却会泪流满面；

有的人很少动心，那个时候却会怦然心动。

在那充满疑虑、充满期待的日子，

有一个人让我们踏实，让我们感动。”

这是中央电视台“感动中国2003年度人物”评选颁奖典礼上，主持人敬一丹的开场白。

央视“感动中国2003年度人物”评选颁奖典礼——那炫目的领奖台，让多少中国人心潮澎湃。

领奖台上，令人期待的英雄来了，他向人们深深鞠躬。观众目力所及的舞台不过10米，但是，走在舞台上的每一步对于钟南山来说，饱含着多少艰辛与困苦、多少承载不动的欣慰！他将一只手臂扬起，向台下欢呼的观众示意，他的神态亲切、平和。

鲜花和掌声是对英雄的礼赞，铭刻在人民心中的是：难忘。

推选委员发表了这样的感言：钟南山院士，在非典袭来的时候，置个人安危于度外，积极救治病人，还卓有成效地探索出防治非典的经验。他是为人民健康作出巨大贡献的英雄。

2003年春天，是一个让中国人记忆深刻的季节；2003年春天，也是让中国人感到要重新面对自己的时刻。一个叫非典的病毒，突然出现在中国人民面前的时候，它带来的恐怖，比它带来的死亡信息，更为快速地传播着。

这是一场没有硝烟的战争，取得的是一场真实的胜利，是盛况空前的洗礼。

面对非典这个人们并不熟悉的病毒，无论是天降大任的中流砥柱，还是普通的医务工作者，他们勇敢地站在最前线，并不因为怕感染就从阵地上撤退。

2004年2月，中央电视台代表国家、社会和人民，以铭刻于历史的口吻，这样评说：这是一场人类社会并不认识的疾病，这是医学界至今仍然不明原因的疫情。但是在中国的南方，在非典传播的起点上，一个67岁的老人、一个功成名就的专家，却以一个医学工作者科学的头脑和理性的力量，请求把一批重症病人，转送到他领导的呼吸疾病研究所，集中隔离治疗。

“这个是我们的本行，是我们本身的职责。”历史作证，这是钟南山的由衷之言。

是他临危受命，担任广东省非典型肺炎医疗救护专家指导小组组长。

是他说：“做好自己的本职工作，就是最大的政治。”

面对危局挺身而出、大义凛然，面对危险身先士卒、毫不退缩——这是一个真实的钟南山。

“还是他，不顾取得的荣誉和学术地位，不盲从权威，对非典病人讲出了尊重事实的判断。”在歌颂时，我们曾经使用了多少赞美之词。但是当发自心灵的讴歌饱含泪水，我们才能掂出，真挚的赞美有千钧之重！

钟南山此刻表达的，是他曾经说过多次、一个简单得不能再简单的意愿：“想追求一个未知数，这就是我最大的动力。”

“尊重事实”，让他为国家、为人民付出的，是个人不惜一切的代价：“当看到这个事实跟权威讲的不一样，我们当然首先尊重事实，而不是尊重权威。”

他对主持人白岩松说，2003年的今天，面对死亡率很高、完全没遇到过的这么一种病，他像参加战斗一样。

岂有没有号角的战场？钟南山感动于他的战友，那些不幸捐躯的英烈。这么一个突如其来的、致命性很强的疾病，对于每个医务工作者都是考验！那些刚走下病床的医生，又冲到了战场。

经历了阵痛之后，中国，安全地度过了2004年的春天！

人类，将度过这个地球上一个又一个安全的、开满鲜花的春天！

虽然瘟疫像一个魔影会一直伴随着人类，但是澄澈的天空可以让人充满信心。

央视“感动中国2003年度人物”评选颁奖典礼上，对钟南山给出了这样的颁奖辞——

面对突如其来的非典疫情，他冷静、无畏。他以医者的妙手仁心挽救生命，以科学家实事求是的科学态度应对灾难。他说：“在我们这个岗位上，做好防治疾病的工作，就是最大的政治。”这掷地有声的话语，表现出他的人生准则和职业操守。他以令人景仰的学术勇气、高尚的医德和深入的科学探索，给予了人们战胜疫情的力量。

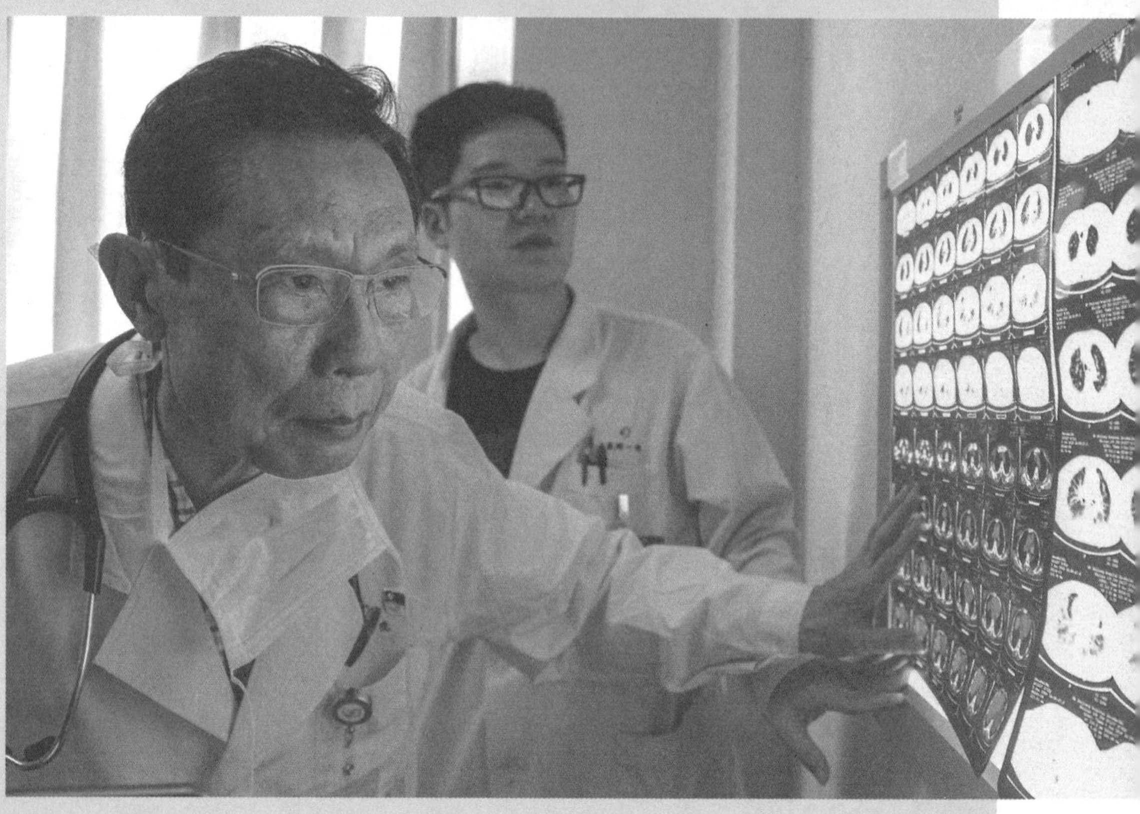

卷 2

医者仁心

其实，我不过就是一个看病的大夫。

——钟南山

全心全意为患者

一个本来对钟南山抱有疑问的记者发现，他对病人的态度，随时随地可以测量出来。

“你是怎么搞的？工作为什么这么拖拉，为什么到现在还没有做好？”钟南山咆哮着，用手指着站在他面前低头不语的医生。这是在2003年4月的非典时期，早晨刚上班，钟南山在楼道里正巧遇到这个医生。在平时，他都容不得懈怠，更何况在如此严峻的非常时期！

他怒不可遏，质问那个医生到底什么时候能够做完工作。

一个病人家属战战兢兢地跑过来想求他帮助。钟南山一见到这个家属，那怒火直射的目光，瞬间柔和起来：“您好！您有急事是吗？我就是钟南山，您慢慢说。”

他关切的声音，让这个病人家属不由得惊讶：“噢，您是挺和气的一个人哪。请您去看一看我的家人，她病得很厉害，求您了！”

“您放心，再过一会儿，我一定去！不好意思啊，您家里的病人叫什么名字？”“是几床的？”“是什么情况？”“主管医生是谁？”钟南山态度和蔼，语速匆匆。

时任呼研所党支部书记的程东海约了一个记者，说是上午到。其实，这个来自上海的记者，早已站在楼道的一侧了。他看见了钟南山，但是没有吭声，偏巧就撞上了这一幕。他看着那个病人家属战战兢兢地挨近钟南山，在一旁静静地观察。

这个记者很是惊讶，一个人在如此光火的情况下，同时面对另一个不相干的人，而且是来求他帮忙的人，怎么就能一下子转怒为和，而且是如此的谦恭、平和、体恤人心！

后来，这个记者就把发生在他眼前的这一细节，完整地记录了下来。他在文章中很有感触地说：“看来，钟南山把病人当作亲人，是名不虚传啊！”

他在报道中这样写道：“钟南山对病人的态度，随时随地可以测量出来。”他非常形象地用了“测量”这个词。

“你想，作为医生，哪个不想做一些好事呢？但是钟教授为病人做好事，是随时随地、全心全意的。”程东海忙里偷闲，他在写一篇文章，论述钟南山何以能够全心全意为患者服务。

程东海自从2003年4月被调到呼研所，目睹了钟南山一次又一次地对患者全心全意的付出。

“在他身边做事的人都知道，他要求人做事，第一要快，第二要好，因为他自己总是非常高效的。他对人的要求比较严格，而且也比较严厉。正因为这样，研究所才形成一个很好的平台，也形成了整个研究所做事的风格。没有他这样的严厉，是不可能有今天这样的局面的。就是因为他的严厉和严格，他培养了很多人，研究所也形成了严谨的做事风格，而且讲究高效。”程东海这样介绍钟南山。

因为非典的时候工作很忙，钟南山历来又是一个急性子，所以，他没有控制住情绪，对那个医生发了火。

后来，这个上海记者在对程东海进行采访的时候，表达了自己的感慨。他说，以前对广东这边的媒体写钟南山在冬天用手焐热听诊器，然后再给病人听诊，他是怀疑的。但现在，他确信无疑了。

直到现在，钟南山给病人看病都是主动俯下身，把病人扶起来测血糖、做触诊，然后再扶着病人躺下，为病人掖好被子。无论病人是少年还是壮年，也无论病人的病情如何，即使有严重的传染性，钟南山都一视同仁。

钟南山关心病人的事迹有很多。早在20世纪80年代初，《广州日报》就有过报道：钟南山一直照顾广州一间小煤店的困难职工屈洁琼，从病情到生活，时间长达十几年，直到1996年屈洁琼病逝。临终前，屈洁琼说，钟南山如同她的再生父母。

屈洁琼患的是重症肌无力，钟南山组织过好几次专家会诊。而这样的事，对于钟南山实在是再平常不过了。他在给病人看病时，随时都可能这样做。

他全心全意地立足于自己的本职工作，无论职位发生了怎样的变动，无论有了多高的名望，他始终不会忘记自己是一名医生。作为一名医生，他从20世纪70年代，一直到今天，从没变过。

非典疫情过后，很多人的思想都发生了翻天覆地的变化。在钟南山的身上也发生了很多变化，唯一没有变的，就是他一心一意为病人。为了解除病人的病痛，他三四十年如一日，始终保持着一心一意的热忱服务精神。

很多人在20世纪80年代立过功、出过名，但大多已经时过境迁；或者是在90年代红一下子，到现在又悄无声息了。更不要说有的人昨天台上领奖，两三年后成为阶下囚。然而，几十年来，钟南山屹立不倒，仍然是有口皆碑。经历过20世纪五六十年代的人，都会牢记毛主席评价雷锋的那句话：一个人做一件好事并不难，难的是一辈子只做好事，不做坏事。这需要境界。

钟南山几十年来形成了一个习惯，这也几乎是一种本能：为患者着想。所以，他不能远离病人。这在一般人看来很虚，或者会被认为是说大话，但对他来说，是本能的流露。

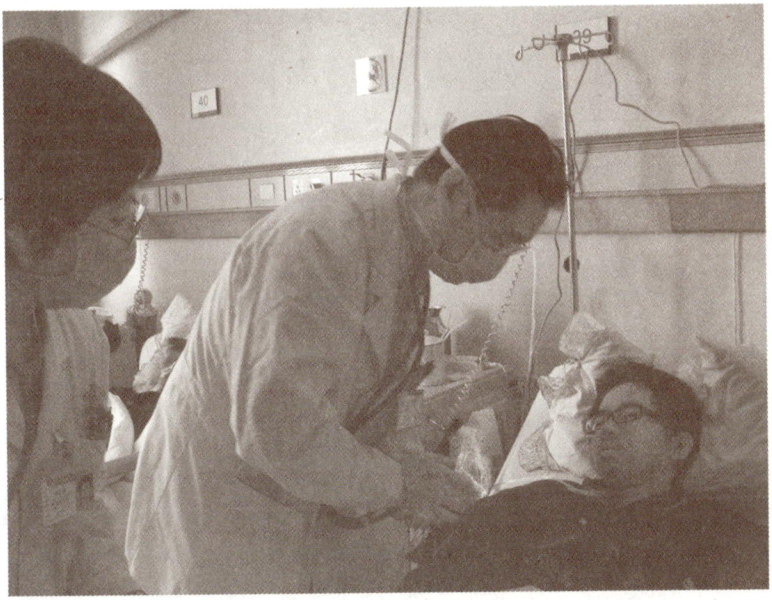

为病人捂热听诊器

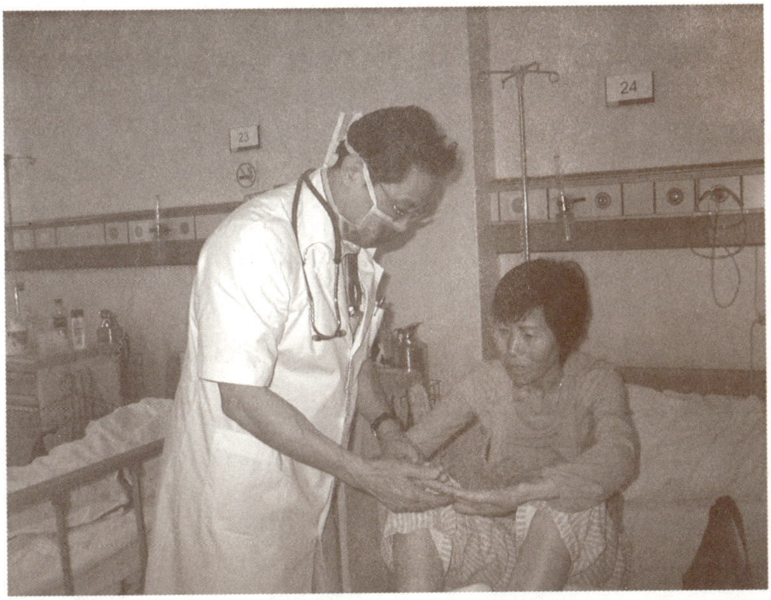

给病人触诊

如果把钟南山看作是一个经过实践的范本，那么，这个范本因为经过几十年的修炼，是改变不了的。

钟南山曾经说：“医生到底是干什么的呢？我从来主张医生应该这样——医德好，最主要的是能解决问题。大家觉得他态度好，态度好是为了取得病人的信任与合作，共同来解除病痛。病人对你有了信任才会合作，一方面会提供很真实的情况，另外一方面，他会很依从你。你让他吃药，他就一定会吃，不会怀疑，因为他信任你。”

钟南山举例说，西安有一个矿工的女儿，14岁，哮喘很严重。他给她作了一个确诊——哮喘。这病发作起来很吓人，钟南山安慰她不要太紧张。在广州治疗时，她发作过一次，这引起了医生的怀疑：“为什么我们这么用药，她还发作呢？”钟南山就让医生重点观察她。过了不到一个礼拜，她又发作了一次，以致所有的医生都很警惕了。后来用手机录像拍下来，给钟南山一看，他发现根本不是哮喘发作，是什么呢？原来她常常不开心，自己觉得心里不痛快时就“发作”。这个实际上是歇斯底里，也叫作癔症。这种病发作的时候，情况和哮喘完全不同。她拼命地呼吸，然后就抽筋。情况终于搞清楚了，这是心理因素造成的。

病人一旦信任医生，就会把自己都交给医生，这个时候，治疗就容易得多。很多病人去了很多医院，对医生的诊断或用药半信半疑。他们回家后用药就用一点，用两下以后，效果不太好就不用了。实际上，有一些药是要坚持用才有效的。为什么病人不用了呢？因为不信任医生。所以，现在一个很重要的问题就是要建立病人对医生的信任感。这个信任感，来自医生真的为病人设身处地地着想，那样医生才能被病人信任。

大夫能够获得病人发自内心的信任，是很重要的，哪怕是一些绝症患者。比如肿瘤晚期的病人，“我和他谈话，找他的亮点，说经过这一阶段治疗，呼吸好一点了，说明还是能够改善的，给他一些鼓励。他觉得有希望，就不再是完全绝望的心态”。钟南山说。

钟南山认为，医生的态度能够决定病人的病情。不是说医生见到病人要笑嘻嘻的，不需要这样。医生自己有这个理念就可以了，那么，他的言行自然就体现了出来；没有这个理念，装是装不出来的。

作为一个医生，如果内心不虔诚，仿佛只是一个学生，光是学技术，对病人的态度就永远只是一张皮，永远只是微笑时露几个牙的事情。

有的时候，病人要从西安或者是别的地方来广州看病，钟南山就告诉病人不必跑这么远。他给病人介绍一个医生，让病人在当地就医、开药。他说，医院这么做，收入是少了一点，但是要多为病人去考虑。有的时候，病人没有钱，医生要尽量为病人提供一个简单的治疗办法；还有更重要的是，医生必须教会病人如何用药。

钟南山和患者之间融洽的气氛，好比朋友和亲人。多年来愈演愈烈的医患纠纷，甚至暴力伤医，实在令他痛心不已、遗憾不已。

2013年10月的一个下午，钟南山正在出诊，助手递过来一封急信：广州医科大学第二附属医院的医生遭死亡病人家属群殴受伤。受伤的医生是一名科主任，曾是钟南山的学生。他被患者家属群殴的原因是：患者死了，家属要把患者遗体搬回家。院方不同意，理由是这样做违法。那封急信上说，这名医生被七八个人打得非常严重，出现了视力下降、轻度脑震荡、肋骨骨裂、脾脏包膜下出血、尿血等症状。当天下午，钟南山面对多家媒体，表明自己的态度和义愤：这是暴力事件，是“是与非非常分明的”。

钟南山呼吁政府职能部门要以执法的方式保护医护人员的生命安全。事隔不久，2013年12月，浙江省温岭市又发生了一起暴力袭医案，一所镇卫生院被打砸，多名医护人员被打伤。随后，温岭市方面通报称，事情发生在12月15日深夜。当天22时许，温岭市箬横镇横陈村村民陈某酒后身体不适，在朋友陪同下到箬横镇中心卫生院就诊。输液约10分钟后，陈某身体出现异常，经抢救无效死亡。

面对不断出现的暴力伤医事件，医务工作者开始大声疾呼“零容忍”。2014年5月28日，甘肃省中医院发生一起暴力伤医事件。这是自5月14日以来短短半个月时间内，甘肃发生的第三起暴力伤医事件。医疗卫生行业要求依法惩处涉医犯罪、维护医疗秩序的呼声强烈。

2014年5月28日上午，甘肃省中医院创伤骨一科门诊室一名接诊的男医生被打。当日11时许，一名女患者检查完之后，出门取药。其家属突然冲进门诊室，拿起凳子，对着正在给其他患者诊疗的这名医生猛砸，造成他头部、胳膊等多处受伤，其中，头部伤口长达6厘米，并出现严重脑震荡。

在2014年6月3日的湖南暴力伤医事件中，一名怀孕的女护士被打至流产。

2014年3月全国“两会”期间，钟南山认为医改5年没有明显突破，指出暴力伤医是医院体制问题。

暴力伤医事件与“看病贵”“看病难”问题都集中在大医院。钟南山说，大医院检查多、处方多，因而看病贵；排队时间长、看病时间短，沟通少、交流少，医患关系难改善。中国医院协会的数据显示，73.3%的三级以上医院都发生过暴力伤医事件。以“暴力伤医”为关键词进行搜索，百度显示有740多万条的网页链接，“暴力伤医”是排在“雾霾”之后的第二大健康事件。

针对屡禁不止的暴力伤医事件，钟南山说，尽管医患矛盾是全球问题，但是一个中国医生半天要看50个病人，有什么时间和病人交流？排队3小时、看病3分钟，没有沟通就容易产生矛盾。与其说是医生道德问题，不如说是医院体制问题。当然，这其中也有医护人员对患者及其家属的态度问题、医疗水平问题等。

开会前，钟南山调研了广州所有的三甲医院，得出的结论是，医生的大部分收入来自医院本身的经营收入，而非政府投入。

钟南山指出："这是典型的国有民营制的运作模式。政府只是给一些政策。医院为了保证运营，必须扩大收入来源。"他说，这些收入来源包括药品差价、诊治更多的常见病，甚至增加检查项目、开大处方等，从而造成了"看病难""看病贵"，引发医患矛盾。

体制是产生这个问题的原因之一，但另一个原因是，政府对医疗行业的投入过低。2013年2月初，"我对卫生部陈竺部长讲，我国每年的医疗支出只占国内生产总值的5.5%，这个数字远远低于其他所有的发展中国家，甚至连阿富汗、古巴都比我们高"。钟南山说。

2014年，钟南山深情诉说着自己的心愿，他对医疗体制的改革翘首以待。到那个时候，才可以还医务人员一个全心全意为患者服务的环境，患者也才能真心真意地敬佩他们，把他们看作救死扶伤的白衣天使。已年近78岁的钟南山，言语之间，禁不住隐隐地哽咽……

医德传承

面对病情多问几个“为什么”，多为病人着想……钟南山崇高的医德熏陶着一批又一批学子。

钟南山教学生，首先是教思想——想方设法帮助病人解决问题、不懈钻研医术的思想；而他教医术，首先是教思维的方法。

有一次，钟南山的学生把一个病人的病情搞错了，开始认为不是肺结核，但后来病理证明是肺结核。他们用了另外一些药，找了北京一些专家来共同会诊，会诊的结果还是认为不是肺结核，但钟南山并没有就此罢休。

他希望他的学生能够追踪病人的情况，进行观察。病人也很理解，很愿意配合，因为她已经跑了很多家医院，还是搞不清楚病症。

这是一个30岁出头的女患者，辗转了多家医院，已备受煎熬。到了钟南山这里，她说她的心放下了，无论结果怎样，她都相信他。这个患者的病症极罕见，难以诊断。

经过4个月的治疗，病人的病情有了好转，她希望治愈后能够生一个孩子。虽然其CT检查及胸片均显示病情有了好转，但是钟南山仍然怀疑自己的诊断，因为患者的病症不明显。

学生们摇头，他们相信导师是不会诊断错的。

最后，钟南山又把这个病人所做的两次肺活检及其他全部资料拿出来和几个专家一起讨论，最后证明是肺结核。

这个病人还在接受治疗，钟南山的助手也一直在跟进她，观察她的情况。经过一年半的追踪治疗，病人终于痊愈了，并且如愿以偿地生了孩子。

对于一些难度比较大的病，钟南山视之为自己学术研究上的一个挑战，因此乐于接受。

钟南山知道，有些病人到过很多医院都解决不了问题，所以才到他这里来。比如，一个病人看病看了很长时间，他在五官科看得很仔细，然后又到钟南山这边看看消化道、气管有没有问题。

钟南山说："病人到了你这里，你还是解决不了问题，那他找你有什么用呢？"

给病人看病，钟南山有一个特点。他常说，不是靠他一个人解决问题的，而是靠他组织大家来解决问题。钟南山会组织不同学科的医生一起来会诊解决问题。

钟南山的学生在他的带领下也逐渐建立起设身处地为病人着想的责任感。每一年，钟南山都会带一批新学生。他对学生说："你们在这里学一年见不了很多病人，每个礼拜只有4个病人，加起来50个礼拜也没有多少。但是，你们要学会思维的方式，很重要的是，要学会为病人考虑。不要说凡是自己搞不定的，就转上去算了，要想办法。我想，这是最基本的。"

他说："医生给病人看病，不能像铁路警察，各管一段。"有时候，他看到病人存在呼吸系统疾病以外的问题，就一定会让其他相关科室的医生过来一块儿看。

钟南山是如此认真地表达对自我的评判："自己总结起来，我其实没有多大本事。我对自己这一行懂得多一点，其他方面像心脏的、胃肠的、肝脏的、风湿的、肾脏的，我根本不懂。"

在2003年非典疫情最严重的时期，很多医生、护士极为担心的是，如果出现病人大量死亡的情况，他们怎么办。钟南山告诉大家说：“假如出现了那样的情况，即使十个病人里面只活了一个，那么，你从救活这一个病人的经历当中也会学到很多东西。以后，你慢慢地就可以把救活一个变成两个、三个、四个……”

“我们见的第一个非典病人整个肺都白了，各种指征基本上显示没有希望了，但是我说不是这样的，我们还是要试的。当时，我试用了一下激素。没有想到，第二天，病人的状况就改善了。”他说，“我们做医生的，常常要把偶然性变成必然性。”

查完房，钟南山伸手一抓，薄薄的蓝色口罩带子轻轻崩断。把口罩从脸上取下来，然后，他直奔8楼的会议室。身后，他的学生、护士、护士长、主治医生、主任医师一溜烟儿地紧随其后。

所有的人，像他一样，落座前脱下身上的白大褂，将它简单折叠放在一边。这一连串的动作，没有半点儿拖拉。上楼时，70多岁的钟南山一步两个台阶。所有的人，虽然年轻，却都尾随其后，一溜儿小跑。

在会议室里，每一个病人的病理资料、诊断书等一应俱全，以幻灯片的形式来展现，到会的每一个人都可以自由发表个人看法。这里无等级、无尊卑、不排次序，人人都可以阐述，可以反驳，可以立论。

只求以最佳的办法，为病人解除病痛为目的。

钟南山叮嘱大家：凡来呼研所就医、住院的病人，都是辗转多处，患有疑难病症，病情严重。所以，要多几重思维，多留神。

才下“烽火台”，又上“演兵场”。

钟南山就是这样，在临床实际操作，回到后方又进行科研攻关。他以这样的操作体系，做到强带弱，老带新，多年来形成富有生机的链条，培养了一批又一批科研骨干力量。

呼研所的整体办公环境既简陋又局促，但是却有这样一间能容纳两三百人、用于病理分析的会议室，是最宽敞和最讲究的。大家坐下来看着面前的幻灯片，上面展示的是病人的各种片子和诊断结果，会议室里充满了浓浓的学术气氛。

钟南山在这里传授的是思维的方法：从一个个问题开始，富有逻辑性地进行发散思维。大家都站在学术的角度，把所有的聪明才智发挥出来。

实践医学是一边实践，一边研究，可以快速见成效。这样，对病人进行一段时间的实践治疗，通过总结、归纳、分析，能转化为一定的科研成果。

钟南山说："我们的研究是很频繁的，但你不能只搞研究，主要目的还是要回归到解决病人的问题，所以很紧张、很辛苦。但是，经过几年以后就不一样的，会很有长进。"

在这样的环境中，没有谁对谁错，只有事实。在这样的氛围里，针对某一个问题，他也会像个学生一样，不止一次地说，对这个问题，他不了解，他不懂，有时甚至说他没有听说过。他这样的说法，对于其他人，是一个心理暗示，是无形的鼓励，无论是谁，都不知不觉地卸下了自卑感。钟南山的学生有的最初很内向，一句话也不敢说，后来的发言却头头是道，简直判若两人。

钟南山培养人才是抓两头。

一是强调基本功。对于一些骨干，呼研所咬着牙都要挤出经费去培养。现在，这些骨干基本上都安排有一两年在国内、国外学习的机会，回来以后起到很好的作用。钟南山始终有一个理念，就是要学习先进的东西。

二是鼓励主动的思维。这一条很好地体现了钟南山的任人唯贤。

他说，他常这样想，英雄不问出处。有一些很年轻的医生，只要讲得有道理，他就会给予肯定。所以，年轻人和钟南山这样的尊长在一起，自然是感觉舒畅的。

人和人是很不相同的，各有特点。有的人缺乏信心，也有的人很自负。钟南山他从来对事不对人。对于个性十足、在别人看来根本无法接受的人，钟南山却有宽宏的肚量，接纳他哪怕是很尖锐的意见。钟南山说："只要说得对，我就会采纳；如果他说出来的不对，我也鼓励他。"

他特别注重对年轻人基本功的培养，比如表达能力的培养。

表达能力实际上就是一种思维能力。呼研所的研究生骨干讲课都讲得很好，钟南山觉得可能是受了他的影响。他们经常听他讲，就慢慢地模仿，所以进步很快。他经常鼓励他们思考，并告诉他们怎样表达才清晰。

他对基本功的看法是，所有的基本功里面，最重要的是语文。语文完全不在于个人的表达或者是描述有多么华丽，有多少优美的词语，而在于能不能准确地分析一个问题，层次是否鲜明、富有逻辑性。这个能力对所有行业的人，都是最根本的。如果一个人具备了这个能力，他什么都能干好。

基于此，钟南山常常有意识地给大家机会去表达。

对病人高度认真负责，对事业保持着炽热的追求，在科学的殿堂坚持创新，永不停步。钟南山不仅对学生是这样言传身教，也深深感染着周围的同事，潜移默化地熏陶出一个勇于奉献、敢于担当、蓬勃向上的团队。

2012年4月底，广州中医药大学的副校长王新华接到调令，赴广州医学院（现广州医科大学）任院长。广东省委组织部宣布调任命令的第二天，王新华一大早就赶往钟南山在广州医学院第一附属医院的办公室，他要满怀谦敬之意向这位德高望重的前辈请教，要聆听老院长对他工作的指导和建议。

接近5月的广州，天气已如北京的入伏般炎热。早晨阳光的金色光线，像一群跳着舞的孩子，在珠江水面微微的波纹上嬉戏、追逐。在钟南山门外稍事等待的王新华望着窗外，忐忑的心情舒展了一些。

王新华与钟南山曾有数面之交，感觉他与自己的距离近在咫尺，但仍难抚平即将面见这位长者的紧张心情：钟南山对他未来的工作思路到底会不会满意？是否会接受和认可一个中医药背景的人来担广医发展的大任……

门打开了，久未谋面的钟南山笑容满面出现他的面前，热情地招呼他，一边让座，一边递上一瓶水让他饮用。王新华满心的拘谨一下子放轻松了许多，他感觉钟南山对自己就像久别的老熟人、老朋友一样熟络。落座之后，王新华看着面前钟南山那紧实的体态、健谈的神采、敏捷的思维，根本无法与76岁的年龄相提并论。钟南山亲切的话语，温暖了自己，同时也是一种无形的鞭策：因为他作为比钟院士年轻的人，应该更有朝气啊。

钟南山神情专注地听完王新华对广医未来发展的工作思路汇报，然后就是一番语重心长。

“我至今感慨由衷：老师那一天对我像老相识、老朋友一样的热情，一是他本来就没有架子，最重要的是他对我的嘱托饱含着他对医学事业殷殷的期望，是他满心的期待啊。”王新华深深地感到钟南山虽然已离开广医领导岗位，但他对广医发展中的几件大事始终未能释怀，并视为己任：一是广州医学院更名为广州医科大学；二是医院呼吸中心在广州大坦沙的立项建设；三是对广州番禺新校区的建设。

“那一天他语重心长地嘱咐我，要加快推进这几件事情。”

如今，钟南山叮嘱王新华的这三件大事，都已经或正在变成现实。

“那一天，他还跟我说，请学校党委考虑，不再让他担任呼吸疾病国家重点实验室的主任，让年轻人来挑担子。这是我亲眼所见：让我仰慕的老领导、远见卓识的钟院士，把给年轻人当梯子当成最大的快乐。他满脸的恳切，像少年一样。”

“这一次面谈，对我的心灵是一番涤荡，是我一生行动的动力。钟院士，何时何地，作为您的学生，怎能不策马扬鞭，不断开拓进取啊。”

“把责任扛起来。”除此之外，王新华没有再作更多的表达。

激活中华医学会

钟南山上任中华医学会会长之后，大力宣扬民主和服务意识，改变了一贯以来中华医学会的“衙门”气息。因为当初是时任国务院副总理的吴仪动员他当这个会长的，所以，改变了中华医学会的工作作风后，钟南山也由此感慨：“总算对得起吴仪了。”

2005年4月13日下午，中华医学会第23届理事会第一次全体理事会议上，中华医学会呼吸病学分会主任委员钟南山院士，当选为中华医学会新任会长，吴明江当选为秘书长。同时，也产生了巴德年、王海燕、吴明江等14名副会长人选。

北京市东城区东四西大街42号，灰色传统坡顶的中华医学会办公楼，坐落在这繁华的市中心，它的西面毗邻华侨大厦。

这里的交通总是很顺畅，这对于几乎昼夜车流拥堵的北京城来说，的确有点儿例外。

钟南山走马上任的2005年，也是中华医学会成立90周年。当时，它的地位和影响，无论在官方还是在民间，都形同第二个卫生部。

已经是下午6时了，钟南山还在进行一个特殊的会议。这里是钟南山随时从广州飞临的中华医学会。会议结束了，他慢慢地、安静地走出会议室，走到院落里。仿佛一天的辛劳，随着这漫步在消减，夕阳静静地捧来橙红色的霞光。

钟南山是第一位以非政府官员身份担任中华医学会会长职务的学者。此前多年，中华医学会会长一直由各任卫生部部长兼任。

参与投票的儿科专家胡亚美院士说，中华医学会是学术团体，学者当选为会长，有助于学术交流和沟通。

钟南山上任后，对中华医学会的管理机制进行了彻底的改革。

他担任中华医学会会长期间，主要围绕四个字、两大主题，中华医学会的一切工作也都围绕这四个字、两个主题来做。一个是“民主”，另一个是“服务”。

钟南山针对的问题，是当时的中华医学会有点儿像“官衙门”，不像一个学术组织。他提出，中华医学会要体现民主和服务，不管是专科分会或者是总会的工作人员，都要如此。

原来，中华医学会的行政化风气比较浓。他觉得这样不行，第一一定要民主，第二个是服务。民主是什么？就是中华医学会的工作人员人人都平等发表个人意见，机会平等。服务是什么？就是明确中华医学会的工作人员都是为会员服务的。

钟南山曾处理了一件事。有一个专科分会的会长想连任，有的人却不想让他连任。结果，彼此争得很厉害。钟南山认为，在解决一个问题的时候，假如让大家充分发扬民主，都来发表意见，选出谁来就是谁，那就根本不需要指任。

对于选出来的领导，谁都认可、尊重，这就是发扬了民主。

自从他担任中华医学会会长，不少分科学会不再像以前那样，上一届常委指令让谁来做主任委员，大家一附和就算了。

现在情况改变了，大家可以各抒已见，而且可以毛遂自荐。很多通过竞聘被选拔的分会领导，是民主选举出来的，大家都认可。

钟南山领导中华医学会，进行了几个大的改革。第一个是所有分科学会的主任委员，原则上任期3年，3年以后卸任；还可以再领导下去，但是要先卸任。这是为了使年轻人能够有机会得到提拔。这是一个很重要的改革，得到大部分人的赞成。第二个，凡是用不正当的手段当选分会领导的，都要作处理。

一个分科学会曾发生了这种事，被钟南山给处置了。那一次，他们进行选举，会议给每一个与会的中华医学会会员，包括中华医学会的书记，都发了礼物——一本小书。

书记打开自己的礼物一看，里面多了一件东西——一个小信封；再打开小信封一看，是一张金额为9999元人民币的礼品券。这是一个素不相识的人悄悄塞给他的，是想走他的后门，达到当选的目的。书记当即把礼品券交给了钟南山。

钟南山对这种想要靠送礼达到当选目的的行为没有让步："我们不能批准。"像这样的事情，钟南山针锋相对，所以，不可避免地会出现交锋。

后来，那个人就动员了一些人到中华医学会来理论，并且写信质问，指责中华医学会，说它没有权力来干预他们。他们要告到媒体上去。

钟南山一听，说："好！我非常欢迎你到媒体上去告，我们一块儿去。"经过一番毫不让步的较量，钟南山表明了自己的态度："无论任何人，不管有什么样的背景，你为了当选而送礼，是绝对错误的，是行不通的！"

无论托什么样的人情，讲什么样的好话，甚至做多么大的交易，钟南山都绝不松动。自此，中华医学会彻底改变了形象，扭转了作风，起到了应有的作用。

钟南山沉吟着说，他的指导思想就是，谁要想当主任委员，就要通过民主选举；主任委员当的时间不能太长，大家轮流当。你做得好，将来你再当，都没有问题。现在，多数分科学会的气氛都很好了，只有少数的还有问题。他采取让大家自荐的办法，最后同意票数最多的当选。这样气氛好多了，大家也轻松多了。以前是什么情况呢？一个人说了算，下面的人有意见也不说了，所以有能力的人始终选不上来。

如果领导一个人说了算，工作人员只得服从，但是心里一定不服，不服就可能到下边乱讲，因为当面不敢讲。

有了民主，更要树立服务的形象。钟南山在担任中华医学会会长的几年之中，主要解决的就是这两个方面的问题。除此之外，在树立学术会议的品牌、提高学会的学术杂志规格上，他也下了相当的力气。

他说："我对得起吴仪的，最主要的是这些。当然，我也得罪了很多人。"

钟南山如数家珍般说着中华医学会繁多的工作，也说着自己内心的些许遗憾，因为他觉得现在的中华医学会，还没有达到吴仪当年的要求：将行政部门的规范性、技术性、自律性职能承担起来。

这是钟南山所力挺的，也是他几年如一日致力于改变的。

钟南山完全明了，中华医学会对地方分会机构网络的辐射，对医学、医疗界及相关一切产业和事业单位，具有相当大的吸引力。

"正因为有这个吸引力，不应将分会领导看成是权、钱的象征，而应是高学术水平及热心服务的代表。"他说。

某人被选为分会领导，就证明他的形象被医学权威机构认为是好的，说明他各方面的业务都好。正因如此，选举要很细心，要非常注意。钟南山说："我们抓得很紧，也就是要改变过去选举不民主的做法。"

钟南山觉得，中华医学会不能做第二个卫生部。在中华医学会担任职务，或者是担任学术团体的主委、常委，不能被看作是一种身份和权力的象征。

中华医学会是一个什么性质的机构？它是由中国医学科学技术工作者自愿组成并依法登记成立的学术性、公益性、非营利性社会组织，是党和政府联系医学科技工作者的桥梁与纽带，是发展中国医学科技和卫生事业的重要社会力量。

中华医学会成立于1915年，现有88个专科分会、67万名会员，编辑出版了183种医学、科普等各类期刊，每年主办、承办近200个国内国际医学学术会议。

中华医学会的主要业务范围包括：开展医学学术交流，编辑出版医学学术、科普等各类期刊、图书资料及电子音像制品，开展继续医学教育，开展与国际及港澳台地区的医学学术交流及合作，开展医学科技项目的评审和医学科技决策论证，评选和奖励优秀医学科技成果（包括学术论文和科普作品等），参与开展毕业后医学教育及专科医师的培训和考核，发现、推荐和培养优秀医学科技人才，宣传、奖励医德高尚、业务精良的医务人员，开展医疗事故技术鉴定工作，促进医学科研成果的转化和应用等。

其中有一条是最为关键的：向党和政府反映医学科技工作者的意见及要求。

钟南山上任后，使中华医学会的工作人员淡化了"官本位"的意识和工作作风。淡化到什么程度？比如，无论谁当主任委员，只服务3年，服务完3年以后，再民主选举。此外，这个人当过主任委员，并不等于水平就是最高的。过去形成的陋习，在悄然地发生变化，甚至趋向结束。

钟南山笑了笑，感慨着："相当不容易！"

中国的"官本位"思想根深蒂固，人们已经习惯于把某个职位当成了国家干部序列，比如某职位相当于处级、司局级或是部级。钟南山认为，应该把这种意识扭转过来。这是一个很重要的指导思想。

对于中华医学会会长这个职务，钟南山并没有伸手去要。他之所以担任这个职务，就是想变革，想踏踏实实为广大医务工作者做点儿事。他说，1983年，他刚从国外学成归来，组织上任命他当广州医学院院长，他拒绝了。他知道自己最需要的是什么，他要集中全部精力将学科建设搞上去。1992年，中共广州市委组织部又一次任命他为广州医学院院长，他婉言谢绝。可是组织上说，他是共产党员，必须服从。就这样，钟南山勉强走马上任。

说起中华医学会会长这个职务，钟南山回忆说："这次当中华医学会的会长，是吴仪找了我。"2004年7月举行第七次全国归侨侨眷代表大会时，吴仪出席了。

她把钟南山叫到后台去，问他是否能够当中华医学会会长。她说，以后不要总是卫生部的人来当中华医学会的会长。钟南山说，第一，自己年纪大了，第二，又不在北京，所以他还是不要当了。当时，吴仪没再说话。钟南山以为这事就过去了。

想不到过了一个月，时任卫生部部长高强直接出面，对钟南山说："你还是当吧。"他们为这事去了北京，到了上海，还到天津去征求医务人员的意见。结果，绝大多数人赞成钟南山来当非官方的中华医学会会长。

钟南山犹豫了很长时间，正好那个时候身体也不太好，他就先做了一个身体检查，看看有没有问题。钟南山本想，如果身体有问题，那就直接拒绝。结果他身体没什么问题，所以钟南山就这么当上了会长。

"这些事情大家都知道，这些职务都不是我去争的。既然要我当，我当了，就要当好。"

钟南山说，一直到现在为止，他觉得自己的主要兴趣和精力还是给人看病及搞研究。

如今，他很无奈，因为时间少，很难到第一线直接做研究了。即便是到第一线看病、抢救病人、会诊，他都嫌时间太少。

他觉得，80多岁了，这么多年，做来做去，说来说去，自己还干着老本行。别人把他看成什么，他都不在乎，因为他始终没有脱离医生为病人服务这个根本。说到这里，钟南山显得很欣慰。

说到底，这才是真实的钟南山。如果不让他做医生，让他离开病人，那真的是让他失去了根本，即使有再多的荣誉，也没有了快乐可言。

让世界相信中医

钟南山惋惜：老祖宗留下的中医精髓、浩如烟海的治疗经验，大多数离循证医学只差一步。

中医，为何偏偏突破不了这个瓶颈……

他的手触摸病人的肩、下颚、胳膊、脖子，捏病人手臂上的肌肉，捏腿和脚，看手指头，尤其是观舌象；还有最关键的——用听诊器听诊，无论在门诊还是查房。这每一个细节都是他对病人的病情做出诊断时不可或缺的，而这些诊断方法，让很多人联想到中医。

钟南山身为西医，堪称大医。而且，因为曾经非常用功地自学过，所以，他也了解中医。捏病人的肩和胳膊，是由于很多病人的得病时间已经很长，检查其皮下脂肪和肌肉的弹性，判断其是否营养不良，还是近一阶段才消瘦，他一摸就知道了。原来就瘦而现在不瘦，或者原来不瘦现在瘦，他完全能摸出来；因为皮下脂肪松弛，或者皮肤松弛，感觉完全不一样。这些与病情的发展有关。

他对病人的一系列触摸，都是在“触诊”。比如一些恶性病，是突然发病的，病人会在短时间内消瘦。

以前在西医门诊，有的医生给病人做叩诊。这种方法虽然早就过时了，但是为什么现在有的时候还在做呢？实际上，它有一些心理辅导的作用：给病人叩诊，检查一下，病人就感觉到医生真的在给自己检查。叩诊能够解决多大的问题？辅助诊断的作用的确是有的，而且时常为最终的诊断提供有力的参考。但是，要确诊病人患病的程度，其实用X光一检查，结果就出来了。所以，西医医生的触诊，实际上，除了能发现一些明显的病变外，更主要的是给病人一个心理上的安慰，至少从心理治疗的角度是有意义的。

这是钟南山对触诊的描述。

他说："为什么有的时候病人非要把我叫住，因为听一听，他的感觉就不一样了。他觉得你为他做检查，你在关心他。"

钟南山历来重视触诊。比如在检查病人的前胸时，要观察有没有蜘蛛痣。血管扩张以后，周围有一些毛细血管，医生把它们按一下就白了，一放开手，一条一条的血管就又显出来了。中间有一根扩张的血管就像蜘蛛的身体，周围有一些毛细血管，就像蜘蛛的脚。如果皮肤上面有很多蜘蛛痣的话，这个病人可能有肝脏的问题。

这些都是很普通、很简单的，但这些蛛丝马迹恰恰对辅助诊断起作用。

钟南山说到中国古人诊断病情的方法，古代没有X光片。他的触诊就融汇了中医的学问，是从中医得来的启示。

钟南山是中国的西医专家，但是他对病人进行诊断的言与行，会让人联想到中医的方法，比如望、闻、问、切。

中医的大德，在他的身上也同样体现，他说："为什么我有时不戴口罩呢？我只要能够不戴就不戴。我觉得，这样可以拉近我和病人的距离，没有交流的障碍。戴着口罩是不一样的。"

钟南山让病人张嘴"啊"的时候，他会下意识地先做一个示范动作。

中医观舌象，他也观舌象，看舌头的颜色和舌苔，看消化系统有没有问题、是不是有一点缺氧。他认为，现在的医生好像太过于依赖器械检查，这是不行的，至少和病人的沟通，被削弱了很多。

为什么上了岁数的老年人，除了病情突发，平时对慢性病的治疗，大多喜欢看中医？因为他们实在是怀疑甚至怨恨西医诊断的那一套，都是靠片子和化验单说话，仿佛一旦没有这些，医生就不会看病了。

钟南山说，这种做法就失去了医生的主导作用。

对于中药，他一向是很爱护的，而且非常重视那些被普遍认可的、有疗效的中药。媒体在那里争来争去，这个说中药对H1N1有效，那个说中药药性太凉，得慎重。钟南山认为，这种争论是空穴来风。“一天，有人问起我，中药对H1N1有没有作用？我说还不清楚。中医治疗针对一般的发热、减轻症状是可以的，但是具体针对H1N1，是不是能够肯定地说有效，我不能这样说，因为我还没有看到证据。”

从H1N1出现开始，从中央到地方，对中医、中药开始给予空前的关注，全国各地纷纷推出自己预防H1N1甚至称对H1N1有疗效的中药药方。这的确是一个令中医兴旺的好时机。

钟南山的神态显得有些激动。他也希望中医这个几千年的国粹，能发出一个令世界信服的声音。

窗外，5月的广州，阴郁的云烦躁不安。闪电，如长空中的一条飞龙。大雨倾盆而下。

钟南山有几分无奈。中医，什么实验室的数据都没有。所以，外国人笑话中医。钟南山说：“有人对我非常反感，实际上，我是非常支持中医的。但是这几十年，中医一直在走老路，那是不行的。”

他认为，中医作为经验医学的积累，必须走循证医学的道路，在临床上真正使人信服它的疗效，再深入探讨机制。对中医的研究，可以从不同角度来深入。

“对此，一些老中医不同意。如果再进一步说的话，就有人说你在政治上反对中医。这是一个悲哀。”钟南山这样说。

他是爱中医的。一些熟悉他的人，也是这样认为。

近年来，钟南山在多种场合都曾经呼吁，要真正地做好中医药。中医有很多好的治疗方法，而且简单、方便、廉价，符合中国基层实际就医需求。中医的很多哲学思想，都适合现代的医学，比如整体观点（从改善全身状况入手治疗疾病）、治未病观点（预防为主）、个体化观点（辨证施治）等。

中医对于肿瘤的治疗战略，特别是当前被世界医学界所关注的带瘤生存的理论，与中医的整体观点不无相关之处。对于肿瘤的治疗，中医的理论是如何扶正，最后是人怎么样与肿瘤和平共处。钟南山对这一理论非常赞赏：扶正之后，即使肿瘤还在，也不要紧，它不会继续威胁病人。他说，这种与瘤共存的医学思想，是中医研发出来的。现在，世界上提出一个无进展存活期的新概念，与我们中医的思想不谋而合。这实际上是中医的一个理论——与癌共存。共存的意思，“就是你别去拼命地攻击肿瘤。你要提高人体自身的抵抗力和免疫力，使之能够和肿瘤抗衡。这是当前国际医疗界一个非常重要的新理念”。他强调说，“这实际上和我们的中医有关系”。

过去没有那么多的观察和解剖，而是根据病人全身的反应，改善全身的反应，调整全身的反应。调节阴阳，扶正固本，抵抗那些外来的疾病，这是中医的一个理念。

在钟南山的工作中，无论是医疗还是教学，他都时常把中、西医做一些比较，特别是遇到具体问题的时候。比较之下，他鲜明地看出西医的问题和中医的优势。

他说，西医太专，稍微“歪”一点儿的病就不会看了。特别是专科，片面性极大，头痛医头，脚痛医脚。比如说，一个病人看了十几家医院，专科医生搞了半天只说是咳嗽，却说不出为什么咳嗽，老是做气管、肺的检查，最后才发现这个病人是心脏有问题。每次出现心律不齐，病人就咳嗽，专科医生只看一个器官，因为不能综合分析病人的病情，所以常常判断错误。

中医如何走出经验医学的瓶颈？这是钟南山最为关注的问题。

现在提倡转化医学。在国际上，转化医学的意思是将基础研究的理论及技术尽快地推向临床和防治的实践。

每逢出席国际医学会议，有力挺中医的机会，钟南山都是想方设法去做。2009年5月，他在华盛顿召开的一次流感防治学术会议上，谈到转化医学的概念时，阐明了自己的观点。他认为，除了促进基础研究向临床转化之外，中国还有另外一个方向，就是将有几千年悠久历史的中医传统的经验医学，转化为循证医学。

这意味着将中医对病人治疗有效的个案，经过现代循证医学的研究模式，转化为对患有该疾病的群体都有效的、具有共性的方案。

钟南山感慨道："说实在的，为了准备这次在华盛顿召开的有关流感防治的学术会议，我已经把1982年到2009年关于中医的相关资料及所有文献，都找遍了，真没有找到一篇像样的论文。只有两篇勉强合格，但太粗糙。现在，很多药像穿心莲、板蓝根，在民间都用得很多，但是证明效果的数据在哪里？对此，我们是不能回避的。穿心莲、板蓝根这些药还是销得最火的。"

他由于找不到像样的论文，又急于到华盛顿开会，所以就专门请教了中医的一些专家。答复是，像他所说的那样的文章，从来没有哪一个人写过。

被手机、座机轮番"轰炸"，他没去理会。不断有秘书为各种急事来轻轻地敲门，但是他仍然继续他的话题："比如，对于被确诊为流感的病人，我们将他们随机分成两组，一组吃我们的实验药物，而另外一组吃安慰剂。实验过程应是双盲的，即医生和病人都不知道哪一组是实验药物、哪一组是安慰剂，再对比两组的疗效差别。可惜……”他接着说，“连这样一篇能作为证据的报告都没有。”

必须有数据和证据。中药如果有效，证据在哪里？有些中药，我们吃了几千年，不用担心它们的副作用。所以，我们用不着从动物实验做起，老祖宗已经有经验了，经验就可以变成循证医学。

健康压力

长年繁重的工作，需要钟南山有着过人的体能。当体质下降，他为工作效率不高而焦灼；健康状况一旦良好，他又会没日没夜地工作。这到底如何是好？

日复一日，年复一年，钟南山时常无奈于过多的学术会、报告会。他自嘲说："好像我是专门开会的。"但是，那些重要的会议又都必须由他出面不可。"我实在是想静下心来，搞自己的医学研究。"他用诚恳的态度加重着语气说，"其实，只要有多一点的时间，搞自己的研究，我就一定能出一些成果的。"

他不但被各种会议安排着，而且被各种公务逼迫着、追寻着。"身不由己"这四个字，可以说基本上概括了他全部的生活。

2008年年底，钟南山要去希腊参加一个学术会议。他无奈地说，他一算，时间来不及。在希腊要作两个报告，这还不算太难。但是回来后，他还要参加中科院广州生物医药与健康研究院的会议，需要准备演讲稿。这样的会议太多，给他的压力太大了。

发言要写稿子，最重要的是要做幻灯片，而且要做很多。幻灯片是要有图像的，不可能全都用文字，所以做幻灯片要花很多时间。要说明一个问题，字越少越好，图越多越好，言简意赅、形象直观、一目了然最好。作一个报告，钟南山起码要花一个礼拜来构思、准备，

“不能糊弄人啊”！他说，真怕别人一再给他加码，让他忙得喘不过气来。

他刚坐下来安静安静，马上就有其他的事来了，这些事又是急的。一个时间同时有几件事，每一处都说他不能缺席。

拒绝是要有勇气的。人家热情地找上门来，言之凿凿地说：这个事非钟南山去不可，否则，方方面面不好交代。所以，他就像陀螺一样，被各种“鞭子”不断抽打，不停地旋转、旋转……

接受笔者采访的前两天，钟南山交代助理赶紧按照他的设计，帮他准备幻灯片的内容，他才得以忙里偷闲喘一口气。

钟南山轻轻一笑：“再这样，血压就要上去了。”他的笑容生动，透出一股勃勃生机：“现在有几分钟，可以说说与工作无关的话题。能这样休息一下，对于我算是最大的享受了。”

他让自己迅速安静下来，那专注的神态，显示着他一贯举重若轻的特质。

钟南山说，非典的时候就很注意这样做。首先，他很讲道理，和广东省卫生厅官员讲道理，他们能够听进去。另外，对于当时的卫生部，他觉得自己是站在第一线，在抢救病人，他的心思都在抢救人的生命上，所以“他们说我如何如何，我不去考虑”。

无论任何场合、任何处境，他的思维、语境永远不会离开他是一名医生。

他尊重事实，非但没有拘定事实去赴难，反而用超凡的勇气和作为，把事实的出路，化为理想的结果。

他既不求官，也不求财，只是希望把一个未知数搞清楚，把病人救过来。他知道，尽管非典时他觉得自己是有道理的，但是还得想办法去说服各个方面。

钟南山说，他绝不会对抗某一个人或是社会。要想济世，就得适应社会。

先融入社会，然后用自己的行为去影响别人。这是钟南山的人生哲学，更是他的奋斗经验。他说，融入了社会之后，他做人的道德底线，是不会采取不正当的手段去爬高，更不会溜须拍马，或是行贿送礼。他认为，在人们之所以信赖他、认可他的原因中，这是很关键的一条。

被不期而遇的大会小会所钳制的他，总是能够从无奈、被动地接受开始，以和谐的学术氛围、赢得满堂的喝彩而结束。

钟南山天南海北地飞，到处都有朋友急切地想见到他。他从来不需要“飘飘何所似，天地一沙鸥”的闲适和洒脱。他是一位有情调的、浪漫的先生，然而，他最开心的，还是能抓紧时间在学术上取得一点突破。

任何的悠闲自在，对于他来说，都不如深入临床研究，解决疑难病症，让更多的病人摆脱痛苦。

最了解钟南山健康状况，经常陪他出差、护理他的陆东晓医生，曾经忧心忡忡地说过多次：“说实在的，我们希望他健康，什么病都没有；因为一生病，工作效率下降，他就会特别着急，容易发脾气。可是，他很健康了，我们又担心他真的被累病。”

从2005年开始，钟南山的心脏曾多次出现房颤，2007年年初又出现了。

不堪重负的心脏，连续几个月，不停地向他抗议，就像要武装暴动。

心脏这样不安地跳动，会不会突然就不跳了？“对于死，我早就看开了。”钟南山的手向旁边一摆，臂膀上那让他自信的肌肉随之微微隆起。

“我现在不打篮球了，只游泳、跑跑步机，拉力锻炼还在做，也比以前少一些了。”此时是在2007年6月。再有几个月，他就是71岁的人了。如此的高龄不打球了，这还是问题吗？

他感觉自己一直非常疲劳，就是因为工作太多了，有的时候连报纸都没有时间看。钟南山说起自己的健康，话题总是不能绕开工作上那些过去的事。

2008年开全国“两会”的时候，他的身体状况最差，从北京回来以后更差，也更瘦了。他自己都有点儿害怕，两个月，体重减轻了6公斤，肋骨都出来了。

那一次，钟南山以为自己一定是得了恶性病。因为常有吞咽困难的感觉，他认为可能是患了食道癌。所以，他对医生说，只管给他做处理。他是很理性的，在疾病面前，不会有侥幸的心理。既来之，则安之，该是什么就是什么吧。因而，他能平静地、泰然地面对各种身体检查。

他做了一个胃镜检查，一看，食道上有一条很大的疤痕。这是医生在2007年帮钟南山消除房颤，进行射频消融时在食道上留下的。所以甲状腺肿大之后，他的吞咽出现了一点问题，他就觉得食道出问题了。

还好，原来不是癌症，而是患了甲状腺炎。

在钟南山做心脏除颤手术那一年，许多著名的心脏科大夫没有一个同意他做。当时心脏除颤术的技术在中国把握不大，国际上也才有60%的成功率。他听了国内几个专家，特别是大连医科大学附属第一医院杨延宗院长的详细分析，觉得有道理；之后，请了从德国留学回来的专家欧阳非凡，给他做这个手术。术前，钟南山非常平静地写了一份遗嘱，写完以后，还认真地修改过。

2007年4月29日早晨8时30分，医生开始为他做手术前的准备工作。

年近71岁的钟南山谈笑风生，和医生聊着家常，他用这个办法为医生做心理减压。中午11时，他的手术成功了。大家静静地在观察室对他进行护理。

那天窗外的细雨，从前半夜开始一直下，直到接近中午才停。钟南山从麻醉状态中醒过来时，窗外已是灿烂的春阳。

“我很好，活过来了，只是浑身还插着管子。”这是术后第二天一早，他在电话里的声音令人惊喜不已。

钟南山在如此的年龄还冒险做心脏除颤手术，目的是为了工作。他对医生说，不做这个手术，老是影响他的工作效率，“我哪有时间慢慢去保养”！

他说，他的年龄和身体的功能不相称。其实，他的身体功能很好。然而，铁打的体质，抵不过积劳成疾。

体质一直很好的人，往往在心理上接受不了突然得病的事实。一直体弱多病的人，平时都会比身体好的人加倍保护自己，因为早就接受了自己是病人这样一个事实。但是身体非常好的人，得病以后受到的心理打击是非常大的，这个心理打击有的时候让人承受不了。在这种心情下，病情也恶化得非常快。

所以，中医讲究身心医学，这是不能忽视的。钟南山以他的一个好朋友为例，这位好友是一位口腔科的主任，通过气管镜检查，发现他有肿瘤。没有想到，跟这位主任讲了事实以后，他的精神完全崩溃，在病房里整天躺在床上，看着天花板一动不动，手术三个星期之后就死了。

钟南山说，他自己也有体会。2004年，他得了心肌梗死，当时没觉得什么，安了支架，第三天就去沈阳开会。他就没当回事儿：“得了个小的梗死，请什么假呀！”后来，就得了房颤。结果，他的情绪非常低落。他一下子反省了自己，原来以为自己是铁打的，什么事都没有，不在乎，突然间出了这个变化，搞得他情绪一下子低落了。

好的体质接受不了突然间得病的变故。如果总是生病，就会有心理准备。为什么人家说，有些人有一点儿肺结核或什么病，倒能活到九十几？因为他们知道这个碗有裂痕了，吃饭的时候就小心地拿着；相反，很多的好碗突然摔了，就没有了。钟南山打的这个比喻，是多么的恰当啊！

所以有一点儿病，不一定就是坏事，对于人来说是很好的提醒。这应该是钟南山的经验之谈呀。

尽管日理万机、疲于奔命，但具有运动健将体质的钟南山看上去还是比实际年龄小很多。

他在香港入海关时，遇到排长队。有一个窗口是接待65岁以上老年人的，排队的人少，他就去了。海关人员对他说："你去其他窗口吧。"他过去了，然后一想不对，又回来了。他问：

"不是65岁以上的可以从这边过吗？"那个海关人员把钟南山端详了一阵，才说："好吧，过去吧。"时常会有海关人员看他半天——1936年出生的人，看样子一点也不像啊。出关时是这样，入关时也是这样。而行色匆匆的他，只想快一点儿出入。

海关人员因为钟南山显得年轻而怀疑他的年龄这样的事让他愉快，能够精力旺盛地为更多的病人看病，更是让他开心。但是现在，广州呼吸疾病研究所出于对他的爱护，就把门诊量给他减到很少，一周里一个下午看十来个病人。以前不是这样的。

2003年以前，钟南山都是从中午1点看诊到晚上9点，足足看8个小时，很多在他身边学习的研究生都受不了。1981年，他由英国回来，从1982年开始，一直到2002年，都是这样给病人看病，没有停过。

钟南山说："只要我在，一般要看50个号。"50个号，看8个小时。也就是说，平均每一个病人看病的时间接近10分钟。这个时间，比很多大医院的医生只给一个病人三五分钟问病、开药的时间要长

◣ 把运动变成习惯

◣ 健硕肌肉让很多人自叹不如

得多。

他一般是中午1点就开始看病。不到中午1点，病人就等在那儿了。一直看到晚上9点，护士跟着钟南山也累得够呛。那时，他们都有夜宵吃，都是超时餐。一到晚上7点多，超时餐就送来了。除了超时餐，钟南山一般会喝一瓶牛奶，然后继续工作。

那个时候是这样安排门诊的，钟南山为什么后来就下决心改了？一个原因是钟南山觉得力量没有用在刀刃上，有一些病情实际上很普通的病人，也找他看，真的没有必要。他想找一些疑难症看，去诊断真正的问题。另外，他自己后来也慢慢地冷静了，因为事务太多，年龄也不饶人了。

现在，钟南山开始注意自己的身体，常常是下午2点半到门诊，一般来说看到晚上6点半。

钟南山又谈到，因为预约他的专家号的时间太长了，有一些病人不是痊愈了就是已经病逝了。钟南山把这归咎为他的问题。

对于一些话，他会记得很牢。特别是对于提醒他关注身体健康的话，无论是否全部对他的心思，他都会认真听取，态度特别端正。

“你刚才说的，我休息得好才显得年轻，休息得不好就老态龙钟，不会吧？”他何尝不想好好地多休息一会儿。百分之六七十的时间不由得他自己支配，什么事都是急的，都是说他必须得去，不管是学术上的，或礼仪上的。他们不明白，他为什么不去，难啊！

休息得不好，会显老——钟南山是唯美的人，他记住了这样的话，然而，他如何做得到？

学术成果蜚声国际

在国际上，因为钟南山在非典时期对国际社会的贡献，很多同行尊称他为“中国英雄”。

联合国世界卫生组织负责制定《全球哮喘防治指南》的主席，多次在不同的场合热情地介绍钟南山：“这位先生在哮喘研究方面做得很有成就，他最大的贡献是在对非典的控制方面。”

“我早就看过你的文章。”

“我早就听说过你。”

这些亲切的夸赞，常让钟南山十分感动。在香港，钟南山更是备受拥戴。

2009年6月的罗马之行，钟南山是去参加由40多个国家代表共同参与的世界慢性阻塞性肺病学术会议。会上，钟南山作了三个发言，分别介绍的是慢性阻塞性肺病在中国的预防、控制与治疗。

他阐述了中国的理念，即早期干预。他用大量的事实、数据，通过丰富的幻灯片，充分地说明中国的这一理念是最先进的，是走在世界最前端的。

他举例说，对于慢性阻塞性肺病的态度，我们不应等到病人出现活动后呼吸困难，或坐在那里喘不过气的时候再治疗，而是应该进行早期干预。当病人体检时发现肺功能递减速度比正常人快的时候，即使没有症状，也应开始干预病情。就像对于高血压，我们不是等病人出现中风时才去提醒他治疗，而是在体检时发现血压高，就要开始治疗；再如对于冠心病，不是等病人出现心肌梗死才治疗，而是很早就有干预的措施，在出现血脂高的时候就开始治疗；对糖尿病就更是如此，中国医疗机构对病人血糖的监测是随时的，根本不会等到“三多一少”、酮症酸中毒了才开始治疗。

面对来自世界各地的医学专家，钟南山自豪地说：“这样的做法是现代医学的体现。”

对于慢性阻塞性肺病（下称“慢阻肺”），钟南山介绍道，中国在社区水平的早期干预和治疗的系统工程，已经进行了5年。事实证明，病人肺功能的递减率真的能够被逆转，慢阻肺病人有可能获得治愈。早防、早治、撒网到社区医疗，对这一病症的监控非常有效。

据世界卫生组织估计，全球2.1亿人患有轻度至重度的慢阻肺。2005年，有300多万人死于慢阻肺，占全球所有死亡人数的5%；近90%的慢阻肺死亡病例发生在中低收入国家。慢阻肺曾经更常见于男性，但由于高收入国家中的妇女越来越多地使用烟草以及低收入国家中人们接触室内空气污染的风险更高（例如用于烹饪和取暖的燃料），该病现在对男性和女性的影响几乎相等。

除非采取紧急行动减少高危因素，尤其是烟草的使用，否则，慢阻肺总死亡人数预计在今后10年内将增长30%以上。

在2005年，使用烟草造成的死亡人数达540万。到2030年，与烟草相关的死亡预计将增至每年830万例。

慢阻肺到晚期，基本上治疗无效，就像高血压到了晚期一样。慢阻肺为什么现在病死率如此之高？就是因为很多病人到了晚期，实在难以承受病痛才去治疗。早期的时候，症状还不是很明显，难以引起注意。有些病人即使发现了自己的病情，也没有给予足够的重视。一旦肺功能开始下降，再不治疗就势必导致严重后果。所以，对慢阻肺早防、早治，是对病人健康最好的保护。

钟南山非常鲜明地提出自己的看法：每个国家的医疗机构都应该建立对慢阻肺早期干预的系统。他的这个看法一提出，立刻得到很多国家代表的赞赏。

当钟南山发言完毕，一位英国专家站出来说：“我想请问全场，除了中国，有没有哪一个国家对慢阻肺进行早期治疗？”

没有一个人举手。

在发言中，钟南山提出了两个观点。第一个是关于早防早治这一现代医学观念。他尖锐地指出：目前国际上涉及慢阻肺治疗的所有指南，都是比较晚期的。

第二个观点尤为鲜明。他提出：发展中国家，必须自己发展有效、安全、简便又便宜的药物和治疗手段，让大多数老百姓能够用得上、用得好、用得起。

钟南山话音刚落，会场上立刻响起了掌声。来自印度、孟加拉国、吉尔吉斯斯坦等国家的专家，激动得从座位上站起来，大声地表示赞同。他们纷纷说：“我们国家也有很多民众很穷，没有钱用那些进口的高价药，普通病人一个月要花掉很多的药钱。研发我们自己的廉价药，一个月下来，可以帮病人省很多。”

骄傲的羧甲司坦

钟南山在《柳叶刀》上发表的两篇论文，都引起了国际上很大的反响。一篇是2003年7月投稿的《在广东出现的非典型病原体》，钟南山以及他的合作伙伴这篇6000余字的论文，根据他们掌握的疫情发展脉络和有效控制的过程，明确地证实：非典确实源于中国。

这篇注定要载入人类医学史册的经典论文，毫无疑问地成为人类战胜非典的宝贵文献。它凝结了钟南山与他的战友宝贵的心血，也从一个侧面记录了中国人民战胜非典的壮烈史实。

另外一篇发表在《柳叶刀》上的论文，被钟南山视为“真正有创造性的第一篇”——《关于羧甲司坦治疗慢性阻塞性肺病的课题研究》。这篇论文同样6000字左右，是关于将治疗慢阻肺病人的祛痰药羧甲司坦，用于预防慢阻肺急性发作的研究。

《柳叶刀》是国际上临床医学方面的权威杂志之一，它每年向全球学者推荐本年度最有影响的研究和试验项目论文。《柳叶刀》在2009年1月24日公布了3篇2008年度最优秀论文，除中国的1篇以外，另外两篇分别来自德国和孟加拉国。中国的这篇得票数是最高的。这篇论文由钟南山领衔，汇集了13个城市、22家医疗单位的科研团队，介绍了一种常用的廉价国产祛痰药物——羧甲司坦，这种药可使慢阻肺的急性发作率减少24.5%，还能使这一疾病的常规治疗费用减少85%。

2009年全国“两会”期间，全国政协医药卫生界小组讨论会在北京吉林大厦召开。3月7日，医卫组的联组会召开。会议即将结束时，坐在主席台正中的时任卫生部部长陈竺作了总结性发言：“最近，我收到世界最具医学权威性的刊物——英国《柳叶刀》主编寄来的一封信。这位主编在信中说，2008年《柳叶刀》评出的最佳奖，给了中国人，他是中国的钟南山院士和他的协作组。他们的这篇论文写的是采用常用的廉价国产祛痰药物羧甲司坦，老药新用，可以显著减少慢性阻塞性肺炎的急性发作，为普通的中国患者大大减轻了医疗费用的负担。”陈竺赞许地说：“我认为，我们的医务工作者无论做人、做学问，都应该像钟院士这样，为人民的利益着想。”

2009年1月底，网友的一个帖子在博客上迅速地传开：“最近，钟南山教授及其同事们发现，羧甲司坦长期口服，对慢阻肺疗效显著，能改善部分肺功能，价格便宜啊。”

中国每年死于慢阻肺的患者约有128万人，每年死于心血管疾病的约有100万人。然而，对慢阻肺的重视程度要远远低于心血管疾病。报道公布的数据是如此惊人：陌生的“三号杀手”慢阻肺的发病率在10年间增加了3倍。不仅如此，有足够的数据显示：慢阻肺患者近年已逐渐年轻化。

羧甲司坦能使病人支气管的黏液分泌减少，从而使痰的黏稠度下降而易于咳出。它能被有效用于慢性支气管炎，支气管哮喘等引起的痰液黏稠、咳痰困难、肺通气功能不全等疾病，而且羧甲司坦的副作用也很小。

钟南山及其同事们发表在《柳叶刀》上的这篇论文阐明，羧甲司坦有更重要的作用——预防慢阻肺急性发作。羧甲司坦具有价格低廉、疗效良好的特点，更加适合中国国情，应该在全国推而广之。媒体对钟南山和羧甲司坦以及廉价药问题一阵热追，然而社会反响的热度并不尽如人意。之所以如此，更深层的原因是，一大批廉价的老药，面临销声匿迹。药厂要么生产利润微薄的廉价药而破产倒闭，要么对廉价的老药改头换面。尽管全国有如此之多的慢阻肺患者需要像羧甲司坦这样疗效好又非常廉价的药，来减轻他们长年累月的医药费用的负担。同样的问题，在第三世界国家，也同样存在。

2009年6月，钟南山在罗马召开的世界慢性阻塞性肺病学术会议上，作了关于中国对慢性阻塞性肺病的防治策略的发言。待他发言以后，里昂纳教授专门为钟南山发表在《柳叶刀》上的那篇关于羧甲司坦的论文发言，介绍自己作为钟南山这篇投稿的审阅者的看法。

这位教授称，这篇论文除了有意义之外，最大的特点是“设计严格”。他说：“我们对论文进行了认真审核。”他还对全场与会的各国专家说：“你们应该学习这样的设计，它是个非常好的典范。它由中国22家医院配合完成，观察细致。”

钟南山说，他和协作组做了很多动物实验，这是一个关于抗氧化剂的实验。慢性阻塞性肺病，主要是抽烟或者烟雾所致。为什么抽烟会引起慢性阻塞性肺病呢？主要是因为抽烟会产生一些过氧化物，这些东西破坏了肺泡，刺激细胞释放自由基。能不能用抗氧化剂来治疗或者是预防慢阻肺呢？

下午的光线，那种饱满和温润的感觉，很适合衬托钟南山。他沉静却匆促的语速，流动在一分一秒的时光里。他说，关于这一点，一直是有争论的；因为在国外，曾使用祛痰剂对患慢阻肺的动物进行抗氧化实验，其结果是肯定的，但用到临床试验上，结果十分混乱，无法下结论。

钟南山说，于是他和他的协作组换了一种叫羧甲司坦的药，这个药在中国临床用得较多，多年来都被证明是效果良好的。所以，钟南

▶ 在“中国健康知识传播激励计划”的启动仪式上发表防治慢阻肺的经验和方法

山和他的协作组用羧甲司坦做了这样一个大样本的双盲临床观察。

他讲述了整个临床观察的实验过程，“是严格的双盲——有两个对照组的病人。医生给这两个对照组的病人用药，一组用的药是羧甲司坦，而另一组则是用与药物外形一样的安慰剂。研究人员知道谁服用了羧甲司坦，但是医生和病人都不知道”。

2007年，钟南山和课题组全体人员，经历了惊心动魄的最后时刻！

700位病人、22家医院，历时1年，投资400多万元。如此浩大的工程，其实验报告的结论计划在亚洲太平洋地区呼吸学会会议上公布。可是，时间在一天一天过去，由于未能开盲，谁也不知道任何结果！

12天过去了……大家静静地等待。紧张！空前的紧张！

如果此次实验证明无效，那么，他们就要告诉世界一个真实的结果：羧甲司坦对于治疗慢阻肺无效。这是一个毫无主观性的实验设计，它的命题永远以真实为灵魂。

结果终于出来了！与用安慰剂的一组相比，用羧甲司坦的一组慢阻肺的急性发病率减少24.5%！与国际上推荐的一些吸皮质激素药，联合长效受体支气管扩张剂相比，羧甲司坦不仅价格低廉，而且和国际上推荐使用的药物的疗效相似！

最关键的是使用羧甲司坦的病人的慢阻肺症状发作少了，生活质量提高了！

这样的结果令课题组欢天喜地。钟南山的心里是快慰的，准确地说，是感觉到幸福的。

此项实验结果，首先获得了“亚洲太平洋奖”，2008年又被欧洲呼吸学会年会用“大字报”形式展出，由郑劲平教授向会议代表讲解，之后又被评为欧洲呼吸学会年会最佳“大字报”。

所有被欧洲呼吸学会年会准许参会的论文，都被用大字报高高地贴到墙上，非常惹人注目。“有很多很多，”钟南山说，“整个会议大厅贴了几百张。”

钟南山和课题组的这篇论文发表以后，在英国《柳叶刀》杂志举行的新闻发布会上，有两位顶级的专家出席，其中一位专家给了论文很高的评价。他说：“这是一个非常典型的老药新用，对发展中国家非常有用。”

2009年1月，钟南山又接到通知：《柳叶刀》杂志编辑部组织了几十位专家来评选世界上的优秀学术论文，不仅有《柳叶刀》杂志发表的，还有在新英格兰及其他地区发表的。《柳叶刀》杂志编辑部选出了6篇2008年度最好的论文，然后把这6篇论文公布，让全世界读者投票选举哪一篇是最好的。

一共有2.5万多人投票！

“我们的得票数最高，我们是第一。”这是一个真实、公正的投票结果！这样的结果，当然令钟南山和课题组全体人员惊喜不已！

这是中国的论文首次在有百年历史的医学权威杂志《柳叶刀》上被评选为第一名。

面对科学，《柳叶刀》杂志的此番评选，如此地客观、公正，也令钟南山肃然起敬。

钟南山此番获奖，自然赢得了世界同行的刮目相看。无论是来到中国的外国专家，还是在世界上其他地方的呼吸领域的专家都对他表示尊重。《柳叶刀》杂志邀请钟南山做该杂志的评论员，他感到这是对中国学者的极大尊重。

动力之源：病人的需要

一辈子经历了那么多，修行已经到了，钟南山早已看淡了一切。唯一不能看淡的，是病人的期待、病人的需要。这些才是他医学研究之根，是动力和源泉，被他视为生存的价值和意义。

他对时任中共广东省委书记的张德江说，我没有别的要求，只希望把医院的面积扩大一些。

钟南山说，他有一个指导思想，就是作为大医院来说，什么时候那里的病人越来越少，医改就成功了。

2009年5月5日第十一个世界哮喘日那天，钟南山和呼研所的其他专家不是给病人义诊，而是给社区医生讲课。这些社区医生都很认真地听他们讲课，懂得了很多道理，有一些东西对于钟南山他们医院来说是很普通的道理，但是很多社区医生并不知道，听课以后才知道应该是怎样的。

钟南山这样说，把这些知识传授给社区医生，让他们去医治病人，比我一个人去给病人治病的力量强十倍。

每年，他参加两次义诊。一次在5月份，一次在10月份。

义诊时，钟南山一定到场。那样的场面，永远让钟南山心潮澎湃、由衷感慨：保安站成一排在现场维持秩序，过道、庭院里，水泄不通，挤满了病人。

2004—2005年的时候，义诊当天的一大早，门诊大楼的外头就坐了400多人，诊室里也坐了几百人。后来一看，光是排队的就将近800人。钟南山非常感动，因为这时他的动力常常不是来自自己，而是来自病人。当医生设身处地地为病人着想，这种责任感，就不单纯是治病。病人的盼望给了钟南山很大的动力，同时，也给了他追求学术的动力。面对特殊的病情，他会想，这个病真的很奇怪，太值得探究了，很希望把它搞清楚。解决了这个问题，他就会觉得很开心，因为又增长了知识。所以，这两个方面带给钟南山无穷无尽的动力。

义诊很累，但钟南山为能够多看几个病人感到慰藉。

他总是让身体感觉不舒服的病人首先要打开心结、要开心。而他的开心和快乐，来自对病人的治疗，来自让病人得到康复。

病人通过他的诊断和进行有针对性的治疗后，解决了问题，钟南山就会非常开心。他从这里得到的动力对于他非常重要，这就是为什么他无论多忙都要来出诊，总是尽可能抽出时间去查房的原因。他觉得可以从病人那里得到动力，这个动力，不查房、不看病人是得不到的。有一些人说，他没有必要嘛，北京那么多会诊，省市领导那么多会诊，已经够了嘛。但是钟南山总觉得，和普通病人接触，能够不断地得到动力，才会始终非常关注病人。病人好转以后，解决了问题，病人全家得到了安慰，这对他来说就是最幸福的事情。“这就是为什么医生得到尊重啊！”他说。

另外一个动力是学术上的。当解决了一个未知的疾病，钟南山就觉得很开心。说起这个问题，他总是强调：“对于实习医生，你教他什么呢？我觉得最主要的，是带他树立对于病人的责任感。”一个医生不可能万能，但是有责任感最重要。

钟南山说，“文化大革命”对于他的影响，实际上不能说完全是负面的，还有正面的影响，让他懂得了世事的酸甜苦辣。

“哈！所以，我这一辈子经历那么多了，现在修行已经到了。”

为什么非典时期压力那么大，他仍然能够集中力量，千方百计地考虑怎样治好病人？因为他想，哪个领导也不会因为他在拼命救人而批评他。钟南山认为，他这么拼命地干，领导批评他干什么呢？“你批评我，那好，你来干，是不是？”

当他不再是广州医学院院长，而仅以一个专家的身份面对非典疫情的时候，他的大义和果敢，足以让他自豪。

因为在那个时候，钟南山刚从广州医学院院长的岗位上退下来。他说，抗击非典这一仗把所有的考验都给了他。非典就像在人们前进的路上布了地雷，而他们正好是排雷班。“我们不上，谁上？”这个任务义不容辞，况且，如果这一仗打赢的话，广州呼吸疾病研究所的形象会大大提高。但也可能失败，这不仅意味着广州呼研所无法治疗非典，而且其他病人也不会来看病了，因为这里是传染病区。但是，领导经过慎重考虑，同意了。为什么同意呢？“他们相信我能搞掂，因为我很有信心。这一仗只能打赢，而交给我，打赢的可能性会更大。”

钟南山说，当时他到中山二院会诊的6个非典重症病人，有5个转到广州呼研所，还有1个没有转过来就死了。到中山三院会诊时，他让把非典病人转过来，他们也都转过来了。有一个患非典的科主任为了坚守岗位，没有转过来，不幸牺牲了。

广州呼研所的新大楼，将迎接有多方面医疗经验和医疗技术的医务人员，以及医疗设备。钟南山说：“现在的情况差不多都是这样的。比如产妇羊水栓塞，妇产医院一搞不定，就送呼研所来；其他的病人也是这样，比如说循环不行的、患败血症的也送过来了。”

他介绍，以后广州呼研所将是综合类型的医院，什么疾病都可以治疗。他们的重症监护室很全面，不光是治疗呼吸疾病。他们自己做透析、主动脉球囊反搏、体外膜氧合……做得很成功。一整层楼都是重症监护室，加起来共有40张病床。现在，60%的病人是从外院转来的；搬进新楼后，病人会更多。有的病人转来时情况很差，“到了残缺不全了才送来，其实早点儿来才有希望”。病人的身体状况不行了，就会首先考虑转到这里来，这正说明呼研所形象已经树立起来。

疾病的未知数太多，仿如黑箱；而人类是生物体，它是经过了几百万年的进化才到这个结果的，太复杂。所以，人体的研究永远都有挑战性，探索是无穷尽的。

钟南山凭窗用手指着雨雾中的呼研所新大楼。

“现在这个新楼，地方就大了，以后的条件会好很多。”他说，“在非典期间，中共广东省委张德江书记也给我们医院做了定位。当时他接见我时，我就说，张书记，能和您谈一点事吗？我没有别的要求，就希望把医院搞大一点。结果，他非常支持我的工作。”

钟南山把领导的信任和人民的安危看得很重，他把个人所承受的一切，都当作了在所难免。

他的普通话很标准，包括语感的准确传达。此时，他的声音像低音的大提琴，幽幽述说他的胸中块垒：

“那个病人是中山二院的……

“还有一个实在是晚期了，抢救没有成功，还是死了……

“另一个满脑袋都是真菌，都昏迷了，感染得全身都是真菌，治疗得不好，激素也用得太多了，很可惜，39岁，他死了……

“还有一个病人，其实再早一点儿转过来还可以治，早一点儿转过来，就好了……”

H1N1与讲真话

有评论说，在中国，哪里有钟南山，哪里的说假话氛围就被破除了。钟南山说，他这样做，有的时候的确会让领导为难，“但是，得讲真话啊”！

2009年5月，北京的李女士正准备查看她的股票行情，关于流感病毒H1N1的报道却抢先跃入眼帘：北京消息，卫生部通报，5月29日，广东省广州市报告的1例输入性甲型H1N1流感疑似病例被确诊，该病例的1名密切接触者目前被诊断为甲型H1N1流感疑似病例。

发端于墨西哥的甲型H1N1流感，波及美国，又由美国输入到了中国。

中国疾病预防控制中心于2009年5月29日当天，对上述第1例甲流患者进行咽拭子标本实验室检测，显示为甲型H1N1流感病毒核酸阳性。广东省卫生厅组织专家组进行会诊，按照甲型H1N1流感诊疗方案，对患者的临床表现、流行病学资料及实验室检测结果进行综合分析后，判定该病例为甲型H1N1流感确诊病例。

5月29日上午，卫生部召开视频会议，与广东省卫生部门研究疫情形势，指导开展防控工作；5月29日下午，卫生部又召开全国卫生系统视频会议，进一步部署全国甲型H1N1流感的防控工作。

北京及全国一些地区均发现输入性甲型H1N1流感疑似病例。卫生部要求广东省卫生部门加强患者临床救治，进一步开展流行病学调查和对密切接触者的追踪，并将患者标本送往中国疾病预防控制中心进行实验室复核检测。

钟南山被中共广东省委授命，担纲广东省防治甲型H1N1流感专家组组长。

结合患者的流行病学史、临床表现和复核检测结果，专家们需尽快明确诊断。卫生部继续密切关注患者的救治进展、进一步的流行病学调查情况、防控情况和实验室复核检测结果。中国将有关情况及时通报给世界卫生组织及有关国家和地区。

中国诞生了一个豪迈的词汇——“地毯式拉网”，对任何一个甲型H1N1流感密切接触者展开搜索。

广州沿江西路老城区的街边，是鳞次栉比的小店铺。老板王先生是地道的广东人，他一边冲着街边熙来攘往的人流，吆喝着卖他的廉价服装，一边笑着摇头：“这流感不知还要闹多大呢，来旅游的人怎么不见少哦？难道都像我们广东人一样不怕？”

隔壁卖烟的老张，吃过晚饭过来聊天。他问：“北京到底有多少人戴口罩了？”看他的意思，戴口罩这事儿好像非常可笑。

“非典那会儿，我们都没人戴口罩。没有那么害怕。”

“那要是被传染了也不怕吗？”

“你又没被传染，怎么就知道会被传染呢？”

坦然也罢，漠视也罢，这就是广州。

小老板王先生批评老张，也不能说得那么绝对。广州闹非典的时候都买不着醋了，谁不知道啊？但老张还是横横地：“我家可没去抢醋哦！”

广州长堤路上与中华人民共和国同龄的老字号胜记酒楼，以猪肉为原料做出的粤式名菜红烧肉、大骨汤照旧火热上桌。

在广州，猪肉菜肴虽不比烧鹅名贵，但这里的人们一日三餐中猪肉不可或缺。

“我们这里的猪肉是不会降价的啦。全国都在降，听说你们北京降得多。”肌肤润泽的女老板，实际上是在夸她托盘里的红烧肉。

围坐在最大那张餐桌的食客是一圈广州本地人，他们一边吞咽着各种美味佳肴，一边在讨论着哪里有蛇肉、老鼠肉，哪里的河豚味道最正宗……当然，在他们对肉食的猎奇嗜好里，不可能再出现果子狸了。

广州一例“出口转内销”的甲流病人，回国以后有两三天咳嗽，没有发烧，但坐火车到广州后马上出现了发烧症状。他自己很主动地和卫生部门联系，之后很快被送到广州市第八人民医院，被隔离医治。紧随其后，北京的一例甲流病人也是同样的做法。“这充分说明我们的民族和国家已经提高了对疾病的抵抗度，有了民族的责任感。”钟南山如此评价，“全国都有了一个责任感。这个责任感不但体现在政府、卫生部门，同时也体现在老百姓身上”。

在他看来，诚实就是责任感。他举例说，2004年再度出现的非典病人，首先是由三个基层医生发现的。之后，他们马上上报。这就说明基层医生也有很强的警惕意识和民族责任感，“说明我们能体现出一个很重要的原则，那就是诚实”。

这一次，中国很诚实。而且，诚实的中国有了法律规定：隐瞒不报就是犯罪。

相比其他一些国家，钟南山赞赏我们国家面对甲型H1N1流感时所体现的实事求是的态度：“实事求是具体体现在不管是专业人员还是老百姓，都会根据实际情况来考虑他们自己应该怎么做。”

说到实事求是，他对比了非典期间的那段峥嵘往事。当时，上面刚刚说：发现抗衣原体的药物即抗生素非常有用，大家都在用，而且还做了对照实验。凡是这样的事，不妨想象一下，如果一些领导一看学术权威这个阵势，以为学术界真的是这样认为的就出面来支持，那岂不真的要铸成错误的结果？

公开、透明、科学换来的，是整个社会面对瘟疫灾难时空前的理性。

“现在我觉得，人们能相当理智地对待病毒传染的问题。”2009年6月间，中国社会和民众理智的程度令钟南山欣慰。他甚至觉得比美国还稍微超前。

无论美国怎样觉得中国小题大做，都无所谓。在中国，因为尚不知甲流的传染程度如何，所以，假如说甲流的传染性比较强，一传十、十传百，社会经济的各方面就要受到很大影响。中国此次如此的迅速出击，是因为有了非典的前车之鉴。

由于对这种“进口”的传染病采取了“外堵输入，内防扩散”的政策，我国对甲流传播的第一峰控制得很理想：将高峰压低了，将时间拉长了，不但稳定了社会，也为疫苗制备赢得了时间。

自甲流在中国登陆，它将持续多久？这样一个令人茫然的问题，像一片乌云，一直困扰着社会，困扰着普通百姓。人们期待着权威的声音。

当2009年6月甲流第一波正在肆虐时，钟南山就对追踪不已的媒体说出了自己的真实看法，应该有三个走向：第一个是明显恶化，第二个是销声匿迹，第三个是比较温和。他说，根据以往的状况，如此恶性的流感不会只有一个波。什么叫一个波？就是说，夏季结束之后，入冬又来，来年春天还可能会再次出现。

1957年、1968年、1978年的流感，都不只发生了一个波，而是有两个波、三个波，所以还是要非常警惕，这一条必须注意。他苦口婆心地一再重申要重视。2009年年末，已处于低谷的甲流疫情，陡然之间又卷土重来，且来势汹汹。

客观、理智、公正地对待人，对待病毒，对待一切，是最重要的。一次又一次地实话实说，无论结果是赢得赞扬、被人指责，还是受到攻击，都不能影响他以后对事实的脱口而出。

2009年11月，防控甲流的形势越发严峻。让人稍感欣慰的是，官方通报的内地甲流患者为69160例，死亡53例。这组数据被媒体和网络广泛引用。有专家称，我国甲流死亡率仅为世界平均水平的1/20。

对于这个数字，钟南山坚称："我根本不相信！"

针对媒体报道钟南山院士质疑个别地区瞒报甲流死亡病例的情况，时任卫生部新闻发言人邓海华于2009年11月19日重申，各级卫生行政部门要切实做好防控信息报告和发布工作，严禁瞒报、漏报、缓报甲型H1N1流感死亡病例。

钟南山的"不相信"，是基于他"我国某些地区，存在甲流相关死亡病例隐瞒不报的情况"。由于他的学生遍布全国医院的重症监护室，在与他们的联络、交流中，他得知不少患者因感染甲流而死亡，但基于各种原因，没有上报。

我国当时甲流患者和死亡病例都比较少，是缘于一段时间对甲流的整体防控。但是，由于人口数量庞大、易感人群广泛，加上当时甲流检测已取消免费，因而影响统计数据。卫生机构继2003年的非典之后，再次出现优先考虑政绩，掩盖事实，虚报、瞒报甲流患者人数的情况。

瞒报反而产生恐慌，这是在2003年已经有前车之鉴的。为什么再次出现捂着盖着的现象呢？某些行政部门天生有趋利避害的本性。

当时，很多专家都在私底下质疑统计数据。钟南山公开亮剑，他的质疑，为职能部门再度敲响了警钟。

对于国家，对于民族，钟南山是积极乐观、充满希望的："很多东西、很多事，是不可能一下子到位的，都要慢慢来。我自己也在进步。2003年以后，我慢慢地懂得了怎样更好地做人，我自己也在学。比如说，怎样更好地讲真话。”

2008年召开全国“两会”时，钟南山第一次参加全国人大会议。时任国务院总理的温家宝参加了广东省代表团的讨论。钟南山作了一个有关医疗改革的发言，并提出一些建言，受到温家宝的肯定。

第二年，2009年的全国“两会”小组讨论会上，钟南山看到全国人大代表们百分之七八十都是各级领导，有些人讲的都是“官话”。在3月10日的小组讨论会上，作为全国人大代表的钟南山按捺不住，对这些代表的发言，抛出了掷地有声的批评：“有些人发言时，70%以上都是赞扬、都是歌功颂德的话，但私下里，又牢骚满腹。”有些全国人大代表，特别是企业和群众代表，领导在场时不大说话，领导不在时发言滔滔不绝。钟南山说：“这种做法不可取！”他炮轰“歌德”现象：“我们开会时，每人讲10分钟，前面8分钟是对领导歌功颂德，还有1分多钟是自我表扬，剩下的时间里，不痛不痒讲几句，怎么改进工作？”

他的话，被采访全国“两会”的记者迅速作了报道。

虽然媒体并没有全部刊登钟南山的原话，但是节选刊登的报刊和网络报道也不少。《广州日报》题为《人大代表当学钟南山》的言论性报道，于2009年3月12日被人民网转载。

钟南山鲜明地亮出自己的观点：一分为二地说，“一府两院”表现良好，深得民心，人大代表适当对其歌点“功”、颂点“德”也未尝不可，但是表扬与自我表扬毕竟不是人代会的主要目的，歌功颂德也不是人大代表的义务。这一方面是由人大组织的功能与义务决定的；另一方面，“一府两院”干得好，尽了职，是应该的，不必过多表扬，如果干不好则要问责。

人大代表的义务就是代表人民行使政治权利，对“一府两院”进行监督。监督当然不是“唱对台戏”，为难“一府两院”，但也绝不是另一个极端——10分钟的讲话用8分钟进行歌功颂德。抬高轿，吹喇叭，灌浆糊，虽然皆大欢喜，但对“一府两院”的工作有帮助吗？对民生有促进吗？一团和气、嘻嘻哈哈的会，有何意义？所谓监督，就是要不卑不亢，不掩饰、不夸大，实事求是地摆事实、讲道理，让被监督者心服口服，以便改进。

公众选举人大代表，是希望人大代表替自己说话，替自己监督政府，积极建言献策，出台造福社会和民众的政策，而不是选他们去唱赞歌。公道自在人心，政府表现如何，公众自有定论，用不着人大代表用这么宝贵的时间与机会去表达。

人大代表光会歌功颂德，是不称职的表现。那些“歌德派”代表，应该牢记此时此刻自己的身份与职责，明白什么话该说、什么话不该说，不要把人大会议当作是单位的表彰会、庆功会。在这一点上，人大代表们不妨学学钟南山。在他眼里，人大代表不讲真话，拐弯子，绕圈子，是建的什么言、议的什么政？人大代表真正履职，才是真正行使了人民赋予的权力，才是真正体现了政治民主，才是对党、对人民负责。

钟南山在1993年、1998年、2003年，连续担任第八、第九、第十届全国政协委员，又于2009年当选第十一届全国人大代表。

铁肩担道义

他的名，是风范。他的影响，形成带动的力量，营造和谐，带来秩序。他的每一个倡议、每一次大声疾呼，都推动了文明的进程。

他对社会的一言一行，都能引起不同程度的反响。他仁爱为怀，但在捍卫正义时表现得铁面无私。非典之后，服务于社会更成为他自觉自愿的行为。这样的事情，每天每时，都在发生。

李先生是国家机关干部，老家在广东顺德。2003年非典期间，他回老家探亲。他的一位朋友对他说起非典："罗红霉素被抢购光了，药厂都生产不出来了，当衣原体治哪，搞错啦！要出大问题哦，说不定要闹成国际灾难。"那时，广州中山大学附属第二医院已经出现非典患者死亡病例。

且不论用罗红霉素治疗非典是错误的，单说罗红霉素价格的混乱状况，就令钟南山光火。

钟南山以罗红霉素为依据"炮轰"当时的国家药监局。媒体报道如火如荼，是在2006年的全国"两会"期间。在实行药品招标采购之前，抗生素罗红霉素曾经是发生在病人和医院之间的一场闹剧。

抗击非典战役之后的几年间，罗红霉素的市场表现更加活跃。品种有30多个，价格从2元到30元不等。同样一种药，换一个牌子又可以去赚钱，而且是赚更多的钱。罗红霉素一药多名，厂家巧立名目地赚钱。

在全国政协分组会上，钟南山铿锵有力地发言时，国家药监局局长就坐在他的旁边。

但是，这挡不住钟南山的义愤填膺：中国光一个罗红霉素，就如此混乱无序，药品的质量怎么可能保证？

国家药监局一年批一万多种“新”药，造成药品的价格增加。药品换一个名字，价格就可以增加很多。同一个药，新瓶装旧酒，换汤不换药，相关材料往发改委、物价局那里一报，价格就这样加上去了。

然而，药品招标并没有给混乱的药品市场带来规范的秩序。不仅如此，反而出现了另外一个倾向。本来，招标是为了找到一些质量更高、价格更合理的药。结果，招标唯一的标准是，只要廉价就好，越便宜越好。所以，药品招标这条路就走歪了。

钟南山痛心地说，我们很多真正的民族企业、很优秀的企业，它们的成本是降不下来的，而那些投机钻营、乱七八糟的企业就钻了空子。招标招上来的药很多是不合格的，真正的好药通过招标却招不上来，因此打击了民族药业。这样，一些很好的药物要从国外进口，但是其高昂的价格又加重了中国老百姓的负担。

另一方面，招标委员会的委员中有很多根本不是专家。他们既不懂药，也没有临床经验。

2009年5月，有一件令钟南山非常欣慰的事。卫生部和环保部联合制定了一个标准：把灰霾天纳入大气污染的范畴。这是他一直大力呼吁的，终于有了结果！

近几年来，环境保护部门通报空气的情况时总是说，污染源越来越少，空气质量改善了。但是，老百姓感受不到，因为头上的天总是灰蒙蒙的。

问题到底出在哪儿呢？

以前对空气质量的衡量标准，是以对降尘——PPM的测定，包括对二氧化硫、二氧化碳的测定来评定的。但灰霾的成分不一样，它的主要成分是氮氧化物、一氧化碳，还有臭氧。这些物质遇到紫外线，就形成微小的颗粒并生成臭氧。事实证明，人吸入灰霾后会对健康造成危害，可以前是不把这个看成污染的。时代在变化，中国的大气污染已经从煤烟型转变为汽车尾气型。

2008年，在北京召开奥运会之前，时任世界变态反应学会主席布什基教授邀请钟南山写一篇文章，阐述一下中国的空气质量问题。当时，参加北京奥运会的一些国家的运动员包括领队，对中国的空气质量表示不满。钟南山想通过事实证明，中国的空气质量是符合奥运会标准的。当时，他在工作非常忙碌的情况下，通过秘书向北京奥组委询问相关的数据，并且亲自向采访过他的记者征询有重要价值的资料。

“我们通过很多调查，翻阅了大量资料，从正面做了很多努力，降尘、氢氧化物得到了很多改善，但是灰霾、臭氧还是不合格。”钟南山努力帮助北京奥组委下大力气治理北京的空气污染。

“40岁以上的广州人，肺很多都是黑的。”这话是钟南山2008年时说的。

关于这一点，除了临床的经验，他还问了很多外科医生。后来有人质疑，其实不用质疑，外科医生打开的病人的胸腔，特别是那些有肺部疾病的病人，肺确实是黑的，尤其是四五十岁以上的人。

现在，北京、上海、广州等地的空气污染情况还是比较严重，所以应该大声呼吁，治理我们的生活环境。

2008年，钟南山呼吁大、中、小学生每天进行锻炼，因为他得知，青少年的体质明显下降。

2008年10月26日，教育部、国家体育总局、共青团中央联合组织开展了第二届“全国亿万学生阳光体育冬季长跑”活动，这是钟南山参与大力呼吁的结果。

当时他看到教育部的一份资料显示，2004—2005年，男女学生的平均身高都有增长，但是身体素质比以前差多了。什么叫身体素质呢？它指速度、力量、灵敏度、耐力。这几样，男女学生都不行，最突出的是肺活量。比如说，学生的正常肺活量原来标准是3000毫升，现在可能只有2700毫升。这是教育部的统计。钟南山看了这个资料，就感觉到中国青少年的体质下降问题太严重了，他为此忧心忡忡。

教育部的调查结果还显示，在过去20年内，虽然中国青少年的身高有了普遍增长，但耐力、力量、速度和灵敏度等指标全面下降，其中，下降特别多的是耐力和力量。

慢跑是锻炼青少年心肺功能、增强耐力、提高肺活量的最佳方法之一，其效果是其他活动难以比拟的。

慢跑和快步走是钟南山经常锻炼的基本项目。体育首先教人不服输、具备力争上游的精神，教人重视协作、培养团队精神，教人讲求高效率。

在钟南山家中，文件、资料占据了大量空间，让他的夫人李少芬也无可奈何。但是，他安排了一个小房间来锻炼：跑步机、拉力器、哑铃一应俱全，墙壁上还安装了可以做引体向上的单杠。这也是他们一家人共同的快乐空间。

在钟南山看来，所谓场地受限制等都是逃避体育锻炼的借口。“跑步最不受时间、场地的限制了，随时随地，在教室周围、小区里等都可以进行。”他经常在家中的跑步机上跑，有时也在办公室原地跑。

学生能进行和坚持长跑，关键在于教育的引导。每逢说到这一问题，钟南山就不禁神情肃然：“目前，我们衡量学生的主要标准是分数，是考试成绩，与体质无关。表面上说与体育有关，其实不过是走过场的应试教育而已。应试教育之下的体育好，不等于体质好，这实在是反讽。”

只有体质好，提早打基础，才能适应未来社会更多的挑战。钟南山总是语重心长地说：“有些身体不好的人，年轻时根本没有什么感觉，到三四十岁时才慢慢显露出来。”

1958年，北京医学院的口号是培养“红、专、健”的学生。“红”，就是思想好；“专”，就是学习成绩好；“健”，就是健康。当时学校提出来“红、专、健”，目的是号召学生们为祖国健康服务50年。

到2020年，1960年大学毕业的钟南山，为祖国健康服务已整整60个年头！他真正实现了这个目标：始终健康地为祖国工作和服务。

对比之下，多少医生早已退休养老，更有不少医生被疾病困扰。究其原因，在于一生的“健康储蓄”太少。“当时还没有那么高的认识，后来才提高了认识。”钟南山说，以前，他搞竞技体育，竞技体育和日常锻炼不太一样。此后，他慢慢不参加比赛、不从事竞技体育项目了，但还是喜欢参加体育运动。

钟南山觉得，运动对他来说，提高了工作效率，令思维清晰，非常有用。后来，他就将体育运动变成了习惯，并发展到一定的程度，视锻炼如同吃饭一样重要。

吃饭是给身体增加营养，但很多人认识不到，锻炼也同样如此。大脑有了氧气，人才不容易昏昏欲睡。不仅如此，人身体的内脏、血液和骨骼都需要氧气。

体育运动是相对于脑力活动来说的。身体的主要组织是肌肉，除了水分以外，其比例占全部器官的80%。肌肉如果得不到锻炼，人的代谢水平就不可能提高。

党的纯洁性、国家的兴旺和发展，大事小事，都会牵动钟南山的神经。其原因，是出于：爱。

“我说的话、做的事，别人高不高兴，会不会得罪谁，我在乎得很少。”

广州呼吸疾病研究所新大楼的楼顶是一个直升机停机坪。

从白云机场送来的危重病人以及由直升机送来的病人，可以立即得到抢救。“这个也算是我干了一辈子，了却的一个愿望。”这是钟南山，这位精力过人的前辈，历经60多年的奋斗，说出的一句话。

听不见喧闹，也听不见风声、雨声，一切显得那么安宁。

珠江的夜游船上，女导游用手指着屹立在江边的这座新楼说：“你们知道吗？抗击非典的钟南山院士，已经搬到这座新大楼了！他办公、给人治病都在这里。他还在为我们抗击甲型流感H1N1。”

钟南山对呼研所倾注了40多年的心血。广州医学院，现在的名称为广州医科大学，他曾经担任过院长；广州医科大学第一附属医院，他曾经是院长。如今，桃李满天下的他，依然在培养着研究生，培育着一批又一批“南山班”的学生。

广州医科大学的北门位于人民北路，在门口就可以看见院内右侧近在咫尺的图书馆。这是一座由简朴的平台和阅览室相连的建筑，坐西面东。整座建筑，两边为阅览室，一层和二层的中间部分是轩敞的阳台。

一层，正中央为老校长的雕像。

二层，是钟南山的雕像。

这尊传神的钟南山雕塑，眼神坚定、无畏，令人信赖。黑黝黝的金属质感，可以表达力量。雕塑上，眼睛的轮廓之处，折射着阳光，是那人们熟悉的、澄澈的目光——阳台之外，是晴朗的天空。

钟南山的嘴角传达着内心的坚毅。面对困难，他紧闭的双唇只体现坚韧不拔；面对危难，他会开口大声疾呼；面对病人，他用微笑温暖人心；面对党、面对国家，他无声地表达不尽的是忠诚。

“我成古人了。他们搞了这个雕像，原来说要放在医院的新大楼。”钟南山笑呵呵的，“我说我不同意，我还在工作，每天走来走去看着这雕像干什么呢？后来，他们同意了，放在广州医科大学的图书馆，作为大学校园文化建设的组成部分。”

我们这个国家是充满希望的。我们这个民族是经历了几千年沧桑的，特点是有很强的韧性，外国列强的殖民主义统治都没有把它搞垮。

我们这个民族很热爱自己的国家。很多华侨家属虽然在“文化大革命”中遭受迫害，但是他们对祖国的感情依旧是血浓于水，所以，中华民族是不会垮的。钟南山曾历经磨难，却不改初衷。

雨后的阳光，在楼下树冠那密匝匝的叶子上闪烁着，像一只只金蝴蝶。清风吹拂而来，花草树木沙沙地回应，充满着朝气和活力。

街上，广州的市民步履匆忙，神态安详。随处可见相互搀扶、形影不离的老夫老妻。

头顶的天空，从广州白云机场起飞的飞机在出征。那是苍鹰，凌空翱翔。

担当与坚守

2010年年初，广州医学院第一附属医院和广州呼吸疾病研究所终于搬进了新楼。走惯的旧楼道、用惯的旧桌椅……一切，显得难以割舍。这里搞过科研，这里抗击过非典，多少泪水和欢笑，都要留在这里了。

新楼上，钟南山的办公室面朝珠江，这是单位用心安排的。美丽的江景，对于匆忙的钟南山来说，基本无暇看顾。地毯的样式是他自己建议的，红色图案，充满热情和活力的气息；因为他不喜欢沉闷，需要让自己每天都能以精力旺盛的状态应对工作。

新的蓝图一直在他心中酝酿：要成立国际呼吸医学中心，要有一座规模不小的建筑，要有国际一流的科研队伍……这是他此生的最大心愿。

对呼吸疾病做到“早发现”，是呼研所一直努力攻克的难关。可喜的是，到2012年，呼研所已经达到“早发现”的科研水平，并取得了满意的临床效果。这样的科研成果，让钟南山为之欣慰。

年龄越是增长，他越是思考自己应该给社会多作一些贡献，将来，多留下一些财富。父亲钟世藩曾经的教诲，他一直铭记于心：一个人活着，应该给社会贡献什么？

与此同时，因为钟南山的名望影响着社会，所以有太多不期而遇的社会责任，随时需要他担当；也有太多不期而遇的是与非，需要他的声音参与，需要他的行动推进，需要他的态度坚守。

2011年，钟南山基于对一个基本事实的认定，所以，他“一点儿都没有客气”。那就是轰动全国的“烟草院士”之争。

对于钟南山来说，院士这一称谓，是神圣的。对于院士人选的考量，是不可以有“官方气息”的，必须科学、民主、公正、公开，他这样的院士，眼里容不得沙子。

在钟南山看来，让真正符合条件、德才兼备的人当选院士，是他应尽的职责。在这一点上，他很难违背良知，去顾及或者屈就谁的面子。相反，对不公正的裁决，他会据理力争、分毫不让。

2011年12月8日，一位从事烟草研究的专家当选为中国工程院院士，这位专家的当选是因为其有对于烟草“降焦减害”的研究成果。

基于吸烟有害健康的常识，社会各界一时质疑声不断。

烟草研究在我国没有名分，但从来不差钱。尽管某些研究取得“突破性进展”，却很难得到褒奖，因为这基于一个基本的科学常识：吸烟有害健康。

中国签署的《世界卫生组织烟草控制框架公约》明确规定：“烟草制品使用‘低焦油’等词语属于虚假、误导、欺骗。吸极低焦油、低焦油卷烟患肺癌死亡的风险和吸中度焦油卷烟一样。”

中国工程院院士陈君石发博文，直指“香烟‘降焦减害’是方向性错误的研究”。陈君石说：“我实难想象香烟的‘降焦减害’会成为高水平的科技成果”“‘降焦减害’无疑是一个错误的方向，政府在科技方面的项目支持和奖励部门、机构需要从中吸取教训。”

中国疾病预防控制中心原副主任、最早介入控烟工作的杨功焕直截了当地对媒体说：“降焦减害”是个伪命题。几十年来，多个国家的成千上万个研究早已证明，任何降焦措施、添加剂，包括中药，都无法让卷烟“减害”。

对于“烟草院士”的当选，钟南山毫无疑问是坚决反对的。他的反对，针锋相对，直指“降焦减害”的所谓研究成果。钟南山、秦伯益、巴德年及一些表示坚决反对的中国工程院院士认为，“烟草院士”根本没有什么“降焦减害”的像样成果，对保证吸烟者的身体健康没有任何证据！充其量是做了一些降焦研究，但看不见有减害的效果。

这场风波至今还没有结果，“烟草院士”还是照样当选。但这场涉及学术道德、涉及院士称号的全民辩论，使公众对烟草的危害、对“降焦减害”的欺骗性，有了深刻的认识。

科学防控禽流感

2013年，H7N9禽流感患者被发现并出现死亡病例。活禽养殖业再度遭受冲击。阻击禽流感的责任感与活禽养殖业的责难，一同加于国家卫计委及有关专家。

钟南山的看法有两点：第一，大多数病人是在活禽市场感染H7N9禽流感的，因此，要对活禽市场实行严格控制。第二，一旦发现有禽流感人传人的迹象，必须立即关闭活禽市场。然而，无论控制还是关闭，都会让养禽企业受到损失，并陷入恐慌。

但是，钟南山认为：只能尊重事实。

2014年新年的钟声敲响时，钟南山仍未离开禽流感垂危患者的监护室。病人家属打来电话再三询问，钟南山回答说："我会竭尽全力！"

早在21世纪初，钟南山的学生以及其他一些专家，就对禽流感病毒开始了研究。禽流感病毒以往仅在禽间发现，但在20世纪末，已出现H5N1禽流感传染人的病例，并出现有限的人传人现象。H7N9禽流感为新型流感。至2013年的诊疗方案认为，人感染后，潜伏期一般为7天以内。患者一般表现为流感样症状，比如发热、咳嗽、少痰，可伴有头痛、肌肉酸痛和全身不适。重症患者病情发展迅速，表现为重症肺炎，体温大多持续在39℃以上，出现呼吸困难，伴有咳血痰；如果快速发展，可出现急性呼吸窘迫综合征、纵隔气肿、脓毒症、休克、意识障碍及急性肾损伤等。人感染重度禽流感，可以在短时间内被夺命，这是最关键的。

H7N9新型禽流感，于2013年3月底在上海和安徽两地率先发现。它是全球首次发现的新亚型流感病毒，当时尚未纳入我国法定报告传染病监测报告系统，至2013年4月初，我国尚未有疫苗推出。被该病毒感染的病人，均在早期出现发热等症状。至2013年4月，尚未证实此类病毒具有人传染人的特性。2013年4月，经调查发现，H7N9禽流感病毒的基因来自东亚地区野鸟和中国上海、浙江、江苏鸡群的基因重配。

人感染的禽流感，是由禽流感病毒引起的人类疾病。禽流感属于甲型流感病毒，根据禽流感病毒对鸡和火鸡致病性的不同，分为高、中、低/非致病性三级。

高致病性H5N1亚型和2013年3月在人体上首次发现的新型禽流感H7N9亚型，尤为引人关注，因为它们造成了人类的伤亡，同时重创了活禽养殖业。

因事态严重，钟南山呼吁治理甚至关闭活禽市场，争执也由此引发。职能部门一旦下令，就意味着多少养禽企业倒闭、多少活禽市场关门。于是，活禽市场的老板们站出来叫板钟南山。

中国新闻网于2013年4月13日报道：中国官方明确，活禽市场暴露是H7N9禽流感发病的危险因素。该报道说，中国内地的人感染H7N9禽流感确诊病例数量正在持续上升。值得注意的是，这种新亚型流感病毒已经北上，并潜入北京。该报道指出，官方提醒不要购买活禽自行宰杀，不要购买无检疫证明的鲜、活、冻禽畜及其产品。若有发热及呼吸道症状，应告诉医生发病前的禽类接触史等。

《扬子晚报》《厦门日报》等媒体不断刊登关于国内各地禽流感患者发病前或者病死前接触过活禽的报道。2014年1月24日有报道：北京发现1例人感染H7N9禽流感病例，病人发病前买鸽子并食用。2014年1月28日有报道：厦门确诊首例人感染禽流感病例，患者发病前购买活鸡……2014年2月5日有报道：江苏首现H7N9禽流感死亡病例，死者发病前买过活鸡。

直到2014年全国“两会”召开之前，我国仍未有禽流感出现人传人的确凿证据。全国“两会”期间的2014年3月10日，面对记者，钟南山仍然亮出自己鲜明的观点：活禽市场是禽流感传播的主要因素之一。

2014年3月10日上午9时，十二届全国人大二次会议新闻中心在北京梅地亚中心多功能厅举行记者会，邀请全国人大代表钟南山等人出席。

日本共同社记者问：“请问钟南山代表关于禽流感的问题。有个城市关闭了活禽市场，但不是全面的，您的看法怎么样？对中国政府的做法怎么看？还有一个问题：群众最关注的是基因的变化，有可能会变成新型流感感染吗？如果这样的情况发生的话，您觉得现在政府可以应对这类问题吗？”

钟南山答：“谢谢这位日本朋友提出了大家都关心的问题。我首先回答你的第一个问题，就是禽流感的情况。我们先不讨论名称的问题，因为我认为名称并不是一个关键的问题，而是在于现在的情况。现在，H7N9在全国多地有发生。不太准确的统计是全国有340多人出现感染，病死率接近30%。在我来的广东发现比较多，是82人，现在是84人，有23人死亡，病死率为28%，说明现在还在不断地发生。它的特点就是所谓的散发。

“什么叫‘散’？散的意思是，他们之间没有互相的联系，一个一个发生的。这个情况就意味着没有人传人。如果有人传人，就不是散了，而是互相联系了。

"'发'是什么意思？还是发生。发生是说，还是有传染源。但是，这个传染源从哪儿来？现在看起来，我们没有一个非常准确的关于传播途径的判断。然而，根据流行病学的看法，80%以上都是在禽的市场。我强调的是市场而不是禽，是在市场上出现感染的。"

钟南山说，目前，在绝大多数禽鸟集中养殖的地方，甚至在户家养殖里，发现不了H7N9的病毒。但是，一旦把这些禽拿到市场去交易的时候，是活禽，与人接触，这时候就会发生感染，而且局部环境的感染率明显增高。他指出，在广东，在禽养殖的地方，H7N9病毒检出率是百分之零点零几，到市场是2.6%，增加了100多倍，说明市场是感染禽流感的主要因素。

钟南山回答日本记者说，现在，我们做的是什么？和H5N1不一样，H5N1是禽有病，人也有病，大家心甘情愿地把鸡杀了，人也防了。但是，现在的问题是鸡没病、人得病。搞农业生产、搞禽类养殖的人就会问，凭什么把我们的鸡杀掉？对这个问题，我们始终有矛盾、有看法，而且，这涉及中国几百万养禽人的事业。

在这次新闻发布会上，钟南山鲜明地提出了自己的看法：禽流感患者有80%以上是在活禽市场里得病的。所以，他提出，对活禽市场，首先要控制；市场内一旦出现人传人，就一定要关闭。

钟南山指出：控制活禽市场有两个办法。第一个办法是关闭市场，这是一个比较大的举动。关闭的意思是什么？就是以后不开了。对这个问题要认真考虑，因为这涉及很大一批禽产业。第二个办法是现在很多地方采用的"三个一"：一周一清扫、一月一消毒、一月一休市。休市和关闭市场是不一样的，休市以后，经过一段时间好好消毒清理后市场可以再开。广东就是这样，也确实起到了一定的作用。现在，关键是控制好活禽市场。中国目前就是这么做的。

他说，一旦基因发生变化，就会出现人传人，就像非典一样。这就不一样了。人传人就表明，会有大规模的疫情出现。在这种情况下，就要关闭活禽市场，关闭以后要彻底地进行处理。同时要隔离，人一旦发现感染禽流感就要隔离。现在，发现人感染禽流感也要隔离，在定点医院护理。但是到目前为止，我们从来没有发现一个医务人员或者其他人被感染。一旦人传人，就要早发现、早隔离、早处理。

同时，要想处理这个问题，就要研制疫苗。到人传人的时候，疫苗是非常重要的。当然，现在已经准备好了生产疫苗的病毒株，一旦出现流行，就可以立即制作疫苗。就像2009年大规模的H1N1流感流行时那样，中国做得不错，在5个月的时间内就将疫苗生产出来，并对近1亿人进行免疫接种，这起到一定作用。后来，我们知道，禽流感的自然发展规律就是在高峰以后慢慢下降，这和病情的发展趋势也有关系。

钟南山还说，现在中国的做法是对的。如果一旦基因突变到人传人，疫苗会起到很重要的作用。

空气之忧

钟南山对空气污染问题大声疾呼，首要原因是它造成肺癌发病率的直线上升。空气污染也严重影响到国计民生。

关于医改、关于药价、关于医患纠纷，2014年全国“两会”期间，钟南山又高调问政民生……对于这些重要问题，钟南山每年在全国“两会”召开之前，都要进行细致入微的调查研究，甚至历尽千辛万苦。2012年，为了提交关于乡村医生问题的议案，他在全国“两会”召开之前，深入广东省贫困的农村。76岁的他，忍受着阴冷潮湿的天气，亲自体悟乡村医生为贫穷农民治病的甘苦。

钟南山先后奔走多个地区和山村，充分考察了当地缺医少药的情况以及乡村医生艰苦的工作与生活环境，写下了一份内容翔实的议案，呼吁乡村医生不能再是无身份、无保障、无待遇的“三无”人员。他说，乡村医生的处境堪忧。全国600多万村医大军，面临着工作、待遇、养老、接班等许多困难亟待解决。

2012年有一项基本国策，用钟南山的话说是“非常令人鼓舞”的：将节约资源和保护环境作为一项基本国策，要在京津冀、长三角、珠三角等重点区域及各直辖市、省会城市，开展对细颗粒物PM2.5的监测。到2015年，要覆盖所有的地级以上城市。大气环保监测和防控已经被提到工作日程上来了。

2011年入冬后的北京。严重的雾霾实在让人透不过气，灰暗的天空阴森森的，北京市民不知会不会更糟，不知哪一天能够改变。一些市民的话题总是离不开外迁，至少到远郊区定居。

2012年3月5日下午，参加十一届全国人大五次会议的广东省代表团举行全团会议，并向媒体开放。钟南山作为全国人大代表，按照会议要求进行发言。他郑重地说：“我发言的题目是《关注大气污染是关注民生的重要内容》。”

作为一位研究呼吸医学的科学家，他在发言中态度鲜明地提出：“看政府工作的业绩不能单看国内生产总值，要先看看对环境、空气有没有造成污染。”

他说，2003年非典以后，中央以非典防控作为契机，提出了以人为本、构建和谐社会的理念。和谐社会首先是健康的社会，关注民生首先要关注民众的健康。但是最近5年来，不少人常常问这样的问题：我不抽烟、不喝酒，也注意饮食卫生，为什么还会得肺癌、胃癌或者肠癌？我的家里很干净，为什么我的孩子得白血病？

生活环境的污染，包括水、食物和空气等的污染。其中，最重要的是空气污染，特别是小颗粒的PM2.5和臭氧。过去，不少公众质疑我国的环保部门说空气质量“有比较大的改善”，因为他们感觉空气质量越来越差。这个问题的核心就是环保部门对PM2.5以及臭氧没有进行监测，而这些小颗粒物能够直接进入人的肺泡，对气管和肺部产生刺激并致病。灰霾天就是这样。

钟南山指出：很多国家和地区对PM2.5都做了研究。美国在2006年对204个城镇做了观察，发现PM2.5每增加10微克/立方米，心力衰竭患者的住院率就要增加1.28%。香港地区2000年至2005年的研究资料也显示：PM2.5每增加10微克/立方米，急性呼吸病患者的住院率就增加1.94%，慢性阻塞性肺病患者的住院增加率为3.1%。“我们的研究所发现，凡是有灰霾天气，病人的门诊数就增加10%到15%。我们正在研究，为什么我国大城市的肺癌发病率直线上升，是不是跟PM2.5有关系。”

PM2.5跟能见度的关系是很密切的。中国环境科学研究院2010年的资料发现，PM2.5含量大于75微克/立方米，能见度开始变差；小于50微克/立方米时，能见度跟PM2.5的含量成反比。

我们国家大城市的空气质量在世界上是很差的。2011年，世界卫生组织统计全球1085个城市的PM10浓度。中国一共有33个城市进入统计范围。其中，最差的是兰州，列倒数第24位；最好的是海口，列倒数第273位。中国五大中心城市里，北京列倒数第46位，重庆列倒数第63位，天津列倒数第72位，上海列倒数第103位，广州列倒数第119位。这五个中心城市里面，广州还算是好的，但与世界上大多数大城市比较，还是很差的。

这说明，整个中国的空气质量在世界上处于下游。钟南山指出，经济上去了，但空气质量下来了。时任环保部副部长吴晓青表示，即使按二类标准，中国还是有三分之二以上的城市是不合格的。在公众、舆论、全国人大代表、全国政协委员等积极的诉求和督促下，《政府工作报告》把监测PM2.5正式作为重要的项目提出了。

钟南山作为全国人大代表，在神圣履职的同时，还为政府建言献策。他说，他注意到我国环境保护部门的具体操作是怎么样的：2012年，长三角、珠三角、京津冀和各直辖市、省会城市，都会开展对PM2.5的监测。《政府工作报告》里提的是，到2015年，才在全国各地进行对PM2.5的监测，并初步控制上述重点地区的区域性污染。

对此，钟南山提出自己的主张：“如果没有全国性的监测，如果没有多部门协作的节能减排和改善生态的具体措施，我想，要在全国一些重点地区控制严重的空气污染，将是一句空话。

“首先要多地综合治理，只治理本地是不行的。其次要加强监督和防控。吴晓青副部长曾说过，我国目前已有50个城市能够同时监测PM2.5和臭氧。全国现在都能测，为什么要到2015年才全面展开呢？是因为污染太严重影响投资，还是由于讲出来不好听？特别是一些欠发达地区，由于没有监测，又有产业转移，随着地区生产总值的增长，污染会加重，是不是等污染重了才去考虑？”

钟南山基于以上两点，提出了自己的建议：第一，环境监测点建设要全面展开，而不是等到2015年。第二，要全面制定节能减排、改善生态的措施。比如，优化产业结构、能源结构，治理工业污染、汽车尾气排放，保护天然生态环境，退耕还林，植树造林等。

他不无深情地说：“广东要带好头。所有领导干部都要认识到，改善空气质量虽然暂时不能提高地区生产总值，但如果能够使得广东人更健康，必然造福子孙后代，几代人都会感谢我们。所以我希望，一来到广东，呼吸就轻松。”

就在2012年的全国“两会”上，由于记者对钟南山围堵式的采访实在令他难以招架，所以，广东省代表团就专门召开了一个钟南山专场记者见面会。

主要的话题是关于空气污染，对于这个话题的采访进行了1小时。钟南山坐在沙发上，手上并没有稿子，语速匆匆，滔滔不绝，言辞中涉及的大大小小数据达100多个。有记者惊叹：这么多的数据，钟南山怎么能倒背如流呀！

2013年3月召开的全国“两会”上，钟南山再次带着关于治理雾霾、尽快解决空气污染问题的议案上会。当有记者向他问到治理空气污染与国内生产总值的关系时，钟南山脱口而出：“要是连呼吸好空气的机会都没有了，国内生产总值再高有什么用？对于政府政绩的衡量，不应该是单项。单纯看刘翔获得110米高栏冠军是远远不够的，要看五项全能，要全面发展。如果有一项不行，特别是环境、空气质量不及格，那就是政绩不佳。”

从2008年到2013年，整整5年，钟南山为治理空气污染大声呼吁。他做了大量的工作，建言献策，敦促政府尽快出政策、下力气，以铁腕进行治理。由于2013年全国“两会”上，钟南山集中“火力”谈及治理空气污染，招来个别人的质疑和非议。有人指责他小题大做，甚至认为他是哗众取宠，并且让他拿出空气污染导致癌症的证据来。

对方总是觉得，钟南山的证据不足以令人信服。2013年10月18日，身在广州的钟南山接到了世界卫生组织肿瘤研究国际办公署（IARC）发来的一份英文函件。此函件的主题是：室外空气污染是造成罹患癌症并死亡的首要环境因素。在2013年10月17日，召开了一个新闻发布会。会上特别提出，空气污染是引起肺癌的原因，这个说法具有一类证据（即确凿证据）；而且还明确了外界的空气污染，是增加患膀胱癌危险的重要因素。令人欣慰的是，这个新闻发布会的主题，使人们对空气污染问题的认识，达到一个空前的高度。

回首数月以来，有人对钟南山所说雾霾致癌的质疑，甚至是带有人身攻击性质的指责，他没有怨言。他坐在办公桌前，对照着世界卫生组织肿瘤研究国际办公署这份函件所证实的内容，一项一项地回顾自己曾经阐明的观点。世界卫生组织肿瘤研究国际办公署的新闻发布会上进一步强调了治理空气污染的重要性。“现在我看，人们大概可以对我的话放心了，因为世界卫生组织都是这样说的。”

时任世界卫生组织肿瘤研究国际办公署的主任斯特莱夫说，我们呼吸的空气，现在被一些可以引起肿瘤的混合物颗粒物质污染。我们知道，室外的空气污染，不单是危害健康的主要因素，而且是一个引起癌症、导致死亡的主要环境因素，这个环境因素也包括室内空气污染。

目前，国际上有100多篇论文在5个大陆发表，都特别讲到室外空气污染的影响，而且也谈到交通造成的室外空气污染。这些研究成果，是从欧洲、北美和亚洲的一些流行病学研究中得出的结论。

室外空气污染的主要来源是什么呢？一是交通；一是能源，比如火力发电、电力，还有工业和农业生产的一些排出物；再有就是烹饪造成的空气污染。当然，也有一些自然的污染，但不是最主要的。把室外的空气污染界定为人类致癌的主要危险因素，这是非常重要的一步。

钟南山说，有很多办法能够有效地减少空气污染。那么，上述研究实际上是发出一个很强烈的信号：国际相关机构建议各国对环境和卫生给予强烈的干预，不希望有任何拖延。

如此说来，世界卫生组织的结论更加肯定了钟南山在几年前的提法。钟南山清楚地记得，在他尖锐指出空气污染严重后果的当口，曾有人指责他没有经过实验研究，只有通过了研究评价以后才能这样提，不能利用全国“两会”这个政治舞台瞎说。钟南山在当时还执意提醒：如果不认真地防治空气污染，这个问题“造成的危险比非典还厉害”。

说到这些，钟南山的语调很平和。现在有了一个确凿的证据，就是来自世界卫生组织的定论。可以想象一下，非典是在一个短时间内影响一批感染者，毕竟半年就过去了。那么，空气污染呢？它将影响到全体中国人，而且它的作用是慢性的、长久的。再过几年，心血管病、肿瘤特别是肺癌的患病率呈直线上升怎么办？他说，到那个时候，老百姓投诉政府、投诉环境保护部门，那又该怎么讲呢？这很难想象。

“10年前，我就说，广州四五十岁的人，肺大都是黑的。有人认为我瞎说。你要等到事出到头上，医生告诉你肺癌的时候，你才能反省。那时候，你该怎么办？”

2008年北京奥运会之前，钟南山就呼吁重视空气污染的问题。那个时候，有很多国外的学者提出，请钟南山为他们国家的运动员就空气质量问题提供咨询。

继2008年北京奥运会上出现过美国运动员戴口罩来参赛之后，2013年的北京国际马拉松比赛中，又有戴口罩的外国运动员出现。这绝对是一个很大的讽刺。2013年，北京的空气质量特别差，这敦促政府加大治理力度。

钟南山再三建议："要解决北京的空气污染问题，必须解决河北、山西等省的相关问题。要解决京津冀、长三角、珠三角地区的空气污染问题，必须全国共同来行动。""香港地区的空气质量近十多年差了很多，这和珠三角地区的空气污染密切相关。污染无地界。可以'一国两制'，但不可能'一国两气'。"

2014年3月1日，又是一年一度全国"两会"召开时。3月2日，北京的天空出人意料地格外晴朗，3月3日，全国人大会议广东省代表团的一位代表风趣地笑谈："有本事的人都来北京了，一人一口气，把北京的雾霾赶跑了。"

从2014年3月开始，北京天空出现蓝天的次数增加了不少。有心的北京人来到从前被视作"放毒"的山西省临汾地区，竟意外地发现，这里的雾霾基本不见了。当地人说，空气质量有了极大改善。山西省政府牺牲了采煤的产值，捧出了一片蓝天。

钟南山听到这个消息，煞是欣慰。

3月6日下午4时30分，他做客广东媒体的"两会直播室"，采访话题涉及控烟。

"控烟很多年了，从上到下，有它的客观原因，为什么控烟难？因为有它很深层次的原因，烟草是很多省的支柱产业，你让它减少收入怎么可能，它有很多就业的问题，这里面是很重要的原因。我自己参加工程院几次会议，我们非常坚决把烟草院士拉下来。"

他自己公开跟媒体爆料了，不仅如此，他还评价了一下中央决策：“起码在公共场所禁止吸烟，而且这次‘两会’禁止吸烟，我觉得是非常大的进步。”有位人大代表是老烟民，刚巧从采访室门前经过，不由得上身轻轻地抖了一下：“老钟，你算是够狠的。”他边说边摇头，但随着走路摆动的双手却不知不觉地翘起拇指。

媒体把钟南山的原话真地发出来了：“我主张三种人不要抽烟，一个是各级领导干部，第二是老师，第三是医生。如果这三种人控烟做得好，控烟效果会比较大，控烟工作会走得更顺利。”这样行之有效的采访，让钟南山觉得总算没有耽误时间。

2014年5月21日，中央电视台的《新闻联播》节目中，女播音员用甜美的声音播报：全国人大常委会大气污染防治法执法检查组于5月21日在京召开第一次全体会议，正式启动大气污染防治法执法检查，旨在推动大气污染防治行动计划的实施……

劳累了一天的钟南山，晚饭还没有吃完。他看到这条新闻，不禁舒了一口气……

神圣履职

2015年“两会”期间，钟南山真的累倒了。因为身体劳累透支。以前他是政协委员，现在他是人大代表，但是外人不知道他更是广东代表团的领队。领队是有很多职责的，比如分组讨论时，要负责组织管理，要做总结发言和归纳上报；要代表整个代表团向首长汇报工作，要出席领队必须参加的各种高级别会议；作为医生还要面对随时到访的重要会诊；要面对围堵的记者们。

并不是每一个委员或代表都像他这样全心全意地履职尽责，他的每一个提案，都和过去做政协委员时一样，要对所针对问题的事实和数据，进行充分的调查及考证，亲自去走访取证。也就是说，每年3月开会之前，他就已经为所做的提案内容忙碌了不止一个月。

按很多人的判断，钟南山是学究，是钻进象牙塔专心研究医学的，不可能对政治上的事费那么多心思。甚至有人推断，钟南山出席“两会”，完全是为了服从上级安排，是不得已。连原央视主持人王志都曾问过钟南山：“你对政治感兴趣吗？”钟南山回答：“做好本职工作，就是讲政治。”但是参加全国“两会”呢？

钟南山每年满怀热忱地把“两会”视为党为民执政的具体体现，是党赋予每个代表和委员参政议政的使命，而且他非常珍惜这样的履职机会，所以，他一定是全心投入的！

只是好多实话说出去了，回过头来他会暗自思忖：“咳，又伤着人了。”“其实我根本就不是冲着哪一个人。”更何况“那一个人”有时候还是他多年的朋友。

3月10日凌晨，他突然发起了高烧，“得去参会呀”。他想强撑着起来，但是站不起来。

会务组服务人员立即敲门进来，紧张地说：“哦！铁人一个的钟代表，您也会病呀！”他被立即送进了医院的急诊室。

输液、昏躺整整一天。第二天他的鼻下和唇上方留有因为感冒而反复擦鼻子留下的轻微擦伤。

2014年，这一年的“两会”，激情的媒体为钟南山总结了会上的“经典语录”——

关于H7N9：

1.人感染H7N9病死率30%

2.已有H7N9疫苗种子

3.关注H7N9改名不如推动集中屠宰

4.H7N9禽流感需警惕有限人传人

关于雾霾：

1.雾霾致病证据已清晰

2.雾霾比SARS更可怕，治理需举国行动

3.灰霾每增100微克/立方米预期寿命短3年

4.遇雾霾用空气净化器：降尘影响呼吸系统

关于医患关系：

1.医改没抓住最核心问题

2.医生3/4真实收入来自患者

3.排队3个钟头看病3分钟，医患关系怎么改善

4.医改何时解决看病贵看病难

关于医改：

1.医改不成功

2.医改进到深水区，摸石头过河摸得不太清楚

3.医保越来越好，但实际上医改进展不大

4.建议用医保结余提高医院公益性

2015年作为全国“两会”代表的钟南山面对记者，信心满满拍胸脯：“我对雾霾治理有信心。”而且他还说了一句很有把握的话，“如果自上而下痛下决心治霾，10年就会见成效。”到了2016年全国“两会”，钟南山面对记者直接表达了自己的满意度：“给上一年的治霾工作打70分。”但是这样的好话，还是让相关的职能部门后背发凉。

履职尽责的钟南山，是让一些人犯怵的，因为他随时可能对“不顺眼”的事情开炮。在2015年的全国“两会”上，还有一件事，他开了狠炮。

2015年3月6日，在全国“两会”广东代表团分组会上，有一项议题是针对科研论文的，一位代表发言，言语之间充满自信和自我肯定，总体上意思是：论文发表的数量标志着一个科研单位的创新成果。

“发表论文算不上创新。”

钟南山直接给了一“炮”，对准了这件事情，一没留神，又没给说话的人留点儿面子。发言的代表半张着嘴，呆望着钟南山，心想：他这简直就是向科研单位“发难”呀。钟南山继续说明自己的观点：“科研单位以发表论文来衡量科技创新的好坏，是对创新的认识有误。”说白了，他的意思是，如果只追求论文的发表数量，需要脚踏实地的科技创新一定会跑偏。早在他担任中华医学会会长时，他就下狠心，“刮骨疗毒”地纠正过这种在学术上“跑偏”的不良习气，匡正了学术的氛围。

他的言辞不管是娓娓道来还是正言令色，都是有理有据的，都是把事实摆在桌面上："中国有320万的科技研发人员，人数占世界第一，科技论文数量是世界第二，申请专利、授权等数量也是世界第二，但我们的科技创新能力却只排在世界第19位，而且由科技研究转化为成果的，初步统计仅占10%。"资料显示，中国九成是仿制药，从1949年至2008年，50年来仿制药获得的利润还不如国外一个新药的利润。

科技强国，最关键的是把具体的事做实，要实事求是。医疗科技创新，是钟南山的夙愿，他不会因为任何的艰难而止步。他说，李克强总理的工作报告中多次提到创新驱动战略的问题。在创新驱动战略里面，国家走出了比较好的一步，但感觉步子走得很慢，特别是在医疗科技方面，还存在两个比较大的瓶颈，其中重要的一个就是认识问题。

他毫不留情地说："一些科研院所、科学院和名牌大学，衡量科技创新的好坏就是发表论文数量的多少，认为只要发表了论文就是创新，这种观点绝对是错误的。"他认为发表了高水平的论文，顶多是一个创意，必须要产生效益之后才算创新。

在他看来，创新的含义应该是发明、发现，是通过努力最终转化为成果，而且这个成果，还要看到底有没有产生经济效益或社会效益。只有走完这个过程，才能称为创新。

"其他领域我不知道，但绝大多数诺贝尔医学奖的获得者，一开始也并非是什么高水平的论文，而是经过十多年甚至更长时间的实践，他所提出的观点，取得了经济效益或社会效益后才获奖。""以论文来排名，只会对创新产生阻碍。"

此外，钟南山还在不同的场合指出药品评审制度也是医疗创新的一大瓶颈。他希望国家药评中心增加评审人员，并且提高评审人员的待遇。

他不无忧虑地说："就算口号喊得再响、项目再多，如果无法及时通过评审，那我们的创新也走不下去，创新就没有希望。"

他认为发表论文不是衡量医生水平的唯一标准。如果医学研究只停留在论文上，不付诸临床试验，这充其量只能算是"纸上谈兵"。因而，只有将发表的高水平论文的成果应用到临床诊断上，真正解决疑难病症，转化为具体的生产力，这才算创新，才代表医生有水平。

另一个瓶颈影响创新成果的，就是科技创新的审评机制。钟南山百感交集，这个机制制约着创新。以干细胞移植为例，中国起步很早，但是到了临床就卡住了，一等就不知道等到什么时候，等审评，但是现在连临床审评的标准都没有。

所以，钟南山是彻底领会中央所倡导的"科研成果要走出实验室"，转化为生产力服务社会，因为这是强国之策。

作为一名医生，钟南山和患者打了一辈子交道。他说，医改成功的重要标志是让老百姓得到了实在的好处。但是，他深知患者的需求、医院的门道以及那些白大褂身后的故事。他表示，主流的医疗一定是公益性的。但是，目前医务人员80%的收入要靠自己。这种"羊毛出在羊身上"的做法，使钟南山看不到公立医院真正应该体现的公益性。

医生的工资谁来买单？现在是医院自行买单，这就催生了很多公众认为很不应该的事情。他说："我的学生来看我，说一上午看了70个门诊，看到最后自己脑子都不清楚了。

"我们可以算一下，医生8点上班，11点半下班，三个半小时的时间里，在不上厕所、不接电话、全神贯注的状态下，每三分钟要接待一位患者，这其中还要除去患者进出、填写病例、开药的时间，真正对患者的认真询问交流的时间，少之又少。"

2016年全国“两会”，是钟南山在本届人大履职的最后两年。他无比地珍视，他要加倍利用好这最后两年“说真话”的机会。

他要对“医改”这块陈年顽疾出重招，指出问题的核心；他要指出貌似看好的网络医疗，事实上不可能取代传统医疗；他要为医务人员待遇低的问题继续呼吁；他要指出医务人员工资与创收挂钩的危害性；要继续推动雾霾治理；呼吁对儿科医生大量流失情况的重视。

3月12日晚上，终于能挤出一点时间，他答应接受一位最熟悉的记者的采访。他希望公立医院真正公有制的问题能够通过媒体原原本本传播他的本意。女记者一进门，见到她崇拜的钟院士，他手上拿着几张字迹工整的A4纸。她心想，他从来没有这样接受过采访啊，因为他从来口若悬河不打腹稿。钟南山请女记者坐下，他自己坐在一边，用手指点着上面的字，一字一句为记者读出他的手稿，这是他会议的发言稿，他生怕这位记者不能完全明了他文中要表达的原意：“……公立医院脱离市场化的引导和市场化的机制，这是解决一切问题的要害，但是现在偏偏没有解决”。

2017年前后，初到广州的人不再像以往一样被蚊子袭击。因为预防寨卡疫情，有关部门对蚊子进行了消灭。钟南山说，寨卡疫情，全国做得很好，外堵输入，内防扩散。现在国内大概有8例疑似病例，但很早就发现了，发现后患者被适当隔离，防蚊工作得到了加强，像巴西一样大规模暴发是不会的。全国“两会”上他对记者讲出了令人踏实的信息。

2017年3月，全国“两会”：中华人民共和国第十二届全国人民代表大会第五次会议。这是钟南山担任全国人大代表的第十个年头，在全国“两会”神圣履职的最后一年。

忧国忧民的他，多少话儿在心头。

有一位男记者坐在钟南山门前的地板上，从早上一直坐等到下

◣作为2017年的“两会”代表，接受采访

午。见到这位记者时，忙碌不已的钟南山，弯下身，伸手去挽这位男青年的臂膀，“哦！钟院士您力气好大呀，哈哈。”记者惊讶不已。

这一年，他着力呼吁“公立医院应该姓公”。钟南山在分组会上开了腔：公立医院市场化操作的问题依然没有解决，医改目前仍然是“溺水区”。要缓和医患关系，将医改贯彻到底，首先就要提高医护人员的待遇，实现公立医院的公益性。让公立医院姓公，而不是目前这个样子——公不像公，私不像私。

他明确提出自己的观点：增加公立医院的公益性和公平性，就是要让老百姓得到廉价、有效、安全的治疗，让医务人员得到社会尊重和阳光的合理的待遇。“这就是医改，医患共同获益。但现在，公立医院市场化仍在蔓延。”钟南山说道。

医疗领域里也有供方和需方。在需求方方面，2017年，李克强总理在报告中指出，要提高基本医疗经费，提高重病补助，希望70%以上地区实现分级医疗；在供方方面，报告中也提出要根据医疗的工作特点，合理提高医务人员薪酬，调动医务工作者的积极性。

钟南山说出的实际上是“秃子头上的疮”，明摆着的现象，但是谁也不说，谁也不愿意轻易去碰。更何况这样的问题不是简单的话题，要经过多少调查研究啊，否则万一人们以为你是乱说，该怎么办？

钟南山一针见血：医改的主要矛盾还是供应性问题。合理提高医务人员薪酬，对调动其积极性有很大的意义。不过，薪酬从哪儿来？实质上，公立医院到底是走公益化道路还是继续走市场化道路仍然未有定数。

“8年前说医改进入深水区，依我的看法，医改是进入溺水区。我从医56年，很少看到医务人员是这样的状态。”

此时的他，语气是不愠不火的，但是言辞完全进入了“大炮”的状态：“医护人员本来应该是医改的主力军，现在却被迫成为阻力军。”

他是实实在在地在建言献策，他认为导致该问题以及看病难、看病贵等问题的根本原因，就是公立医院的定位问题没有得到解决，分级诊疗、药价改革等，都是医改的下游问题，而恢复公立医院的公益性定位，则是医改的上游问题，“只有解决了上游问题，下游问题才能解决”。

如果公立医院的公益性不解决的话，更多的优秀医生出去组织医生集团也不奇怪。

医生的待遇太低，当前，国内儿科医生流失，由此可能产生了多米诺骨牌的效应，接连产科、急诊科等的医生流失越来越多，“除了社会地位低、不受社会尊重外，还有一个很重要的原因就是医生的工作风险大、待遇低”。

医护人员的薪酬太低，提高到多少才是合理区间？当时全国城镇公立医院的医务人员年均收入约为6.3万元，大概相当于社会平均工资的1.12倍。他说：“我和几个研究所一起做了很深入的调查，英国的医务人员收入是当地社会平均工资水平的3~5倍，香港地区的医护人员是5~8倍，单算医生就是9倍多。”

不但是医生流失严重，就连愿意学医的学生也越来越少。他列举了一项个人调查：复旦等院校的医学专业分数都在降，最突出的是，河北省高考医学专业招生分数垫底，比兽医专业还少125分。

全球预防

“在国际上，预防高血压、糖尿病的研究，都经历了20年之久，而我们对于慢阻肺预防的研究仅用了不到十年！”2017年9月27日，一个标志性的成功，被钟南山视为个人成就感高于非典：“慢性阻塞性肺疾病COPD”科研成果的论文《噻托溴铵对早期慢阻肺的治疗》，发表在《新英格兰医学杂志》上。论文所涵盖的内容代表“顶天立地”的科研成果，为慢阻肺的早期防治提出了战略性的方向。

它意味着什么？

从这一天起，全世界的西医学终于承认了慢阻肺可以预防，终于有了通过预防达到减少发病的依据；有了对慢阻肺早期进行预防干预的具体实施办法，这些一经运用到全世界，每年因慢阻肺疾病导致死亡的人数会大大减少。“中国超过70%的慢阻肺患者，并没有症状或者只有轻微症状，绝大多数人都没有检查或者看过医生。”2017年9月15日，在全球首个慢阻肺研究结果发布会上，钟南山如此公布。

在我国，慢阻肺患者达1亿人，已成为危害国民健康的第三大杀手。在全球，慢阻肺是病死率很高的疾病。我国40岁以上人群患病率已达13.7%，这个数字仅次于脑卒中、缺血性心脏病、肺癌，成为第四位致死的疾病。

钟南山呼吁，要重塑慢阻肺诊治的理念，一定要通过早期诊断和早期治疗，降低发病率。

“经过不懈努力，我们终于取得宝贵的一手资料，并首次在国际上证实，早诊早治对慢阻肺是非常有效的，而且可能使病情逆转。”慢阻肺发展到中后期，除了病人难受、治疗效果不好，每次住院大概要花两三万元医疗费。如果能像治疗高血压、糖尿病等一样早期治疗慢阻肺，不但可大大降低费用，而且治疗效果事半功倍。

早在2009年，钟南山就对自己发了狠，一定要把真实的成果告诉世界，慢阻肺可防可治。当时，在罗马举办的国际慢阻肺大会上，钟南山提出自己的观点：能不能像高血压、糖尿病那样，对慢阻肺进行早期干预和预防。这一想法得到大会主席的赞成，但当大会主席询问有没有人准备这样做时却没人举手。

“那一幕刺激到我了。”钟南山不会忘记。这些国际专家都认为这是个无法进行下去的项目，但是时年73岁的钟南山，却举手打了包票。

一向迎难而上的他，不会惧怕任何困难。至今他庆幸自己，当年找到了生产治疗慢阻肺药物的德国制药巨头勃林格殷格翰，说服这家公司提供药物和资金支持，帮助探索慢阻肺的早期干预，想尽办法打消了勃林格殷格翰的顾虑。

勃林格殷格翰最终为钟南山团队提供研究用药和400万资金支持。从此，钟南山就像西天取经一样，和他的合作伙伴冉丕鑫教授以及他们的团队深入基层，开始了长达数年的寻找潜在慢阻肺患者的浩大工程。而这些，都是他用挤出来的时间，全心投入的。

这是一些没有症状或者症状很不明显的患者，你怎么能够说服他，让他接受他有患病的前兆，或已经开始患病，并且需要救治，或者提早预防呢？在对841名患者完成双盲对照实验后，结果出来了：用药组（噻托溴铵吸入）的患者肺功能明显改善。用药的结果首次证明，早期用药可以改变慢阻肺患者每年肺功能下降的自然进程。

“我和我的团队历经将近十年时间，首次发现慢阻肺如果在早期没有症状或极少症状时进行干预，可以显著改善肺功能，提高生活质量，并首次证实，抗胆碱能药物能减少肺功能的年衰减率，延缓病情的恶化。”

钟南山语气平静地述说着心中的感慨万千。他的这些话，再次登上了《人民日报》。

这篇论文所体现的研究成果，对像钟南山那样对专业领域科研孜孜以求的科学家来说，是一种告慰，将近十年坎坷路，终见天日变苦为甘。

十年，他与团队下沉一线调查，受试群众从几十到上千，再到上万人。

他自己做PPT，给群众进行义诊，去到全国各城市以及村镇，一场一场进行讲解，用群众能够听得懂的比喻和风趣幽默的语言，使群众喜闻乐见，从而乐于接受钟南山这套对慢阻肺要进行防御的大理论，最重要的是，他的一番辛苦，使民众能够接受他的预防措施。

尘劳迥脱事非常，紧把绳头做一场。吃尽千辛万苦的钟南山，还知足得不得了：“比起欧美，咱们国家这样做，容易得太多了，只要是组织出面，居委会村干部也能把群众召集起来。”他说，在国外就不行了，政府支配不了民众做这样的事，所以，“他们要想达到我们这样的目的，战线必然拉得很长，因为难度太大了”。

不仅如此，他还感谢政府：“在我国政府和卫生部门的有力领导下，我们已经对产生慢阻肺的病因进行积极干预，如降低大气污染，使用无污染的天然气用于烹调代替柴草等室内生物燃料，以及加强烟草危害的宣传教育等，这些是对慢阻肺的一级预防。而对慢阻肺的早发现、早诊断、早治疗是对该疾病的二级预防。”

他说："这个二级预防以前在国际上还没有实践，相信通过我们的深入研究，将使慢阻肺的防治战略前移。相信再通过几年的努力，我们将在慢阻肺的早诊早治上领先国际。"

钟南山记得，在读大学三年级的时候，他的老师讲糖尿病的症状是"三多一少"：吃多、喝多、尿多、体重下降，并伴有糖尿病足、青光眼及肾病。实际上，这都是糖尿病的晚期并发症，治疗起来比较困难，效果也很差。经过20年的实践，人们才认识到，当早期血糖反复升高，糖耐量降低时，即使没有症状，都可以诊断为糖尿病，如果在这个时候进行干预和早期治疗，完全可以避免以上并发症的发生。那么，慢阻肺为何不能？

"面对这种现实情况，我们没有退缩，而是依靠当地政府及广大群众，首先用肺功能仪筛查出病人，然后对他们进行宣传教育，说服他们接受药物治疗。"

他们团队正从两个方面深入探讨，其一是药物干预能否使得早期慢阻肺病人的小气道异常病变逆转，以证实早期治疗可使病情具有较大可逆性；其二是对社区大样本早期慢阻肺人群进行真实世界研究，进一步证明对早期慢阻肺的干预，能够有效地阻止病情发展为中重度，这样将大大减少病人的痛苦以及节约医疗成本。

如果采用国外推荐的吸入治疗方法治疗慢阻肺病，医疗成本是非常高的。因此他们需要发展适合国情的简便、价廉、安全、有效的药物及器械。经过多年的研究实践，他们发现规律地服用含有硫氢基的口服药物，能够使中重度慢阻肺病人的急性发病率减少24%~29%，而其医疗费用仅为国际推荐药物的1/5至1/6。

他们还观察了中成药方玉屏风散对慢阻肺急性发作的作用，发现玉屏风散可以使患者急性发作的频率降低28%，医疗费用也大大降低。太极拳是我国千年来特有的身体锻炼及康复手段，他们对膈肌肌电及呼吸中枢兴奋性的研究发现，太极拳比起国际惯用的步行康复具有更大优势：一是能够调整呼吸；二是能够增加呼吸肌肌力，从而证实太极拳是慢阻肺患者功能康复的重要手段。

在此之前，慢阻肺是等到出现明显症状之后才进行干预。钟南山和他的合作者，终于使这一历史重新改写。

改革先锋

2019年适逢中国改革开放40周年和中华人民共和国成立70周年，围绕这两项重大活动，记者们又纷纷来请求约见钟南山。钟南山也不禁回顾了一下自己的过往。2003年初，非典来袭，情况十分危急，他带领团队在疫情病因不明的情况下，坚持真理，尊重事实，精心制定治疗方案，挽救了很多病人的生命，最终使广东成为全球非典病人治愈率最高、死亡率最低的地区之一。

非典疫情肆虐之时，一桩桩一件件如在眼前：

他积极建言献策推动公共卫生应急体系建设，倡导与国际卫生组织合作；主持制定我国非典等急性传染病诊治指南；最早制定出《非典型肺炎临床诊断标准》，并探索出“三早三合理”的治疗方案，在全世界率先形成一套富有明显疗效的防治经验，被世界卫生组织认为对全世界抗击非典型肺炎具有指导意义。

他感到欣慰，作为一名医学工作者，他和他的团队用自己的努力为祖国作出了应有贡献。

回想1971年，国家号召全国医疗系统开展对呼吸科和慢性支气管炎等呼吸疾病的防治研究。那一年，35岁的他，从北京回到广州，选择了当时离家最近的广州市第四人民医院，即后来的广州医科大学附属第一医院的呼吸疾病研究所。当时他和他的团队只是一个慢性支气管炎小组，是呼吸疾病研究所的雏形。他除了按时上班外，为了尽快成长为一个熟练的临床医生，把大部分休息时间都用到了X光室、心电图室、图书馆等地方。

他忘不了自己当年曾经骑着自行车一个个医院去调查，甚至蹲在地上，从呼吸系统病人吐出的痰中分析病情。

他们的这个小组终因勤奋钻研脱颖而出。在广州地区，他们最早开始使用纤支镜，并将其用于呼吸疾病的治疗。他们建立多个实验室，开展动物实验，为临床科研提供补充和对照。同时，他们写出了一批高质量的论文，起先登于《中华医学》和《中华内科》杂志，后来逐渐发表到国际医学前沿的权威级报刊。

那时的他们付出无数艰辛的努力，却从来没有人去计较个人的得失。

1978年，中国迎来了科学的春天。全国科学大会在北京隆重开幕。他作为广东省的代表参加了这次历史盛会，他与侯恕合作的研究成果《中西医结合分型诊断和治疗慢性气管炎》，被评为国家科委全国科学大会成果一等奖。这届大会汇聚了当时几乎所有在世的科技工作者，他们再次相见，那是怎样激动的场面。

往事并不遥远，只是岁月如梭。“从医几十年，我最大的幸福，是始终站在治病救人的一线。我最大的安慰，是我作为一名医生，对病人做到了全心全意。我最大的愿望，是能为祖国多作一点贡献，让更多的科研成果走出实验室，转化为生产力，造福人民——这也是我对国家、对人民的报答，是一名医务工作人员的初心。”

“我的期待是希望我能够在几个方面的工作做出更多的成绩：第一个是想把慢阻肺的早诊早治作为全国的治疗战略；第二个是经过二十几年努力，希望新的抗癌药能够成功；第三个是我们对慢性气道的疾病如哮喘、慢阻肺有新的认识和新的治疗方法。”

2016年，钟南山荣膺中国工程界最高奖项——第11届光华工程科技奖成就奖。2018年11月，他被评选为100名改革开放杰出贡献者。2018年12月18日，被授予“改革先锋”称号。

“改革先锋”，是中华人民共和国在庆祝改革开放40周年大会上授予的荣誉称号。中共中央、国务院决定，授予100名为改革开放作出杰出贡献的个人“改革先锋”称号，颁授奖章。钟南山获此殊荣，并获评“公共卫生事件应急体系建设的重要推动者”。

“一个有希望的民族不能没有英雄，一个有前途的国家不能没有先锋。”这是此次颁奖的主题词。

“科学只能实事求是，不能明哲保身。”2019年2月13日《人民日报》记者白剑锋以钟南山这句真言作为文章标题，赞美了这位“改革先锋”的风采：在钟南山的人生字典里，从来没有“停步”二字。

在他的学术著作中，有主持制定了甲流、慢性咳嗽、慢阻肺等多种疾病诊疗的指南。他自诩是“80后”，这位“80后”院士正在带领团队研发一种抗癌药，该项研究已经做了26年！

这位“80后”，搞科研、搞教育、每周出诊、做远程大查房。“病人的信任是我最大的动力，病人的康复是对我最大的鼓励。”从医多年，钟南山依然精力充沛，坚守在临床一线。

钟南山获此殊荣，真乃实至名归。他的名字，和中国的公共卫生事业紧紧连在一起。非典过后，他主动承担起突发公共卫生事件代言人的角色，在雾霾、甲型流感等公共事件中敢于发声、传递真知、稳定人心。

尤其他用不到10年时间，让世界现代医学界从此改变了慢阻肺不能预防的定论。从此全世界有了“像控制高血压、糖尿病那样，对慢阻肺进行早期干预”的参考标准。他希望通过进一步的随访和干预研究，改变世界卫生组织制定的慢阻肺诊治指南。

他阐明自己的态度：“科研既要‘顶天’，也要‘立地’。‘顶天’就是抓住国际前沿、国家急需项目，‘立地’就是要解决老百姓的实际问题，研发出有效、安全、价廉、方便的器械和药物。顶天的研究不能‘立地’，不能缓解患者的痛苦，意义就会打折扣。”

2018年5月，钟南山又做出了一个让所有人都意想不到的惊人之举，他以广州呼研所医药科技有限公司董事长的身份亮相，扛起了产学研转化：科技强医学，造福国人的大旗。自2009年以来，钟南山团队已经成功打造了呼吸疾病国家重点实验室产学研体系，成立了多家关联项目公司，涵盖医学创新诊断中心、药物创新研究中心等板块。所以，一切可谓时机成熟。

他嘱托青年学子：“应当保持奋斗的精神，奋斗不是营造氛围，而需要坚持不懈、是实实在在的努力，需要坚忍不拔的精神。”

他希望能再奋斗20年，建设亚洲最大的心肺呼吸研究中心，包括对疑难病症的科研、培训、治疗，打造一个产学研中心。

2020年3月9日上午，佛山市南海区与广州呼吸健康研究院在广州签署合作协议，共同推进健康科技成果转化项目，拟重点围绕大健康产业创投基金、大健康创新项目专项资金、医药技术转化服务中心、大健康产业园、国际医学综合体等五方面展开合作，力争打造粤港澳大湾区大健康产业发展标杆。

“我们之前更多侧重在科学研究和技术研发，但是在科学成果转化方面还做得不够。”钟南山说，最早在非典之后就开始部署包括预防传染病的防控装置等产品，也做了很多基础研究，但是如何把这些研究成果转化成大家都可以用的产品，一直都在探索。

“科学研究与经济建设如何有机连接起来，确实是一个要害问题。”钟南山表示，我国围绕呼吸系统疾病有两个科研方向，分别为国际前沿和国家急需，除了力争在国际上做出创新性、引领性，未来还需要研发一些简单价廉安全有效的药物及器械，让广大老百姓买得起、用得上。

2018年12月的广州弥漫着沁凉微寒的气息，让到达这里的北方人格外舒爽惬意。在中华人民共和国成立70周年即将到来之际，我应《人民日报·海外版》之托，向钟南山院士约一篇稿，内容是在他记忆中与祖国同呼吸共命运印象最深的一件事。

下午5点的办公室，依然是忙碌的，从来如此。钟南山不时抬头看一眼坐等的笔者，表示不好意思：“再等一等啊。”

与他相识十几年，细纹格子衬衫基本上是他最主要的穿着，只是颜色略有不同。而深湖蓝色的，最衬托他认真、清澈和安静的气质，也透出他由于一直进行力量运动，所保持的刚劲气息。

刚过完生日，82岁的他，在工作上，他永远不会拿自己当老人，事实上，即使年富力强的人，劳动强度能不能赶上他？很多人肯定比不了。接触过他的人，没有不心服口服的，单说思维的敏捷程度，就不会落后于年轻人。所以无形之中，也就没谁拿他当老人。

他沉静地听我说完采访要求，然后就认真地锁定了15年前一段似乎刚刚发生在昨天的往事。时间真的是飞快啊，那是他曾经在10年前，也是这个季节对我谈起过的事，是他在美国为祖国发声，告诉世界：中国抗击非典贡献巨大。

那件事的整个过程对他来说，真可谓刻骨铭心。他重新认真地讲起这件事，忙碌了一天的他，毫无倦意，而他如下的述说，基本上直接就是一篇无须修改的电子文稿，几人能做到啊——

2003年5月18日，我参加在美国西雅图召开的全美胸科年会。

一楼阅报栏上放着的《新闻世界》周刊上赫然印着大标题：“非典是中国毁灭世界的武器”。它震惊了我，而旁边还有一本《泰晤士》杂志，封面上是鲜红的五星红旗，而红旗的背景是人的肺脏，上面居然写着“非典民族”，文章满篇都是歪曲，令人不忍卒读。

我知道，从2003年3月至4月，一些西方媒体，包括《华盛顿邮报》《纽约时报》、CNN、英国BBC广播电台，有很多关于中国非典的歪曲报道甚至不实指责。

眼前所见，触目惊心！想不到当时美国和西方有的报刊为了政治宣传的需要，将中国丑化到如此程度，如此地煽动全球反华。

从受邀参会算起，一共20天，工作繁忙使我疲惫不堪，再加上长途飞行，已经累得体力不支。但是，用事实驳倒这些谣言的决心让我一下勇气十足，信心百倍。

会场上，有来自世界各个国家和地区的胸科医学专家。我发言的主题是：“非典在中国”。本来我就想把中国抗击非典的真实情况介绍给全球。看到那样的宣传内容之后，难以抑制的愤慨，更是让我觉得，我必须讲清楚事实真相，以赢得世界对中国的尊重和理解！

会务组对整个会议安排的发言顺序和内容，早在一年前就定下来了，为了插进此次全世界关注的发言，他们在中午抽出了一个时间，给我安排了一个大的会议室来进行。

开讲之后，很快就座无虚席，通道上坐满了人，会议室外面也挤满了人。工作人员把电视天线从会议室所在的四楼拉到二楼，让更多的人能听得真切。

我的发言，获得了美国在内的很多国际专家的高度赞许。美国疾控中心的一位官员随即邀请我，召开一场关于非典的记者招待会。在招待会上，美国记者提问，我的态度和轻松幽默的表达，拉近了和记者们的距离，他们对我这个从所谓“疫区”来的中国人，有了亲切感，对我和我的祖国开始刮目相看！

随后，德新社、美联社等对我进行了专访并刊登出来。

那次参加会议的有80多个中国留学生，是从美国各个州来的。会议结束后他们都没有走，一直陪着我聊到很晚。他们很自豪，中国对非典的防控作出了巨大贡献，得到了世界的认可和尊重！祖国真是了不起！

我强烈地意识到，多向一个国家和地区说明中国抗击非典的真实情况，就会多纠正一分不良影响，就能给国家多赢得一份荣誉。所以当年我连续奔赴澳大利亚、丹麦、美国、日本、新加坡、马来西亚、荷兰、瑞士、瑞典等十几个国家，还有中国的香港和澳门地区，尽己所能，向世界阐明中国抗击非典的真相与贡献。

如今80多岁的我，和我们的祖国一起经历了无数的风雨坎坷。我始终非常喜欢那首歌曲，它就像我的心声——

我和我的祖国，一刻也不能分割……

卷 3

非凡人生

一个人要能够给世界留下点什么东西，才算没有白活。

——钟世藩

父母，有良知的名医

一位古稀老人，伏在书案上，因患白内障，他的视力严重下降，几乎整个脸贴到桌面上。因为复视，他盖着一只眼睛，只用一只眼睛写作，最终完成了40万字的医学专著——这是一个医学世家孜孜以求的写照。

钟世藩，我国著名的儿科专家。他与妻子廖月琴，为厦门同乡，是一同留学美国的医学专家。廖月琴是华南肿瘤医院（现中山大学附属肿瘤医院）的创始人之一。钟世藩、廖月琴是钟南山的父亲和母亲。

钟世藩少言寡语。廖月琴总是带着温和的笑容。

对于自己幼年的往事，钟世藩并没有对儿子钟南山讲述过太多。钟世藩于1901年出生在厦门，从小和他的叔叔一起长大。钟南山只是隐约记得他的父亲是个孤儿。因为父母英年早逝，钟世藩很早就跟着他的叔叔去厦门读书。中学毕业以后，因为成绩优异，钟世藩考入了北京协和医学院。那是1924年，北京协和医学院一共只招收了40名新生，是非常难考的。

1932年，钟世藩从北京协和医学院毕业，之后又取得美国辛辛那提大学医学博士学位。1946年到广州后，钟世藩任广州中央医院院长兼儿科主任、岭南大学医学院儿科教授。1949年，他被世界卫生组织聘为医学顾问；1953年全国高等院校院系调整结束后，任广州中山医学院儿科教授兼主任。钟世藩曾任中华医学会儿科学会委员、《中华儿科杂志》编辑委员、中华医学会广东分会儿科学会主任委员等职，是第四届广东省政协委员。

钟世藩虽已离世多年，但每当说起父亲，钟南山所透出的恭顺、敬畏之心，却仿佛父亲还在世间。父亲是他的骄傲。

钟南山之所以从心底里敬仰他的父亲，不仅因为父亲的名望，更因为父亲严谨的治学精神和崇高的医德。

从1924年到1932年，钟世藩所就读的北京协和医学院，采取的是淘汰制。一个班的40名学生，最后只剩下了成绩优异、出类拔萃的8名学生，其中就有钟世藩。

钟世藩是典型的象牙塔里的精英。他们那8位同学之中，有后来非常有名的皮肤病专家胡传揆，有在生化学界非常著名的刘士豪。钟世藩无论医德和才学，都堪称当时我国儿科医学领域的权威。

那个时候培养出来的人，有非常严谨和实事求是的素养。对钟南山一生影响最深的是，他的父亲说任何话、做任何事，都讲证据。

钟世藩早年所在的南京中央医院是国民党的嫡系医院，他曾随集体一起加入国民党。1937年日军攻陷南京时，他们一家随着医院从南京撤退到了贵州，在贵阳中央医院工作；9年以后，又随着整个医院从贵州迁移到了广州。

到了广州的钟世藩，受聘为广州私立岭南大学医学院教授。

1949年10月，他们全家有两条路可以选择——去台湾或留在大陆。钟世藩是一个爱国的、有良知的名医，是一个诚实的人。他痛恨国民党当局的腐败，所以毅然决然留在大陆，没有随国民党一起撤往台湾。

1949年10月14日广州解放的前夕，广州城已经可以听见解放军隆隆的炮声。国民党政府“内政部卫生司司长”王祖祥，频繁地匆匆出入钟世藩的家，动员钟世藩一家带着广州中央医院的13万美元财产去台湾。

钟世藩毅然决然地回答：“是中国人就得待在这里，而不是离开。”

其实，当时钟世藩对于共产党一点儿都不了解，但是他决意不去台湾。早在大学毕业的时候，钟世藩就完全可以到美国去工作，但他不想离开祖国。

广州解放后，钟世藩将广州中央医院留下的13万美元，全部交给了解放军的临时军管会。

一个人当坚守自己的良知、坚持自己内心的感受时，会面对什么呢？钟家世代经历了诸多磨难，但是钟世藩从来没有后悔过当初留在祖国大陆，始终没有改变自己的爱国之心。他的风范，深深地感召着他的后人。

从钟世藩身上，钟南山不但学到怎样去治病，父亲那锲而不舍的精神，更是潜移默化、深深影响了钟南山。

钟世藩一生都在追求揭开未知之谜。在病毒学开始发展的20世纪40年代，正是钟世藩在美国进修病毒学期间。他发现细菌保护病毒活力的作用，是在细菌活跃繁殖状态下产生的。这一发现得到当时在辛辛那提大学的病毒学家赛宾（A.B.Sabin）的重视，认为值得报道。美国约翰·霍普金斯大学的病毒学家豪威（H.A.Howe）也认为，这一发现是一贡献。同时，钟世藩还发现，胎鼠可以作为病毒生长的理想的培养基。

20世纪50年代，钟世藩创办了中山医学院儿科病毒实验室，利用实验室从事病毒研究及培养研究生。这不但是广东省而且是全国最早创办的临床病毒实验室之一。在临去世的前一天，钟世藩还给儿子钟南山讲解，试图用电磁场来切割培养病毒的液体，让病毒产生一些变化，看一看这样会不会对病毒有杀灭的作用。他和钟南山讲这些的时候，知道自己已经病入膏肓。面对死亡，他从容不迫，依然镇定地吩咐儿子："找人弄来电磁铁，准备做下一步的实验。"

临终之际，钟世藩还特别交代钟南山，千万不要开追悼会，不要浪费别人的时间。

"我一到他面前，就觉得很恭敬，觉得自己的层次提高了一个台阶。"这是钟南山对父亲真切的评价。

钟南山后来在事业上孜孜以求的时候，对父亲的所作所为蓦然领悟：父亲用自己的工资在家里做实验，由此可以看出父亲的追求。

钟南山清楚地记得小时候的事，父亲救治病人，常常是风里来雨里去，而这样的出诊，与他在医院的工作基本无关。登门求医的，是各个阶层的病人，钟世藩从来一视同仁。

有的时候，晚上吃完饭，本来一家人都是自己看书的，突然有人来了，急急忙忙请钟世藩去看病。有一次是校卫队的人，那些孩子们都很穷，没钱去看病，要钟世藩去看看。

有的时候，钟世藩正在看书，或很着急地在做一些研究，有人来敲门了。当时，他也会皱一皱眉，但是病人来了，他还是照样给看。而且，大多数的病人都给看好了，彻底治愈了，所以，病人都非常感激钟世藩。

"文化大革命"开始后，钟世藩也没能逃脱厄运，被迫接受批斗，身为儿科泰斗，他失去了医生的工作，被指派到儿科洗奶瓶。不能出诊，不能搞科研，这样的处境钟世藩都不在乎，但对他打击最大的是爱妻廖月琴的冤死，那个打击对于钟世藩，一度是万念俱灰。

无论在何种境遇之下，钟世藩都告诫钟南山：要诚实、鲜明地亮出自己的观点。钟世藩有的时候给研究生改论文或者是讲义，他如果觉得质量很差，就会直接在学生写的稿子上打叉。那时同样身为一名学生，钟南山心里想：这不是伤害那些学生吗？可钟世藩却说："写得实在太差了，所以要给他们非常鲜明的印象。”

钟世藩从来都是这样真实地表达自己的观点，因而钟南山从小受到的最重要的教育就是要诚实：“把你自己内心最真实的感受说出来。”

钟世藩在1975年74岁时开始写《儿科疾病鉴别诊断》，直到1978年写完，一共用了3年。在钟南山的心目中，父亲钟世藩有自己的追求，所以，无论在什么样的境遇下，他都要把学术上的东西留给大家，对于学术推动作一点贡献。这样做，他才会觉得没有白活一世。

有时候，钟南山劝父亲：“您的眼睛、身体都不太好，算了吧。”

钟世藩回答：“不做点工作，让我等死吗？”

钟世藩在写作的时候，根本没有想过稿费。他只是想写出一点东西，对广大医务人员有帮助。他有这么一个动力，所以再困难也要写。

那个时候的图书馆基本上无人造访，但是图书馆的那些老管理员，每天一大早，都会接待一位前来写作的老人。钟南山回忆此番情景时，眼里隐隐地含着泪花……中山医学院儿科教研组一个姓温的医生，实在是被钟世藩所感动，主动提出帮他抄写手稿，终于使他的心血之作《儿科疾病鉴别诊断》顺利出版。

这部40万字的儿科医学专著，历经3年默默写作，钟世藩所得的稿费是3000元。他把其中的1500元给了温医生作为酬谢，还给了帮助他查阅资料的人大概1000元，最后他自己留下了500元，又用这些钱全部买了自己的《儿科疾病鉴别诊断》送给别人，所以，他的稿费一分钱都没有剩。

这是特定时期一位真正的学者所为。《儿科疾病鉴别诊断》一发行立刻售罄，随后多次印刷，共发行了几十万册。

钟世藩培养的学子，可谓桃李满天下。有一个研究生叫沈皆平，

◣《儿科疾病鉴别诊断》封面

◣父亲、母亲年轻时的合影

他对恩师有很深的感情。直到现在，每年清明拜祭钟世藩夫妇的时候，已经年逾八十的沈皆平都一定会和钟家人一起去。

母亲廖月琴出生于1911年，与钟世藩是厦门同乡。廖月琴的家就在鼓浪屿上，她是一个商人的女儿。廖氏家族，声名显赫，在鼓浪屿可谓无人不知，无人不晓。

廖月琴曾祖父廖宗文，白手起家开创基业，廖宗文有四个孩子：廖清霞、廖悦发、廖天赐、廖天福。而廖悦发正是廖翠凤的父亲，林语堂的岳父。

当年，廖家几房人全都住在一起。廖月琴的爷爷是三房廖天赐，父亲是廖超熙。廖超熙与廖翠凤是同一个屋檐下长大的堂兄妹，他下过海经过商，思想超前。廖翠凤母亲谢淑媛出自大家族，温柔贤惠，能识大体。生在这样家庭的廖月琴举手投足间气质超凡，是个与众不同的女子。

从廖家这个大院走出来的女儿们，不光嫁的夫婿不一般，生的孩子也都不一般。她们培养出的下一代，有钢琴家、声乐家、医学家……堪称“精英之家”。

鼓浪屿廖家亲族人才辈出。

廖月琴一共有三姐妹。年少时，廖月琴在当地毓德女中读书，后来考上了协和医学院的高级附属学校学高级护理专业。在那个年代，像她这样出身富贵之家的女子，极少有愿意从事护理专业的，毕竟这一行在当时看来是伺候人的事，堂堂大小姐，怎能去做这样的事呢？

然而有志向有追求的廖月琴，有着特立独行的个性，从来不会被人左右，事业如此，择偶也如此。在协和医学院就读期间，她遇上了一生挚爱的钟世藩。钟世藩虽是协和医学院高材生，然而家庭清贫，尤其是他比她大了十岁，可谓门不当户不对，但廖月琴就是认定了钟世藩。1934年，廖月琴在护校毕业以后，23岁的她，与钟世藩结了婚。

一切刚刚起步，最初的生活贫困而且拮据，钟世藩为事业拼命，脚不沾尘，家里的一切都是廖月琴打理。廖月琴这个曾经被家人捧在手心的公主，嫁到钟家，在贫困的日子中，从无怨言，心异常平静，自如地应对家庭琐事。

廖月琴毕业后曾由当时的国民党卫生署派到美国波士顿学习高级护理。新中国成立后担任过华南肿瘤医院（现中山大学附属肿瘤医院）副院长，是医院的创始人之一，为中国医学事业作出过突出的贡献。

为了能做好工作，廖月琴每天要去上夜校，读的都是关于解剖学、肿瘤学的书籍。钟南山望着已经年近四十的母亲，心疼地问："学这些干吗？"廖月琴用慈爱的目光望着自己的儿子，温和地说："我要当肿瘤医院的院长了，总不能连肿瘤是什么都不知道。干一行，就要爱一行，干一行，就要懂一行。"廖月琴这一番话，成了言传身教，烙在钟南山的记忆里。

廖月琴是一个非常善良和有同情心的人，很爱帮助人。在钟南山稍微大一点记事的时候，常听她给自己和妹妹讲起过去的事。

"我到现在还记得，妈妈是怎么对待其他有困难的人的。"钟南山说："我对人的同情心，对事的责任心，便是从母亲那儿继承过来的。"在钟南山考上北京医学院的1955年，他的一个同班同学，问钟南山能不能借给他一些钱。钟南山告诉了母亲，廖月琴沉默了，因为为了钟南山读书，家里已经把所有的钱都拿了出来，日子特别拮据。

母亲很是为难："南山，你不知道，我们为了准备你的钱都很困难了，实在没办法了。"

可是钟南山没想到，几天后，母亲将皱巴巴的20元钱给了钟南山，叮嘱他一定要交给那个贫困的同学。钟南山回忆说："那20元，来得很不容易，那几乎是我们家两个月的生活费。"

在钟南山的记忆里，母亲是典型的淑女：她有特别好看的双眼皮儿，总是面含微笑。她的衣着朴素大方，逢年过节的新衣顶多是白色带一点花。“她喜欢听我讲话，我讲的时候，她常常会仔细地听我讲的内容，她要表达对我的批评或者是建议的时候，常常不会直接地说，而是很婉转地对我讲。”

母亲是信守承诺的人，这让年少时的钟南山，钦佩不已。母亲只要答应了他的事情，哪怕再小，再难，也从来不会推脱食言，这一点深深影响了钟南山的品格。后来，钟南山有了自己的儿女，他也像自己的母亲一样对孩子信守承诺：“要么不答应，答应了我就一定要做到。”

廖月琴后来当了护校校长，工作极为负责。在筹建华南肿瘤医院之时，廖月琴被调至该院任副院长，当时的正院长是谢志光，一个放射学专家。在肿瘤医院的创办过程中，廖月琴投入了非常多的热情和精力。

廖月琴54岁的时候，得了一次心肌梗死。她的家族有这样一个病史——她的姐姐是因为心肌梗死去世的，时年只有62岁。而廖月琴的妹妹很早就夭折了，死于结核病。廖月琴患病住进医院病房的时候，钟南山还在北京，不知道母亲生病的事儿。放假回到广州，钟南山立刻赶到医院去看望母亲。

1966年7月，时任华南肿瘤医院副院长的廖月琴，对工作非常认真负责。为了病人不受感染，当时的她特别注重保持病房的洁净。后来，医院宣传部要在病房墙壁上贴一些标语，廖月琴坚决不同意，因为她担心病房不干净而使得化疗病人被感染。在“文化大革命”期间，就因为这个原因，她被安了一个“反对毛泽东思想”的罪名，受到批判。

宁为玉碎，不为瓦全的廖月琴，不堪忍受红卫兵的批斗和折磨，被逼投江自杀。

1964年，钟南山已经大学毕业了。那一年他从北京回到广州探亲。但是，他怎能想象，与母亲的这一次相见，竟然是决别。

因为父亲、母亲祖上都是厦门人，使钟南山对厦门人有非常好的评价："他们性格好，对人真诚、热情，母亲就是这样的人。"

鼓浪屿在钟南山心目中，永远充满着诗情画意。

鼓浪屿四周海茫茫，

海水鼓起波浪……

这座拥有天籁之声的小岛，岛上有日光岩等六七座奇俊的岩峰和冈峦，花树掩映，周围环拥着沙滩和大海，海风经年吹拂鸣响，波涛日夜往复吟唱。从古至今，居住在这里的人们以渔、农为生，过着日出而作、日落而息的生活。

钟南山对外婆家的记忆是，生活在鼓浪屿的厦门人家，有很好的文化修养。的确，鼓浪屿的普通人家都有钢琴，再穷的人家都会有。他们已经习惯性地认为，那是家里必备的东西。家里几乎每一个人都会弹钢琴，一代代地传承下去，形成了良好的家庭熏陶、民风教化。

钟南山谈起他的父母，显得满怀深情。他说，他的性格能够融入社会，这一点和他的父母有很大的不同。他的父母是典型的传统知识分子，很有风骨。钟南山说，他的人生哲学是，生活在这个社会，就必须融入进去，只是自己不会因融入而丧失原则。

父母的人生经历，对于钟南山来说，是宝贵的精神财富。他经历了风风雨雨的洗礼，更显出他的豁达与睿智："人首先必须能够在社会上生存。社会有公平的事情，也有不公平的，一定要坚持做人的底线，只要守住底线就行了。如果什么都是原则，那就没有了灵活性。很庆幸，我比我的父母要灵活些。"

钟南山举例说，他的父亲钟世藩于1975年开始撰写集一生医学经验之大成的《儿科疾病鉴别诊断》时，虽然父亲还没有完全平反，但钟世藩坚决不允许在自己的著作中加上一句毛主席语录，尤其在最醒目的序言中。在当时，不写上毛主席语录，是很难出版的。然而，钟世藩毫不犹豫地坚持说："我的这本书是医学著作，不是政治宣传品。"

这就是刚直不阿的钟世藩。

钟南山的母亲廖月琴更是采取自己结束生命的办法，来抗争受到的不公正待遇，来回答一切诬陷。这段往事成为钟南山心中最大的痛。

1987年6月22日，钟世藩弥留之际，叮嘱一双儿女，一定要把他与廖月琴的骨灰放在一起，撒入大海中。他是用这个办法，表达对爱妻的痛惜之情……

钟南山沉浸在回忆中的语调，此刻是惊人的平静，像一个行人，匆匆地走过已经熟识的街市。

"我和父母不同。我既看到社会光明的一面，也看到不光明的一面，但是我毕竟看到光明的了。"说到这个令他痛苦不堪的话题，他的语气，竟如同老朋友一般推心置腹，如此的胸怀开阔。

在如此沉痛的话题之下，他的语调仍然充满信心："现在更是如此，国家在不断地进步。虽然很多东西不如想象的那么美好，但是国家毕竟正在往高处走，在不断地改进。所以我说，我比较能够适应社会。同时，我也不会丧失原则。"

他的原则是，坚持真理，不讲假话。

顽皮的童年时代

南京，1936年10月20日。这一天是中央医院著名儿科专家钟世藩和他的爱妻廖月琴喜得贵子的日子。他们的第一个孩子在中央医院平安诞生了！

医院的床榻上，分娩后虚弱的廖月琴，非常的欣慰和幸福，因为她的第一胎婴儿——一个男婴，在等待着父亲钟世藩从儿科病房赶来，为他取名。

刚为小病人做完检查的钟世藩，匆匆来到廖月琴和儿子身旁，一把抱起刚刚诞生的小婴儿。钟家两代单传，如今终于有了后继之人。钟世藩喜出望外，虽然身处乱世，以后的日子会更加艰难，但是，这个小宝宝给他带来的，是勇气和希望。

给这个小小的“不速之客”取个什么名字呢？因为中央医院刚好坐落于南京钟山的南面，钟世藩便按照出生地的位置，顺势给孩子取了“南山”这个名字。钟世藩觉得非常有气势，廖月琴欣然同意。

谁能料想，这个来到人世的婴儿，其生命之途将历经传奇，将巍巍如山。

小南山的幼年，充斥着警报与炸弹的轰鸣声。他出生后不久，日本帝国主义侵略军轰炸了南京，南京城一片废墟。他险些丧命在废墟中。

随着炸弹的爆炸声，钟家的房屋坍塌。上了年纪的钟南山外婆和母亲廖月琴呼天抢地，终于把小南山从废墟里扒了出来。孩子的小脸儿成了灰黑色，半天都不会哭。母女俩惊骇不已：再晚一会儿，孩子真的就没命了！

钟南山的外婆是小个子女人，梳一个发髻，戴着一副小眼镜。她会讲厦门话，也会讲普通话。她写字不是写中文，而是写厦门的拼音。那个时候，写厦门拼音是很时髦的事，厦门拼音有一点儿像英文。

1949年中华人民共和国成立以后，钟南山曾和父母一起回到厦门的家乡，去看望过外婆。

当时，外婆猫着腰，在小眼镜上边，露出抬起的眼睛看着钟南山："宝贝，快来，外婆给你做好了五香肉。"

钟南山的外婆特别勤快，特别喜欢洁净，即使到了垂暮之年。

1937年12月南京沦陷前夕，南京中央医院迅速撤退，千里跋涉，转移到贵州贵阳。

那时在贵阳，民间流传着一句顺口溜儿：天无三日晴，地无三尺平，人无三分银。那里，也被战火和硝烟笼罩着。

1942年，6岁的小南山开始上小学了，但是这个贪玩和淘气的小鬼，时常会搞得钟世藩摇头叹气。每天忙碌于工作的钟世藩，晚上回到家，还要辅导儿子南山的功课。可是，这个小调皮只能耐着性子听父亲讲上那么一会儿，时间稍微长一点儿，他就会喊："我要尿尿！"然后就开溜大吉了。

回忆自己的幼年，钟南山笑着摇摇头："哎呀，我小的时候非常顽皮。"读小学的时候，他经常不好好学习，经常逃学，有的时候也爱出去买东西吃。老师每个月都要求学生们交一些钱到学校，作为伙食费。有的时候，钟南山就不交，拿着妈妈给的伙食费去街上买东西吃。

后来有一次，学期快结束的时候，廖月琴问小南山："你给学校

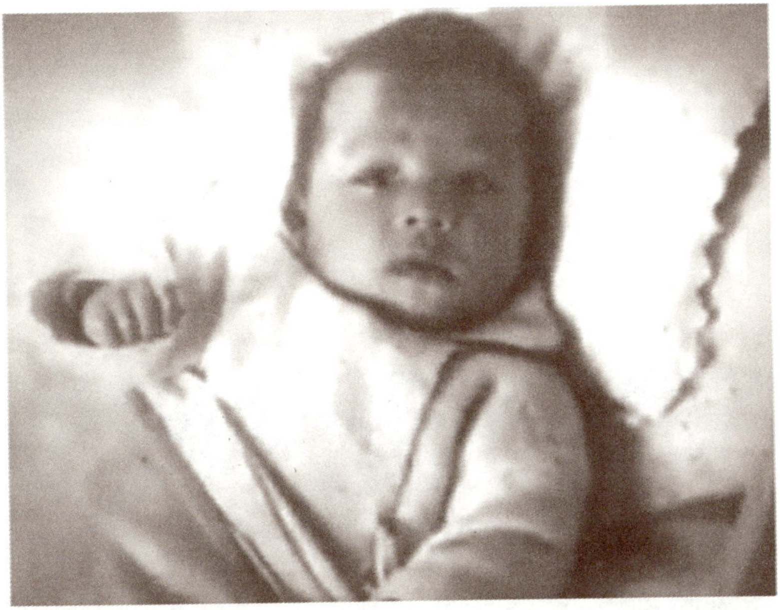

◣刚出生没多久的小南山

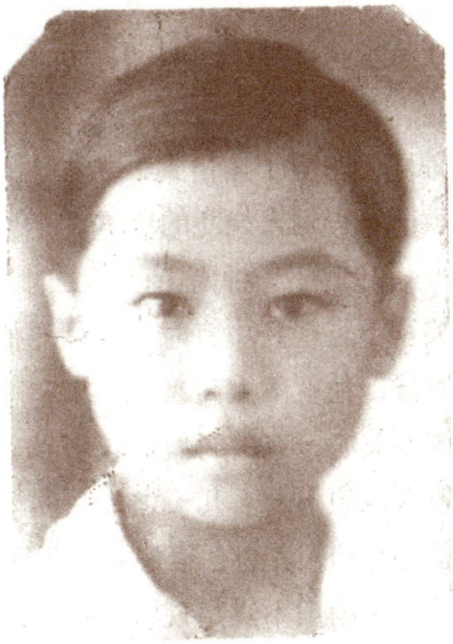

◣12岁，一本正经的小大人

◣18岁的帅哥

钟南山与父母亲、妹妹合影

交了钱之后，伙食费是不是有剩啊？”他黑眼珠一转，搪塞母亲说：“你去学校问吧。”结果，廖月琴真的带着他到学校去问。快走到学校门口了，小南山眼看没办法，就不得不对母亲说实话：“饭钱我自己用掉了。”他哪里肯进校门去见老师。

让小南山想不到的是，母亲单独进学校见老师回来以后，并没有太过责备他。但是，母亲这样教育他：“你这么做是不诚实的表现。”这时，一向严厉、少言寡语的钟世藩，也对他说了一句：“你自己再想一想，为什么撒谎？”

时值2009年年初，到了10月，钟南山就满73周岁了。他清晰地回忆着这段儿时的往事，一字一板地学着父亲钟世藩的这句责问。

1945年，美国大兵作为国民党军的“盟军”，驻扎于贵阳。

街头到处可见美军的身影。在年仅11岁的小南山的记忆里，留下了美国人对中国人冷眼相看的傲慢印象。美国大兵开车在街上横冲直撞，一位中国中年妇女不幸被轧断了大腿。“我记得非常清楚，那位妇女的大腿被轧烂了。她非常痛苦，很悲惨。”美国大兵把她从地上抬起来用车拉到医院，扔在那里，算是尽了一点儿美国式的“人道”，然后头也不回地扬长而去。小南山悲愤地想：这些美国兵怎么能够到处乱撞？

在南京遭受日寇轰炸时，钟世藩的家片瓦无存。刚刚置办起来的一点家私，特别是钟世藩夫妇珍爱的医学书籍，在贵阳又被战火吞噬，埋进了瓦砾。

钟世藩一家在贵阳的生活，一顿饭有一块酱豆腐，就已经是美餐了。随着战乱加剧，这里饥民遍地，真是国破家亡。

1945年年底，钟世藩一家随着医院再次迁徙，从贵州转往广州。一家人坐着汽车长途跋涉，在路上走了8天8夜。沿途的那些小客栈，充斥着臭虫和蚊子。钟南山的只有两岁的妹妹钟黔君体质过敏，每一次都要在全身喷了美国产的滴滴涕才能睡稳。但是，臭虫和蚊子实在太多了。到了清晨，她又会被咬醒。

钟世藩他们坐的汽车是医院的救护车。医院迁往广州，救护车当然也需要开到广州。

因为钟世藩是医院副院长，有身份，被照顾，所以全家坐了“专车”。

第8夜之后的上午，救护车开进了广州城。

珠江、海珠桥、爱群大厦……终于到了广州！

眼前的一切多么新奇！小南山和小黔君真是欢天喜地。当时的广州对于他们，就像天堂。广州不像贵阳那样，被轰炸得那么惨；而贵州易守难攻，所以抗日战争时期，贵州的仗打得惨烈，城市也更加破败不堪。

解放战争时期，国民党当局在撤离广州前夕，策划了“总撤退、总罢工、总破坏”的行动，要炸毁海珠桥，并企图将广州城变为废墟。国民党军炸桥是为了不让解放军往前追，保证他们顺利地往海南岛方向撤退。

1949年10月14日上午，势如破竹的解放大军即将进入广州城。这时，国民党广州卫戍总司令李及兰派遣军队和便衣特务，用汽车运载了近100箱黄色炸药，将这些炸药置于海珠桥的桥墩、桥梁接合处。

当时在广州，海珠桥是连接珠江两岸唯一的桥梁。本来，运炸药时是突然的戒严状态，桥上和周围街上没有车辆与行人。待炸药运完，都放在海珠桥的桥墩、桥梁上之后，就不再戒严了。

桥上戒严时，桥周围已经挤满了等待过桥的行人及车辆。戒严解除后，车、马、行人很快挤上桥面。据资料显示，当天下午5时50分，在没有任何警告和征兆的情况下，突然一声巨响，大桥轰然坍塌。顿时，桥上、桥下及周围数千米范围内，血肉横飞……

广州，窗外梅雨连绵，江天一色。街面的车流更为缓慢，沿江路的一长串“积木”，一会儿拉长，一会儿缩短。雨幕笼盖了市面的喧嚣，点点雨滴，让繁喧的市声显得遥远。摩天广厦之中，褐色的爱群大酒店，这座由爱国侨商陈卓平集资建成、在广州荣膺“建筑高度之冠”长达30年的楼宇，如今虽已历经80余载尘烟，依然有一股卓尔不群的气息；雨雾之中的海珠桥，显出青黑色静默的轮廓，它见证了中华人民共和国成立后70余载的风风雨雨……近一个世纪的往事，似在静静地回放。

钟南山站在窗前，可以看见近在咫尺的、后来重建的海珠桥，可以看见桥上熙来攘往的人流、车流。他指点着桥北沿江路这条东西方向的马路。

那时，钟南山家住在这条路西面的私立岭南大学（今中山大学），从海珠桥一直往前走不远的那个地方，离海珠桥有五六公里。当时，爆炸的声音很响，十公里以外都听得见，附近的房子都被震塌了。他家的房子没有出现大的问题，但所有的玻璃都震碎了。

被炸毁的海珠桥，中间塌了下去，断面像两颗垂下去的头颅，给钟南山留下深刻的记忆。

国民党的反动宣传说，共产党打仗的时候，首先把老百姓赶到最前线，国民党军就不好开枪了。共产党的将领常常用这个方法来攻城略地。血的事实戳穿了国民党的谎言。

在钟南山幼小的心灵上，还留下另一个深刻印象：国民党在撤退以前，发行金圆券，造成严重的通货膨胀。有一次，钟南山背着一口袋钞票去理了个发。

广州解放时，钟南山是第一批加入少先队的。那时，他刚满13岁。私立岭南大学也进驻了部队。解放军每天下午都教钟南山他们唱歌、扭秧歌、打腰鼓。

其实在解放军进驻之前，钟南山他们对于解放军并不了解。解放军来了以后，小南山惊喜地发现：他们挺和蔼的。“教我们很多东西。那时，我真是很开心，明显感觉到解放军和国民党的队伍有很大的差别。”

小南山看到，这些解放军和大家坐在一起的时候，总是先给大家行军礼。小南山觉得，他们特别尊重人，根本就不是什么凶狠的人，所以对解放军的印象很好。

钟世藩买回来做实验用的小白鼠，着实让小南山顽皮的天性安静了许多。他对小白鼠特别感兴趣，特别爱观察它们的变化。钟世藩用小白鼠做实验，小南山觉得是挺神秘的一件事情：把小白鼠杀了，取出它的大脑，进行细胞检验。

当时，钟南山还不知道，这些小白鼠是钟世藩用自己的工资买来的。

钟南山细心观察小白鼠的出生和成长，看它们怎样活动、怎样抢东西吃。每天，他都喜欢看小白鼠，觉得它们的动作非常灵敏、可爱。但是最后，钟南山对小白鼠作出了如下批评：它们都是很自私的，从来都是自己吃东西，不会留给同伴。所以在小白鼠吃东西的时候，他就喜欢逗一逗它们。廖月琴特别同情弱者，包括小动物，她教育钟南山不要伤害它们。因而，钟南山从来不打小动物，从小就有很强的爱护、同情意识。一直到长大，他始终都是如此。

广州的生活与贵州相比，有很大的不同。到了广州，活跃的钟南山每天都可以看到好看的美国电影。他特别喜欢武侠片，到了痴迷的程度。电影看多了，他就想模仿武侠：手臂一举、腿一抬，就能在天上飞。

他要撑开一把伞，往楼的外面跳，还想象着自己会滑翔上一段时间，然后慢慢降落。关键是滑翔的那一段距离，太美妙了！太勾魂儿了！他越想越得意。那年，钟南山才11岁。

他当时真的一点儿也没有感到害怕。

他专门找了一把很结实的大布伞，趁家里没有人，上到最高的三楼，推开窗子，慢慢地把伞撑开。这时，他好像看见一个游侠就在眼前飘啊飘……他想象着手中的伞，会带着他在半空飘，然后慢慢地、慢慢地降落……

他一纵身就跳了出去。

手里的伞马上就翻过去了。结果，他像一块石头一样重重地摔在地上。还好，下面是草地。清醒过来之后，钟南山根本说不了话。他的父母都上班了。过了大概一个小时的样子，他终于能慢慢地爬起来了。

“当时如果是头先着地，也就没命了，哈哈。”钟南山回忆说，“小的时候真是调皮”。

楼外面有一棵很高的竹子，它让钟南山学了一身的本事。竹枝伸过来挨着三楼，他就像猴子似的，扒着竹枝攀上去，然后再顺着竹子溜下来。有的时候，他扒着楼外墙壁上的排水管下到地面。

钟南山小时候，经常被一些有钱人家的孩子欺负。等他长到十四五岁的时候，个子一下子高了，也强壮了，所以就想报仇。

终于有一天，他约了“敌人”，在竹林里“决战”。

钟南山的同学悄悄把这个本来很周密的计划，告诉了“敌人”的父亲。结果，那个父亲上门来找钟世藩说理。

钟世藩对钟南山提出严厉警告：“你要打架，还想‘决斗’？明天一天就待在家里，否则的话，你就不要认我这个父亲了！”

钟世藩的话吓着了钟南山，可是“战书”都下了，临阵脱逃实在没面子。他绞尽脑汁也没想出好法子。

第二天，有几个仗义的朋友来找钟南山，要为他擂鼓助威。家里人告诉他们，钟南山出去了，这场“决斗”不了了之。

在钟南山眼里，他父母的教育方式很传统，是典型的严父慈母。因是长子，钟南山就很“霸道”，为此也吃过不少皮肉之苦。比如吃饭时：鸡蛋，他要最大的；有肉吃，他也要夹最大块儿的。起初，钟世藩只是皱皱眉头，两次之后再也忍不住，“啪”一声打掉钟南山的筷子，训斥道：“你想一想，别人还吃不吃？”钟南山的脸腾一下就红了，以后再也不那样了。

在学业上，钟南山没少让他的父母操心。他留过两次级，第一次完全是因为厌学。从贵阳到广州时已经是小学四年级了，但他还是整天贪玩。

当时刚到广州，语言不通是一个原因。而他立刻对这样的“理解”做出诚恳的否定：“语言不通并不是主要问题，就是贪玩。”该升五年级了，没升上去，他被留在了四年级。

而第二次留级，是由于他在北京医学院就读时参加第一届全运会集训，所以影响了学业，这次是正当的理由。

钟南山说，自己后来做事的方式和思维的逻辑，和小时候上学接受的教育方式非常有关。当时他就读的私立岭南大学附属中学比较注重发展人的全面素质，其教育方式有科学的一面。

钟南山认为，他是从小在那样的环境里学会全面发展的。在美国，像耶鲁大学与哈佛大学都是很重视、很注意学生的全面发展。美国前总统奥巴马的篮球技术很不错，美国前总统克林顿会吹萨克斯，这些都是学校重视学生全面发展的结果。

后来，钟南山进入了华南师范学院附中①，那里的教育也让钟南山非常喜欢。当然，对于钟南山的成长，家庭的生活环境也至关重要，尤其是父母的言传身教。

---

① 华南师范学院附中：现名为华南师范大学附属中学。1921至1951年，学校名为“私立岭南大学附属中学”，1952年9月至1956年8月期间，学校名为“华南师范学院附属中学”。

少年立志

终于梦醒要奋起直追，他从懵懂走向了出类拔萃……

1949年，上完了小学六年级，钟南山以高分考取了私立岭南大学附中。初中一年级的时候，他就受到了很好的影响。大家心目中令人羡慕的好学生，不是单纯的读书好。那时，很多同学的学习成绩都很不错，同时体育好、文艺也好的学生才能成为大家学习的榜样。当时对于学生的教育，就是从小教他们进行演讲比赛、参加义务劳动，这些都给钟南山留下美好而深刻的印象。

当时的私立岭南大学有很多美国教授。因为在它的附属中学读初中，所以那个时候，钟南山对美国教授的印象就不像对当年的美国大兵了，印象很不错，感到美国教授彬彬有礼、很有学问。

钟南山12岁那年，他的一个要好的同学家里比较有钱。有一天，钟南山对母亲廖月琴说，这个重要的朋友要来家里，并且在家里吃饭。母亲非常重视钟南山的心意，专门准备了饭菜。

吃完饭以后，他们两个就去玩。然后，钟南山随这位同学到了他的家。这个同学到家之后，又开始吃午餐，吃的是钟南山从来也没有见过的香肠。这种香肠对钟南山的家来说，是根本不可能有的。

钟南山心里很难过：原来，我们那么认真地招待他，他还没有吃饱，回家后还要吃，而且吃的食物是我们根本无法招待的。我们把家里最好的东西给他吃了，却没有香肠给他吃。

他的自尊心被莫名地刺伤：我们不如人家啊……

钟南山第一次意识到，自己的家原来是一无所有。他家被轰炸后，东西还未能置办齐全。钟世藩虽然是教授，但是很清贫。

钟南山之所以考私立岭南大学附中，除了母亲廖月琴对他慈爱的耐心教育，还有小学老师的鼓励和表扬，尤其是他的一篇作文，得到老师的好评。

钟南山在这篇作文里写了他的一个同学。这个同学喜欢健身，肌肉很发达，很让他佩服。他的年龄比钟南山大很多，出身很贫穷，是学校雇用的保安——校卫队的。他的父亲是一名稽查员。虽然生在如此境况的家庭，但他喜欢音乐，有很好的教养。

有一次，班里丢了钱，有人怀疑是这个同学偷的。这个同学很气愤，说他根本就不会做这种事。他问钟南山信不信他，钟南山说：信。钟南山在作文里写了这件事。老师觉得内容很真实，写出了对于一个普通贫民人家的同学真挚的情感。

老师在作文后面写了一堆评语，说钟南山写得很真实、很有感情，但是没有给他打分。他去找老师："您还没有给我评分呢！"老师立刻抱歉地告诉他："噢，是我忘了。"老师随手给钟南山补上了5分。那时的他心里想："老师写了那么多好评的话，一定是她想给我5分的，只是忘了写而已。"

老师的这一次肯定，对于钟南山起了决定性的作用。他意识到，自己完全可以成为一个好好学习、成绩优秀的学生。母亲在这个时候也鼓励说，只要他好好学习，考上中学，就奖励他一辆自行车。这个许诺对钟南山的诱惑极大。他在六年级时发奋读书，告别了贪玩、调皮，学习成绩一下子就像火箭升天，顺利考上了私立岭南大学附中。

廖月琴当即兑现承诺，给钟南山买了他期盼已久的自行车。钟南山一下子体悟到，认真、勤奋地做一件事情，取得好成绩，就能赢得别人的尊重。

1951年，钟南山读初二时，学习成绩非常好，但是和同学的关系不算很好。有时，同学要他帮助，或者是对他有什么意见的时候，他就不太高兴。后来，一个同学尖锐地提出，钟南山对集体不关心，有的时候比较自私。钟南山受到了极大的震动，开始怎么也想不通。几天之后，同学面前的他，一下子有了改变。他总是替别人着想，很快赢得了同学的信赖。

钟南山不满足现状，他突然想跳级。为了从初二考高一，他补习了一个暑假。考完后，成绩很不错，他便好高骛远地动了心思。谁知一提出要求，就被老师否定了，这让钟南山很郁闷。老师找到家里，跟钟世藩说，钟南山年纪太小，跳级对他不一定有好处。钟南山很不理解，为此很伤心。老师、家长都不同意他跳级，他只能接受事实，接着读初三。

在岭南大学附中的三年，钟南山始终是班里的第一名。初三时因为成绩突出，钟南山直升到高中部。他是和小时候那个到他家吃饭、嫌他家菜不够好的同学一起，不需要考试而直升的。这一次，钟南山觉得特别自豪。这时的钟南山，也理解了老师和同学的真心帮助。

廖月琴又奖励了他。

“她奖励我去了一趟北京。那个时候是坐火车去的，和我一个很要好的同学一起去。”这是他最早一次去北京，是在1952年。

岭南大学附中对钟南山的很多教育，让他终生不忘。上语文课时，老师提出了问题，钟南山踊跃回答。这位从北方来的老师，对钟南山的答案很满意。他睿智地说出了这样一番意味深长的话：“人不应该单纯生活在现实中，还应生活在理想中。人如果没有理想，会将很小的事情看得很大，耿耿于怀；人如果有理想，身边即使有不愉快的事情，与自己的抱负相比也会很小。”

老师这番朴实的话语，竟然刻在了少年钟南山的心头。

当钟南山75岁之际，他笑谈着自己的少年时代时，脸颊上闪着愉快的光泽。他抚了一下脑后自然的卷发：“以前考得不好啊，后来慢慢觉得老师这番话真正的含义，就是一个人一辈子都要有追求。我这辈子经历了这么多，每一次都是非常艰难的，但是每一次都能够战胜困难，为什么呢？因为我自己有一个追求。假如说自己没有这个追求的话，那么，这些艰难，我都是很难战胜的，因为经历的酸甜苦辣太多了！”

上了高中的钟南山，和优秀的同学们一样，开始着迷地阅读苏联文学作品。在20世纪50年代初的中国，苏联文学深深激荡着中国千千万万的热血青年。《钢铁是怎样炼成的》书中保尔·柯察金的名言成了钟南山的座右铭：人的生命是最宝贵的。当他回首往事的时候，不应该为碌碌无为而羞愧……

《远离莫斯科的地方》书中的故事荡涤着他，像光芒照耀着他！苏联歌曲，钟南山也非常喜欢。尽管生活贫寒、坎坷多艰，但那时来自苏联的革命浪漫主义教育，渗透了钟南山的灵魂，这样的一代人甚至两代人都被这些作品深深地感召。几十年后，钟南山感慨，他们那代人，受到了很好的熏陶和教育。那时，教育是被放到第一位的，首先考虑国家、集体，然后才是个人。这样做的时候，大家都觉得是天经地义的。

钟南山有一种不服输的性格，这有赖于他从小学六年级开始就参加体育竞赛。通过参加体育竞赛，更培养了他战胜困难的勇气和勇于拼搏的精神。所以，除了父母，给他人生最重要影响的就是体育，特别是竞技体育。

他刚读高一时，学习成绩在班里是很普通的，但他并不服气，“我要追上去！”结果到高二，他的成绩就真的赶上去了。

最初，钟南山参加1954年在华师附中举办的运动会，取得400米

◣在珠江水面上。“到了初二，妈妈才允许我去划船。”左二为钟南山

◣高二时，与同学一起游玩。左一为钟南山

短跑第四名的成绩。由于那个时候他经常参加广东省田径队的业余训练，所以进步很快。后来在读高三时的1955年的二三月份，参加广东省田径比赛，他获得了400米第二名，并且打破了广东省纪录。之后，钟南山又代表广东省参加在上海举办的全国田径运动会，在400米比赛中，取得了全国第三名的好成绩。

那时，中央体育学院（今北京体育大学）就给他寄来一封信，提出希望他到国家队去参加培训。钟南山跟父亲钟世藩商量，是否去参加中央体院的应招。钟世藩希望他仍然继续好好读书，因为搞体育竞赛不是常事，不可能终其一生，而搞医学研究和治病救人是可以从事一生的工作。钟世藩认为，做医生更适合钟南山。

当时马上面临6月份的高中毕业考试了，而且还要备战高考，所以，钟南山没日没夜地赶因参加训练落下的功课，结果，广东共有5个人考上了北京医学院，其中之一就是钟南山。他们班里的几个班干部都考到北京大学、清华大学，全班98%的同学考上了大学。

北京医学院的分数线高。钟南山说："其实对高考的分数，我并不满意。其他科都还好，但数学好像才考了60分。一共是5个题，我只答对了3个，倒是及格了。"他本来以为是没有希望的，没想到入学通知书到了，他真的考上了北医！

钟世藩平常对自己意愿的表达，就是行动。他对儿子钟南山很少表态。当钟南山上了高中，已经不再是懵懂少年的时候，钟世藩看着自己的儿子真的像大小伙子了，是个有志气的青年了。他欣然地拍拍儿子的肩膀，点了点头，对钟南山说："一个人要能够给世界留下点什么东西，才算没有白活。"

钟世藩的这句话让钟南山终生难忘。当钟南山年少时，钟世藩教育他要做一个对社会有贡献的人，不负一生。钟世藩指的是在学术上要有建树。这种潜移默化的教诲，为钟南山最终选择医学事业埋下了伏笔。

北医生涯

到北京！上北医！实现了梦想的钟南山，感到莫大的欣喜，他的心中充满了幻想……

他美梦成真，考上了北京医学院。而政治的动荡，使他经历了云翻浪涌。北医生涯，使他终生五味杂陈、刻骨铭心。

钟世藩原来希望儿子考华南医学院。但那个时候，高中毕业生普遍觉得北京的大学是最好的，有谁不向往祖国的首都北京？所以，钟南山就立志考北医，上天还真的圆了他的梦。这对钟南山的父母来说，当然也是意外的惊喜！

钟南山发现自己在班里并不突出。他觉得，从全国各地考来的那些同学，水平都比自己高。本来，他认为自己应该算是优秀的，但与许多同学对比后，才发现他们的语言表达能力、组织能力都很强，自己实在是相形见绌。

“我觉得，他们的这些能力是我需要学习的。另外，他们的学习成绩也很好。我特别记得在重大活动中班干部的表现。”当时钟南山想，这些同学，特别是班干部们在班里组织文艺活动、义务劳动等方面的号召能力很强，很有方略，非常值得自己学习。

北医也的确是尖子成群的地方，但是钟南山仍然和开始上高中时一样不服输：非要追上去不可！

这些不自觉的比较，是钟南山成长历程上非常关键的一个环节。面对差距，他奋起直追，追赶那些在他心目中优秀的人。到了第二年，他就真的成了尖子生。

对儿子的表现感到欣慰的钟世藩，也经常关心钟南山的学习情况。

1956年，在钟南山大学一年级的下学期，学校传来喜讯：周恩来总理要接见北京高校的“三好学生”。霎时，整个北京医学院都为这个喜讯沸腾了。

钟南山所在的年级有将近600人，但是只能选上两三个同学。钟南山的学习成绩和很多同学差不多，但是他有一个特殊的条件，就是体育成绩很好，曾在高校运动会上拿过冠军。所以，他幸运地入选，受到周总理的接见！

“那个时候，我真开心哪！”回忆起这段往事，钟南山的脸上露出欢喜的笑容。

大学一年级时，全班有230名同学，钟南山被分在第二组。后来在北京医科大学当过校长的王德炳，当年也在他们班。王德炳是搞医学教育的，在北医和北大合并的时候，即2000年，王德炳当上了北大的党委书记，2002年卸任。

当时，北京医学院的院长是胡传揆，还有另一名院长叫马旭。2008年，马旭刚过完94岁生日，思维还很清晰。他还住在北医，仍然记得钟南山。在“文化大革命”的时候，北医师生分为两派，一个是“旗派”，另一个是“联合总部”。钟南山属于“联合总部”。钟南山在北医毕业后留校当了老师，做新专业的老师，搞放射医学，研究原子弹爆炸时射线对人体的危害。当时，学生斗老师当中的干部，斗得非常厉害。钟南山因为是老师，所以保护过好几次老干部，不让学生打他们。

钟南山在当时的情况下，作为学生的老师，一方面表面上听从命令，让学生们照常开批斗会；另一方面，想尽办法对被“专政”的老干部进行保护。

当年受到过钟南山保护的，除了马旭等人，还有一个人，就是后来任卫生部部长的著名公共卫生专家钱信忠。在2005年4月举行的中华医学会第23次全国会员代表大会上，90多岁高龄的钱老来了，一下子就认出了钟南山。“我还记得，当时你保护过我！”钱老脱口而出。其他的几名老干部，也都还记得钟南山曾经保护过他们。

在那狂热亢奋、黑白颠倒的年月，钟南山却能非常冷静地同时考虑到，也要保护学生，决不能在学生们的档案上，留下曾经参加批斗而“立功”之类的记录。所以，他既暗地里帮助了老干部，也约束了自己的学生。

1958年，读大学三年级的钟南山被抽调到北京市体育集训队训练，准备参加第一届全国运动会（以下简称“全运会”）。

对这突然而来的机遇、前所未有的挑战，生性不屈服的钟南山，也为此付出了前所未有的努力。此时，他已经是班级和学校里品学兼优的好学生。

每天下午5点半下课后，钟南山都要在校园里坚持跑步训练。等到日落西山的时候，他才到校门外的合作社买饭吃，因为这个时候，学校的饭堂已经关门了。

到了集训地之后，训练更加艰苦了，但意志坚定的钟南山都一一挺了过来。

离正式比赛的日子越来越近。在选拔赛中，一直不懈努力的他竟然没被选上。这意外的打击令他非常失望、泄气，使他几乎丧失了斗志。

300多个日夜挥汗如雨的努力，难道就这样付之东流？

他告诉自己：决不能认输！在这关键的时刻，决不能自甘失败！

在最后的冲刺阶段，他再次挑战了自己，最终战胜了自己。

1959年8月，在第一届全运会的预选赛中，钟南山以54.2秒的成绩，打破了当时54.6秒的男子400米中栏全国纪录。

1960年2月，北京医学院为钟南山在首届全运会期间打破男子400米中栏全国纪录，举行了隆重的庆祝大会。

钟南山实际上只读了三年半大学。1955年开始读大学，到1958年三年级时，他去参加了第一届全运会训练，集训之后参加比赛。比赛结束后，北京市体委提出：希望他留在体队。

钟南山考虑再三，最后，他做出了艰难而果断的抉择：把自己的一生投身于医学事业。

这是他从事体育事业的机会啊，但是，他冷静地想到，如果要选择体育专业的话，他的目标就应该是拿到世界奖项。然而，他觉得自己的身体素质不好，不够壮，也不够高。所以权衡之后，他还是回到学校读书去了。

1960年，回到学校继续读书的钟南山，马上就进入了为期半年的实习阶段，所以，他只读了三年半大学。对于这样的结果，钟南山感到很遗憾。由于只读了三年半大学，医学临床上的很多东西，他都没有学到。后来他从北京回到广州从医，这条路走得非常艰难，其原因主要是他在大学没有机会进行完整的学习。

30多年过后，1999年，北医大评选出六位杰出校友，钟南山便是其中之一。几十年过去了，他曾在多种场合用自己当年的拼搏精神，来激励一代代年轻人。

“我为什么到现在还喜欢体育运动呢？因为它能培养人的三种精神：第一是竞争的精神，一定要力争上游；第二是团队精神；第三是如何在一个单位时间里高效率地完成任务，就像跑400米栏，练了一

1959年，在第一届全国运动会预选赛中打破400米中栏全国纪录

当年，活跃在北医篮球场上。投篮者为钟南山

年，成绩才提高3秒，每一秒都那么宝贵。把体育的这种竞技精神拿到工作、学习上来，是极为可贵的。”他利用各种会议的场合，特别是媒体的宣传，重复这样的宝贵经验。他也建议身边的部下、朋友，要让孩子爱好体育，培养孩子的竞争意识与合作能力，这对他们的人生很重要。他甚至苦口婆心地现身说法。

每当提起自己骄人的成绩，钟南山就会重提他所倡导的体育精神。

甜蜜爱情

人们常说“福无双至”，然而上天在钟南山的左手放了糖，还在他的右手放了蜜……

1955年对于钟南山来说，真是双喜临门，刚上了人人羡慕的北京医学院，就机缘巧合，“天上掉下个林妹妹”。

钟南山于1963年12月31日，在北京和李少芬喜结良缘。

他们两人最初在1955年相识，并不是因为体育，而是因为亲戚间的往来。

钟南山的姨婆住在北京，所以他在北京上大学后，就常常去看姨婆。他的姨婆常与一名女友为伴，女友是教会的姊妹。两人年轻时就在一起，直至晚年一直相伴，终身未婚。钟南山的姨婆是医生，她教会的姊妹是钢琴师。这位教会姊妹有一个侄孙女，名叫李少芬，与钟南山同龄。她是在1953年被国家体育队录取为篮球运动员而来到北京的。李少芬也常去看望她的这位姑婆。李少芬是广东花都人，和钟南山恰好都来自广东。

一个是看望姨婆，一个是看望姑婆。钟南山和李少芬这两个年貌相当、志同道合的年轻人，他乡遇知己，彼此既惊又喜、情投意合，因此自然而然就开始了热恋。

李少芬15岁成为中国女篮首批队员。1963年11月，她在和钟南山结为伉俪前夕，出征在印度尼西亚首都雅加达举行的首届新兴力量运动会。

20世纪50年代末，新中国第一部体育题材的电影风靡全国，这就是彩色故事片《女篮5号》。电影中的中国第一支女子篮球队的原型，正是在1952年前后组建的首支中国女篮。而李少芬，是其中的主力球员之一。作为中国第一支国家级女子篮球队中的广东籍健将，李少芬的体育人生，有着一段精彩的故事。她的影集中，让她最喜欢的，就是在首届新兴力量运动会开幕式上，她作为中国代表团护旗手的那张照片。

那时还是国际上“两个阵营”斗争的年代，新兴力量运动会是跟奥运会齐名的国际大型运动会。李少芬引领的是代表集体项目的队伍。中国代表团推选出来的另一名护旗手，则是代表个人项目的女子跳高运动员郑凤荣。

李少芬所在的中国女篮，获得了首届新兴力量运动会的冠军，中国篮球在世界范围内得以崭露头角。

那是个非常传统的年代。钟南山和李少芬从1955年开始相恋，到8年后才成婚。这期间，他们彼此不越雷池半步，这在当时的中国，倒还算不上太稀奇。李少芬在国家队总是集中训练和出国比赛，所以，他们相聚的机会也非常难得，太多的时间是在思念中度过。

刚进国家队时的李少芬和队友们响应周恩来总理和时任国家体委主任贺龙的号召，要通过在体育赛场上的表现，洗刷“东亚病夫”的耻辱。因为那时苏联是“老大哥”，中国的运动员被派去学习，苏联也相应地派出国家级功勋教练来指导中国运动员。

1954年至1958年间，李少芬和队友们一方面留苏学习，另一方面连续参加了几届世界大学生运动会和世界青年友谊运动会。直至1958年，中国女篮的竞技水平得到了空前的提高。

在随国家女篮到各国比赛期间，李少芬曾受到法国人的特殊邀请。一家由法国军火商掌控的篮球俱乐部，开出极其诱人的条件吸引她加盟，并且给李少芬开出了很高的薪水，还许诺带她一边打比赛，一边周游世界。尽管是优厚、浪漫的邀请，李少芬还是回绝了，因为她不能辜负祖国的期望，她不能让正与自己热恋的钟南山伤心、失望！

1959年9月，当李少芬征战于国际赛场，在北医读书的钟南山参加了首届全运会，在预选赛中刷新了男子400米中栏全国纪录；1961年，他还夺得北京市运动会男子十项全能亚军。

1963年12月31日，翘首以待的钟南山终于迎娶了自己的梦中新娘。载誉而归的李少芬，捧回了在国际赛场夺冠的奖杯。

至此，他们结束了长达8年的朝思暮想，终于天遂人愿。

即将成婚的两人，高高兴兴地手拉着手去拍结婚照。李少芬梳着一头微微有点儿卷花、长到脖颈的秀发。在那样的年代，这种发型会因有“小资”之嫌招惹麻烦。所以，事后，当时的国家体委领导勒令李少芬马上把卷发剪短，以免“宣传资产阶级情调”。

他们的小家是国家体委安排的一间不足10平方米的小房，放上一张床以及简单的家居用品后，已经是满满当当。

婚礼实在是不能再简朴了：没有婚纱和礼服。钟南山和李少芬这对新人穿上新买来的衣服，给前来参加婚礼的客人每人剥上一块喜糖。

1964年，中国女篮在瑞士和法国举行的邀请赛中所向披靡，大获全胜。李少芬当时正值个人运动生涯的巅峰期。

李少芬婚后又在国家队打了3年篮球，直到离开，她一共在国家队搏杀了13个年头。

1966年，本来可以留在国家队当教练的李少芬，执意回到广东，因为她考虑到养母和公公、婆婆无人照料。回广东之后，她一直在省队打球，直到1973年37岁时才彻底退役。退役后的李少芬，曾任广东女篮教练、省体工大队副大队长、省体育运动技术学院副院长，以及中国篮协副主席、广东省篮协副主席。如今，年逾八十的她，仍然在为体育事业作贡献，担任着广州市篮协的顾问。

如今，钟南山与李少芬幸福的家庭，堪称广东乃至全国知名的体育和医学的双重世家。他们的女儿钟惟月，在20世纪90年代是国内优秀的游泳运动员，获得过世界短池游泳锦标赛100米蝶泳冠军，在1994年还打破了短池蝶泳世界纪录；他们的儿子钟惟德，是广州市第一人民医院泌尿科医生，还是医院篮球队的主力；钟惟月的丈夫美国人费利伦也是个篮球迷。

热恋

结婚

◣钟南山和夫人、儿子、女儿

◣钟南山和可爱的小外孙

淬炼成钢

因为家庭出身问题，钟南山在政治运动中备受煎熬。

1964年年底到1966年年初，钟南山积极投身于“四清”运动。他从北医被派往山东胶东半岛乳山县下乡体验生活，与农民同吃、同住、同劳动。

钟南山临行之前，向党组织递交了入党申请书，决心要在“四清”期间经受考验，并且力争加入党组织。正如他自己所说，对任何事情，他总是首先看到积极、乐观的一面，即使是那些曾使他痛彻心扉的往事。

他和那些被下放的干部一起，每天和农民们甘苦与共。钟南山回忆说：“我觉得，他们的热情给我很深刻的教育。那个时候，农民把我看成是毛主席派来的，他们总是把自己认为最好的东西拿出来。可他们那时的生活，一年大概就两次吃白面的机会，能吃上饺子那是太难得、太奢侈的事了，他们吃肉一年也就是一次。在过大年的时候，农民家里一次性做出一大锅，那是一年一顿最幸福的饱饭。”

到了乡下，钟南山住在老百姓家。北方农村老百姓家里的情况，是钟南山始料未及的，很是艰难。他和老百姓睡的不是同一个炕，他睡的是那种不烧火的凉炕，而且在冰冷的屋子里，臭虫、虱子到处乱爬。

寒冷的冬天，钟南山睡到半夜，实在顶不住了，把所有的棉衣都穿上还是不行。睡觉的时候不是躺在炕上，而是跪在炕上，整个身子蜷缩在一起，所有可以挡风御寒的东西一件件压在身上，每天这样一直熬到天亮。

没有东西吃，一年的口粮到了3月份就吃得差不多了，只得开始吃槐树叶，地瓜干已经算是不错的食物了。他每天干的活儿和农民完全一样，耙地、种地瓜、除草……晚上还要开会。集中开大会的时候，大家就一起睡在地上，往地上铺一层麦秆。

那次下乡对钟南山触动很大，让他经常不由地会想一想，中国还有这样的人在活着。虽然活得很苦，但他们对待客人像亲人一样热情、质朴。

钟南山和山东胶东半岛乳山县的农民共同生活，产生了很深的感情。直到他40多岁，乳山县的农民还写信给他，希望他“回去看看”。

虱子咬坏了钟南山的脚踝，瘙痒难以忍受。被挠破的创面开始化脓，然后浮肿，眼看着浮肿一天比一天肿大。冬天冰天雪地，脚踝上的大包已经肿得像一个球，后来肿到直径有6寸那么大，穿棉鞋根本系不上鞋带。“大球”连裤腿也遮不住，只能露在外面，但是他每天照旧一瘸一拐地出工。

到了春节过大年，公社放假10天。村干部告诉钟南山，他可以回去几天。这样，他终于有了可以回城治疗的机会。他非常担心，脚踝脓肿到这样的程度，一旦出现骨髓炎就得截肢，就要终身残疾。

运动员不能继续做，医生也不能当，万一再落个残疾……他这样一想，就好像有一块巨石压在了头顶。他怕时间再长脚真的保不住了，就和朋友借了钱，马上经郑州乘飞机回广州就医。

还好，经过医生的精心治疗，脚保住了。

另一件让钟南山揪心的事情，是他的入党问题。那时对家庭成分的审查极严格，他的父亲钟世藩曾经加入过国民党。钟南山知道，入党这事不能急，需要好好表现、耐心等待。

1966年3月，钟南山由于带病坚持劳动，表现突出，受到农民的一致好评，他如愿以偿地加入了中国共产党。

但是，对于从乳山县归来的钟南山，组织上仍需要他继续劳动。

那个时候钟南山的表现是最好的，但再好，他也不能当模范，为什么呢？因为他的家庭出身，决定了他的命运。当时，他想不通，但是他不服输，还是想通过自己的努力证明给大家看，告诉大家：家庭成分不好的后代也是好人，也同样是积极上进的人！

那个时候，他因为自己当过运动员，身体素质好，既然暂时回不了教研室，既然还得继续接受劳动改造，那他就表现得更突出些给组织看，所以务农时，人家干活儿一次背一筐，他就背两筐。

当他兴高采烈地当上北京医学院的毛泽东思想辅导员不久，席卷全国、史无前例的“文化大革命”，一夜之间，在北医掀起滔天的洪流。

“文化大革命”期间，钟南山继续以勤勤恳恳的劳动，证明着自己的积极上进。但是在强调“抓革命、促生产”之后，大多数老师都回到了教研组，而他仍然不被信任，组织上让他去继续劳动，教学没有他的份儿。

他默默地忍受着，相信一切都会很快过去……

不屈与煎熬

“文化大革命”期间，钟南山保护了多位被“专政”的老专家、老干部。与此同时，从广州传来他的母亲廖月琴含恨自尽的噩耗。为了证明自己也是爱党的，也是积极要求进步的，钟南山报名献血，却因此险些葬身在锅炉旁。折磨与煎熬、痴情与感伤，将他的意志力逼到极限……

怀着深深的悲痛，钟南山和学生们一起重走当年红军走过的长征路。后来，他还当了半年北医校报的编辑，又当了辅导员。1968年，他烧了半年的锅炉……

他回忆着、历数着在那动荡的年代，他那坎坷的命运。

1967年，钟南山想方设法回到广州与妻子李少芬见了一面。这一次相见，李少芬怀上了他们的第一个孩子。第二年，李少芬生下了他们的儿子钟惟德。

李少芬临产之前，和公公钟世藩一起到火车站去接从北京回广州来的钟南山。当时，李少芬离预产期还有两个星期。

钟南山从北京带回十几罐奶粉。接回了钟南山的李少芬，因为站在火车站的时间太长，连挤带累，第二天早上就生下了他们的儿子。儿子钟惟德出生的时候只有5斤多重。

因为钟南山表现出色，北京医学院革命委员会给他安排了一个最

“革命”的工作：烧锅炉。尽管钟南山一心惦记课堂，做梦都在想着做医生，但是，在那个年代，他能去烧锅炉，已经是幸运之人了。

那个年代的锅炉是“八连通”，体积大，用煤量也极大，锅炉工要不停地往炉膛里送煤。炉子的温度特别高，烧锅炉的时候，人勉强能够忍受这个温度，干的时间长了，钟南山也慢慢习惯了。可是每天要清理一次炉膛，把炉膛里已经炼焦了的炉渣，用铁钩子撬出来。那个温度实在烤得人受不了，被翻起的炉灰、高温的烟尘，呼呼地往外冒……

钟南山用斗大的铁锹，一锹一锹地铲起几十斤重的煤，双手握住锹把，往前走十来米，把煤甩进熊熊燃烧的炉膛里去。这样的工作一干就是一整天，几天下来，钟南山感到体力开始透支。这份“革命性”的工作，在向他的体能极限发出挑战。

这时，一年一度的献血报名又开始了，是自愿报名，但那时很少有谁自愿。这是因为营养极度缺乏，即使不献血，很多人的体质都不好，而且献血之后，补养身体又无从保障。

钟南山主动要求献血，400毫升鲜血从他这个锅炉工的身体里流出。本来按规定，他是可以因此休息几天的；但是，他白天献完血，晚上还是按时去值班烧锅炉。

他根本没有想到，此时的身体已经不能由他做主了。空空的铁锹攥在手里，他都觉得特别沉重。虚弱的身体竟然使他无法支撑，不知不觉就昏倒在锅炉前。在他往炉膛里甩煤的一瞬间，锹把砸在了他的腰上。还好，一锹煤没能甩进炉膛，否则，炉膛喷出的火舌，不把他烤个半死也会灼伤他。

从1968年李少芬生下他们的儿子以后，1969年和1970年两年，钟南山虽想尽办法，但每年也能回一次家。

钟南山在农村见到一个孩子，肾出了问题，尿血。回到家的钟南山，想让父亲钟世藩觉得自己很有长进，于是大着胆子，在“关公”面前耍了一次“大刀”，对钟世藩讲了自己所了解的治疗肾结核的方法。钟世藩听了，首先就这样问他：“你怎么知道是肾结核呢？”

尿血的情况有很多。因为患肾结核而尿血，是尿血的一种情况，但不等于尿血就都是肾结核。

钟世藩纠正了刚刚走上医学道路的钟南山一个最基本的思路，这件事，让钟南山一生记忆犹新。钟世藩的话，从来都是非常简洁的。他总是对钟南山强调：“说话一定要有证据。”

钟世藩这样的医学态度，成了对钟南山一生的叮嘱。

讲真话，是钟南山从小所受的教育和熏陶，从而形成了他的意识和品行，形成了他处世和立身的原则。

政治上说假话害人，医学上说假话是要出人命的。所以不管在政治上，还是在学术上，每逢需要让别人认可，钟南山就首先摆出事实和依据。

钟南山讲真话，主要是受他父亲的影响，钟世藩的形象遥遥地照耀着他一生的路途。讲真话，才是尊重事实，才是讲科学；讲真话，才不会混淆是非，甚至颠倒黑白……

钟南山实事求是的作风，贯穿在每一个细节。最典型的，是在讲堂上。他讲课的时候，“为了让一个观点有理有据，就特别注意不能随意发挥，更不能人云亦云”。他说，对待别人也是一样。这个人讲了什么，钟南山都要求对方有依据：“你的理由是什么？我想，这种做法，对今天的很多工作都是非常有益的。它是一个思维的出发点，成为我人生的重要指导。”

到了1969年，钟惟德1岁时，正值钟南山随下乡的医疗队到河北宽城。

钟南山的同学、他最要好的朋友，刚到没几天，就把命丢在了宽城。当时，他们是同一个医疗队的。在渡河时，钟南山的同学因为水性好，以为自己能游过去。眼看就要上岸了，这个同学却突然大喊“什么也抓不住了”，被水往前一卷，一眨眼翻了两翻，人就没了。

200米之外是一个瀑布，水大浪急。钟南山他们坐着小船去打捞，小船在水里不停地摆，随时可能翻船。打捞了好几天，没有发现那个同学任何踪迹。这件事让钟南山格外心痛，他感叹命运无情，生命如此脆弱。

当地农民缺医少药，一旦得了急症、重病，境况都会非常凄惨。钟南山所在的医疗队巡视到离县城30公里的一个村子时，一个农民肚子疼得很厉害，需要找医生。钟南山当时是以干部身份参加医疗队的，因为没学过临床知识，医治不了病人，所以要从县城把医疗队的队长、北京医学院第一附属医院的王海燕接过来。王海燕也是北京医学院毕业的。那是30公里并不熟悉的山路啊！眼看天就要黑下来了，怎么办呢？钟南山当时没顾得上多想，骑上那辆破旧的自行车直奔县城。

山上有条羊肠小道，下面就是悬崖。钟南山后来回忆说，他也真是福大命大的人啊，不然，早死过好几回了。王海燕见到钟南山之后，她一看自行车就发愁了，车这么破，那都是山路啊，何况她还挺胖的。钟南山对她说：“你放心。你坐在车后座上，我带你走。”

钟南山也不知道自己当时哪里来的劲头儿，他真是心急如焚，那个病人随时会死的。第二天凌晨两点多，他们赶到以后，马上对病人进行治疗。可惜已经太晚了，到了上午，那个病人还是死了。钟南山为此事自责不已：“为什么我不能给他治病呢？”

几十年后，钟南山见到王海燕，他们还聊起那件往事。王海燕说，那晚真是命悬一线啊，稍有不慎，就会掉下悬崖丧命。钟南山想想也后怕，那条崎岖的山路，他来回骑了60公里，花了6个多小时。

在钟南山到河北宽城下乡时，李少芬也被安排到广东三水农村下乡。

他们每年只有一次牛郎织女般的相会，平时难以通信，根本不知道到了年末能否相见、什么时候能够再见。那时，好像根本不会有人给予他们相见的机会。钟南山没有任何安定感，心灵上什么希望都没有。

钟世藩从来不会问钟南山钱是不是够花、收入是多少，却关注他在事业上的进步。同时，老人又暗地里资助钟南山的生活。

“文化大革命”期间，李少芬的娘家也被抄了，两个家庭都被洗劫一空，而她和钟南山还要抚养儿子。

总算是有了一个还算不错的消息，当时广东省体工队内由省军区派出的军管会领导，重新组织了省篮球代表队。为了幼小的儿子，为了家中需要赡养的老人，已经34岁的李少芬，重新穿上运动鞋，又开始了在篮球队的比赛生涯。这样，她得以从乡下提前回到了广州。

说到沉重的历历往事，钟南山并没有深陷于往事的痛苦与哀伤。对他来说，那似乎只是淡淡的一段经历而已。一如他所说，谈一些和工作没有关系的话题，是享受，是休息。

他一边讲，一边用手不时揉一下因为劳累而酸涩的眼睛，捏一下容易对空调过敏的鼻子，下意识地摁一下耳朵，完全是一副轻松的模样。

从1967年到1971年，几年时间，钟南山虽说每年都想尽一切办法回一次家，但是每一次离开家，他都几乎要肝肠寸断。

离开家，什么时候才能再团聚？一切都很渺茫。小惟德真是可爱、可怜。家里，李少芬除了抚养孩子，还要顶着各方面的压力，赡养两家的老人。

1971年，有件事对钟南山的刺激很大。他指的“刺激很大”，是离开北京。

那一年，北京医学院大力“抓革命、促生产”，开始把在工作中表现好的下放教职工招回来搞教学和科研。这对处于动荡不安中的人们来说，不啻是个好消息。钟南山工作一直很努力，但令他失望的是，因为家庭出身问题，他要求回来从事正常教学和教研工作的申请没有得到批准，这让工作表现优秀的他犹如掉进了冰窟窿。在他心灰意冷的时候，他的爱人又遭遇了意外。李少芬在一次比赛中受伤，造成脑震荡，在家养病。上有老，下有小，一大家子没人照顾。当时，爱惜人才的广东省军区副司令员兼广东省体委党委书记侯显堂，前往看望在家中养病的李少芬。他见家中只有老人和孩子，就问李少芬：“你的爱人呢？”李少芬回答说：“在北京。”侯显堂当即就说：“为什么不叫你爱人回来呢？你们怎么能总是这样两地分居啊？”卧病在床的李少芬真是喜出望外，感激地连连点头。

部队的调令就是命令。钟南山非常喜爱北京，喜爱已经共事十余年的同事，但在北京的种种经历，又使他不再犹豫。

头一天发来调函，第二天，钟南山就动身了。

他接受不了自己就这样“败北”，就这样认输、撤退！这实在不是他的性格！

想当初，多少喜悦、多少梦想！他留在了祖国的心脏北京，想要实现自己的宏图大志。可如今，不仅理想失落，而且囊中羞涩，落得满身创伤。他有何颜面去见远在千里之外的严父与妻儿？

从婚后一直到1971年回到广州前，钟南山几乎没有做过任何一件与临床工作沾边儿的事，这使他整整荒废了8年时光！这8年对于人的一生，本来应该是出成绩的黄金时间。

北京——让他五味杂陈、爱恨交错！

开启医学事业

火车缓慢地开始长途跋涉，漫长的回忆伴随了钟南山一路。依依不舍的老师、学生和患难与共的朋友、中止的事业……钟南山的心情，像滚滚东流的大河，无奈地流淌。

8年金色年华，换得一个囊中羞涩！他竟然如此一事无成。

然而，当回到千里之外的故乡，当面对新的人生抉择——一间不能再破旧的医院，他却没有撤退，而是发奋去改变。

初冬的广州，是那样富于生机，满目的青葱，在不觉间悄悄地让钟南山卸下一身沉重。

李少芬发愣半晌：站在自己面前的，是让她年年等、月月盼的爱人南山？！她半天说不出话：他真的回来了，真的再也不分开？！她仔细端详着丈夫：他仿佛比实际年龄老上10岁，又黑又瘦，衣服补丁摞着补丁，已经是不能再破旧了；一双大眼睛，那曾让她心旌摇动的眼神，满含凄怆，却还是有着那股拧劲儿，闪着不屈的光。

钟南山则无限怜惜地望着面前曾经叱咤体坛的爱妻。为了他，为了这个负担沉重的家，她担惊受怕，日夜操劳，虽年纪尚轻，却已是面带沧桑。

他满脸是泪地接过妻子怀中的儿子，一股强大的力量，使他一下子感到温暖和坚强。

已经70岁的钟世藩老先生，这天特别高兴。他一大早就起来，还特意换上整洁的衣服。他站在儿子钟南山面前，像一棵挺立的松树。

老人每天都在埋头撰写他的著作。

钟南山带回了他的家当：大包小包的书。书是用火车站的三轮车拉回来的，书并没有被直接拉回家里，而是放到亲戚家里去了，因为他家随时还可能会被抄家。

晚上，钟世藩和钟南山聊到很晚，听钟南山讲他在外面的一些事。老爷子静静地听着，忽然插了一句问话："你今年多大了？"

钟南山马上回答："35了。"

"哦，都35岁了？真可怕！"说了这句，老人家再没作声。钟南山一个晚上心里不停地在掂量这句话的分量。他父亲的意思一定是在说，都35岁的人了，还一事无成，只是不好这样责怪他而已。钟南山直到73岁，说起往事，还是不能忘怀他父亲当年这只说了半句的教诲。

许多年以来，钟南山总是说，他的医学事业是从35岁才真正开始的。

陷入回忆的钟南山回过神来，指着窗外说："你看，就是现在正在盖高楼的那个地方，已经盖了三层了。"顺着钟南山手指的方向，从窗前望出去，一里远的地方，新的广州呼吸疾病研究所——三十几层的大楼已有了雏形。当时是2009年夏天。到2009年年底，广州医学院第一附属医院和呼研所，从袖珍的医院原址，历史性地乔迁入户。

钟南山那时要说的不是这座令他欣喜的新大楼，而是在这座大楼后面的原广州市第四人民医院①，那是他于1971年回广州后开始创业生涯的地方。

---

① 广州市第四人民医院：1981年更名为"广州医学院第一附属医院"，2013年更名为"广州医科大学附属第一医院"。

1971年的每一天，甚至每一刻，都在考验着“初来乍到”的钟南山。他跌跌撞撞、磕磕绊绊，但是，最终站稳了脚跟，并且坚定地大步向前……

广州市第四人民医院当时是广州最小、最破的医院。钟南山回广州时，广东省军区领导让他随意挑一个喜欢的单位。他觉得中山医学院是最好的选择，但是因为他的父亲在那里工作，而且那时钟世藩还是“牛鬼蛇神”，钟南山再到那里，肯定不妥。他后来考虑选择广东省人民医院，那也是很大、很好的医院，但当时那里正搞医生下乡运动，钟南山和李少芬下乡锻炼已经太多了，所以不想再下乡接受再教育。挑来挑去，李少芬随手一指，与他们家一街之隔的这个占地最小、条件最差的市级医院，就被选中了。

第一天上班，钟南山沿着一条小巷子，来到了又旧又破的广州市第四人民医院。胸外科的一个主任很希望钟南山到他的科里去，钟南山也正好想搞外科。后来，时任医院革委会主任孙平说：“钟南山，你这么老了，还搞什么外科啊！”

孙平看过钟南山的履历，钟南山根本没有从事过临床工作，大学只读了三年半，后来就去搞了一个生物物理的新专业。原来，钟南山是个对临床工作一窍不通的人。说白了，这样一个人，谁要了都没有用！孙平虽然嘴上留情没这么直说，可他那表情让钟南山觉得比直说还让自己尴尬。

人来了总要安排工作，孙平就把钟南山分配到医务科当干事。钟南山的两个内科朋友就跟孙平讲情：“算了吧，不要让他去当干事，还是让他先到内科门诊去一下，外科肯定不行。”这样，钟南山有幸到了内科。

钟南山来到内科门诊，眼前的一切实在让他有点失望：诊室只有几把破凳子，医生就坐在那些破凳子上给病人看病。天花板上有一个吊扇摇摇晃晃，似乎快要掉下来。诊室内外的一切破旧不堪。

钟南山不由得心想：难道我就在这么一个地方、一个很破的医院里混下去？30多岁了，还去重新学一个内科？慢慢跟着人家学？不行！我决不会甘于现状！一定要干出点名堂来，一定要改变这里的面貌！

自从离开校门、走向工作岗位的那一天，钟南山就从他父母给予的人生经验中，总结出宝贵的财富。他父母的个性都是宁折不弯的。他得益于良好的家教，也从父母的人生经历中获得启迪。他要先适应社会，然后改造社会。

一生都不安于现状、不向困难低头，这就是个性鲜明的钟南山。

铭记终生的教训

来到工作岗位，他太想当医生了，然而一个简单的事实竟无情地嘲讽了他……于是，他像初学识字的小学生一样从头开始。夜幕降临，他就把窗帘拉上，慢慢地读，每天像着了魔一般用功学习。

钟南山说，在国外，常常是你有兴趣干什么，你就争取去干，去做你感兴趣的工作，并且发挥你的作用，但是在那个年代的中国要这样做就比较难。当时，钟南山受的教育是，组织上把你分配到哪里，你就要在那里发光发热。

而钟南山也始终是无论被组织安排到哪里，都会在那里发光发热的人。

很多人都是被动地接受工作，强迫自己对工作产生兴趣，然后一点点从基础做起。钟南山在内科工作了大概两三个月之后，就觉得太单调了。因为来来回回都是开一点药，所以他就要求去急诊室。急诊室的工作是很辛苦的。刚开始去的时候，他对业务一点都不懂，但是，他想接受这方面的挑战。

去急诊室不到两周，一天，急诊室主任尤素贞叫钟南山出车接病人，是去广州当时的郊区萝岗。那个时候，医院用的救护车，速度很慢；而且，那天又在下雨，二十几公里的路程要开三个小时才能到达。

当时一个老结核病人在那里，要把他接到市内的医院来。这本来是一个简单的任务，所以尤素贞让钟南山去处理。他到了以后看见病人的嘴边有血，就做了一般的处理，止血后把病人抬上了救护车。

上了救护车以后，走到半路，也就是过了一个半小时的样子，这个病人又吐血了。当时，钟南山看了一下，血是黑红色的。他给病人补了液，然后送到位于广州市越秀区的结核病科病房。

尤素贞见到钟南山还夸他说："好，你干得不错。"

留下这个病人，钟南山就回家了。虽然已经很晚了，但是他自己挺高兴的，因为是第一次完成任务，还挺顺利。

第二天一大早，尤素贞就很严肃地找他训话："你昨天接了一个什么病人？"钟南山说："接了一个结核病人。"

"你搞错了！你赶快去那边病房，把那个病人接回来。病人在那边继续吐血，不是咯血，是呕血！"

原来，病人是消化道出血，而不是因为结核病咯血！

钟南山急忙将那个病人接到急诊室来。

病人已经很危险了，到了急诊室就大口大口地呕血。这个时候，病人呕出的血完全是鲜红色的，血压都快降到零了，钟南山非常紧张。他赶快去找一名外科医生，医生开始给病人紧急做手术。

手术台上，病人的血压是零。

医生直接把血打到病人的主动脉里，让他的血压提高了一点，然后马上开始手术。

病人也姓钟，40来岁。他的腹腔被打开了，原来有一根鱼刺扎在了微小动脉上，微小动脉还在出血。因为采取了紧急的处理措施，这个病人被救活了。

第三天，有人向尤素贞反映，像钟南山这样的人，怎么能够留在急诊室呢？他要求尤素贞把钟南山换掉。

因为是在“文化大革命”期间，医生相互之间说话、办事都比较谨慎，怕弄不好就要“批评与自我批评”，导致互相揭发、检举、批判。所以，尤素贞对钟南山说话也比较婉转。

尤素贞说：“钟南山，你在急诊室的工作看起来太累了。我给你换一下，换到门诊，你看好不好？”

钟南山急了，忙说：“我不累，一点都不累。我很好，没任何问题。”

尤素贞没辙了，无奈地苦笑了一下。后来，钟南山才知道，尤素贞整天为他提心吊胆，因为急诊室的工作太危险了，单独处理病人的工作不敢再交给他，弄不好要出人命的。

钟南山受了极大刺激，他名义上当了医生，实际上却连最基本的医护常识咯血和呕血都分不清楚。咯血是由气道咳出来的，呕血是由胃肠道呕出来的；而且一看血的颜色就应该知道，呕出来的血一般是黑红色的，咯出来的血是鲜红的。因为没搞过临床工作，他连这个基本的知识都不知道，这给了他一个很大的教训。

从那以后，钟南山虚心求教，跟着帮他救了病人的内科大夫余真，认真学习、钻研。余真每次处理一个病人，钟南山都用心学，看她是怎么处理的，她为什么要这么处理，她要给病人做什么检查。每次跟余真学完以后，钟南山晚上回到家里，要进行大量的学习。因为搞过基础医学，钟南山还是比较了解余真为什么要做这个或那个检查。钟南山把每一个病人的每一次检查说明了什么问题，余真为什么要做这个诊断，她用的是什么治疗方案等，都一一记录下来。

就这样，钟南山像认真识字的小学生一样，苦苦学习了三个月，做了厚厚几大本的笔记，对每一个病人的治疗过程都做了非常详细的记录。由于认真，他的进步很快。大约三个月后，他就逐渐有了经验。因为急诊室病人的病情虽然都是急的，但是来来回回就是那么几种需要抢救的病人：胃出血、高血压、脑血管意外、呼吸衰竭等，所以，他很快从中找到了规律。

三个月后，当初那个笑话他的护士长欣慰地开玩笑说："钟医生，你不错啊，现在有主治医生的水平了吧？"

经过那一次的深刻教训，钟南山的确有了实质性的进步。

每天下午下班后，他就跟技术员借钥匙。要看心电图，他就打开心电图室的门，把房间里的窗帘都拉上，慢慢地研读，仔仔细细地学，每天像着魔一般用功。

慢慢地，他会看X光片了，会诊断了……

因为在急诊室做得很不错了，钟南山就要求进病房，进病房能学到更多的东西。内科主任告诉钟南山，内科门诊眼下不缺人手，如果他进去，那么，另一个叫郭南山的医生就要出来。内科的人坚决不同意，他们说此南山怎比彼南山？这个钟南山根本就没用。郭南山是骨干，怎么能换呢？大家都很坚决地抵制钟南山进内科病房。这件事给了钟南山一记重重的耳光，打得他头晕眼花、欲哭无泪。

但钟南山挺住了，他暗自说，不能怪人家小看自己，只能怪自己没本事。

钟南山收拾心情，他在急诊室兢兢业业、认真负责，很快就成了好手，活儿越干越漂亮。大家逐渐信任和欣赏他了，很多工作都放手让他去做。

然而，钟南山始终惦记着进病房这件事……

医学探究第一步

我国呼吸医学领域有过对猪的肺功能和心脏乃至是整个呼吸系统生理和病理的研究，结果证实：其特征与人类极为相似。这一结果，就是钟南山与他的呼吸科团队的发现，围绕这一发现所进行的探索，使钟南山和他的团队开始了在呼吸医学领域的攀登。

20世纪70年代初，中国的呼吸疾病研究水平非常落后，也没有得到应有的重视，全国没有一家像样的研究机构。

1971年，周恩来总理向全国征调治疗呼吸疾病的专家，因为毛泽东主席得了呼吸系统疾病。但是，当时的中国竟然没有这样的专家，而且很多大医院尚没有专业的呼吸科。于是，周总理号召全国医疗系统进行慢性支气管炎群防群治研究。

钟南山，是从那个时候，迈出了他辉煌医学生涯的第一步。

中央的指示来了，让谁去搞这个工作呢？当时医院没有人愿意去，因为所有人都知道搞慢性支气管炎（下称“慢支炎”）研究是没有出息的。人们普遍认为这没有什么好做的，也搞不出什么名堂。

民间有一句俗话：治咳不治喘，治喘不露脸。这句话的意思是说，气管炎迁延难愈，也没有医院能治好。

广州市第四人民医院革委会积极响应上级的号召，让医院组织建立相关科室。当时，主要由老教授侯恕负责治疗来医院看气管炎的病人。医院革委会主任孙平要求另外多派一个人去，但谁都不想去。后来，就指定让钟南山去，理由是他刚刚提出过要求：想到内科门诊去学习学习。

钟南山的确做梦都想进内科去学习，但是没想过要去慢性支气管炎防治小组呀！谁知“机会”是这样来的，钟南山也不太愿意去。

医院下达了调令，钟南山是党员，必须服从分配。钟南山从来都有这么一种信念，就是既然把他弄到这里来了，他就在这里培养兴趣，他是不会认输的。

钟南山以挑战的姿态去面对阻力，好像挑战正是上天赐予的机会，让他去战胜！

谁能料想，这就成了钟南山一辈子的工作。尽管，这一切并不是他的初衷。

一切都要从头开始。钟南山探究的触角伸向了多种与治疗呼吸系统疾病有关的领域。也是在这一时期，他终于有机会去了解中医的疗法和理论，并对其产生浓厚的兴趣。

自从来到慢支炎小组，钟南山仔细观察，发现每个病人咯出来的痰都是不一样的，有黄的、绿的，还有泡沫状的、黏稠的……他时常下意识地蹲在地上，认真观察病人吐出的痰液。

基于大学刚毕业时，搞过一个生物物理的专业，做过一些生化实验，他就对病人咯出来的痰液进行了一个生物化学的分解，了解里面的成分。经过实验，他发现了同样是慢支炎，但患者的分泌物却有不同的成分。钟南山就考虑是不是要根据不同的情况，用不同的治疗方法。那时，他们跟中医科也有联络，学习到一些中医对五脏六腑的综合调理办法。

在学习中医的过程中，钟南山了解到中医对呼吸系统疾病治疗的方法，对此他能讲出一番论述。尤其可贵的是，他在工作中运用了这些论述。

一个是对虚实寒热的分析，另一个是对脏腑的分析。慢性支气管炎涉及三个脏器：肺、脾、肾。进一步说，就是肺虚、脾虚、肾虚导致慢性支气管炎有不同的表现，是不同的类型，所以，应该采用不同的治疗方法。

当时，钟南山采用了中医的治疗方法，并和西医的局部性状治疗结合起来进行，认真地向小组里的老医生侯恕学习。钟南山在侯恕研究的基础上，采用一种叫紫花杜鹃的草药来配合进行中西医治疗。这样的治疗方法真的不错，有效率达到50%以上，十分显著。

就在侯恕、余真、钟南山他们三人醉心于呼吸系统疾病，特别是慢支炎的防治与研究时，1976年10月，党中央公布了粉碎“四人帮”的喜讯。一时间，全国上下一片欢腾。人民群众和人民解放军各部队先后举行了盛大集会与游行，热烈庆祝粉碎“四人帮”的重大胜利。

1977年，联合国世界卫生组织传统医学代表团来中国参观，到了广州以后，就开始了解中国的传统医学，最后来到了钟南山所在的慢支炎小组。

对于慢支炎的中西医结合治疗，钟南山他们很有心得，所以抓住了这个机会仔细汇报。小组汇报完之后，专家的评价非常高，当时的广东省卫生厅也高看第四人民医院一眼：医院虽不大，却卧虎藏龙，有些货真价实的东西。

这是命运给了钟南山一个机会。在当初，对这样的机会，谁能看出来呢？在很多人看来，那可能是遭受挫折的先兆，而绝非什么幸运！

钟南山一生的事业，自此真正有了根基。

于是，广东省卫生厅建议钟南山他们成立一个研究所。那时，他们所在的单位本来只是一个科，叫做“新医科”，“新医”即所谓的中西医结合。

钟南山回到广州，可谓曙光初现。通过自己的努力，实现了他所期待的价值，他为自己感到由衷的自豪!

那个时候实在太苦了。钟南山记得，他们最先是抢救了一个呼吸衰竭的病人。他们买不起国外的呼吸机，国产呼吸机只有天津和鞍山产的。那时的国产呼吸机很容易坏，有时候只用了一个钟头就停了，不能再用了，就得手动操作。晚上，钟南山和侯恕、余真三个人轮流值班，钟南山也成了修理呼吸机的好手。

晚上有时候，他干脆把刚刚派上用场的呼吸机的盖子打开。“看它有没有问题可以处理。”这句话成了钟南山的口头禅。其实，他要表达的原意是，如果它有问题的话，可以满足自己要寻找问题来处理的好奇心。或者说，他正等待着可以钻研的机会出现。

晚上病人睡觉的时候，呼吸机为病人送气，送气的声音很均匀，就说明机器是在正常运转。突然间声音一变，钟南山就“嘭”的一下跳起来，赶快去修理。他们就是在那样困难的条件下抢救病人的。有一个患重症肌无力的病人，经过钟南山他们七天七夜的抢救，最后终于恢复了健康。当时，钟南山他们有一个想法，就是不能总安于这种平平稳稳、只能看看普通病人的现状。

如此的医疗条件下，钟南山竟然整天想出奇出新。

钟南山想，仅仅治疗慢性支气管炎，面就太窄了，应该拓展到对肺气肿、呼吸衰竭、肺心病的治疗，这样可以学到更多东西。他知道自己的知识面太窄，因为他的临床知识太少了。后来在工作中，他遇到了很多病人。不论是呼吸科的，还是内科的，钟南山都很注意去研究病理。

为了能够拓宽研究和诊疗的领域，而不仅是局限在支气管这一个局部，钟南山他们在研究有什么动物和人的结构相似时，发现猪的心脏和人的心脏最接近、猪的肺和人的肺也类似、猪也会得肺心病后，就想办法买来了一头很大的猪，然后自己做实验，研究肺心病的生理变化。

买一头猪要花200多块钱，钟南山他们自己凑了一些钱，医院又给了一些。

对于猪的研究成果，缔造了呼研所作为一个医学研究机构的雏形，对以后的医学研究起到了非常大的指导作用，使一个小小的慢支炎小组有了当时国内最先进的科研水平，而且有了当时国内最新的医学发现。

最初，他们是做缺氧后心脏及肺血管功能与血液中活性介质变化的观察研究，要先给猪麻醉，然后再插管。这些技术性的工作，钟南山他们都通过这头大猪，慢慢地掌握了。

钟南山认为，这种研究拓宽了以前只是单纯地治疗慢支炎的视界，它面向的是整个呼吸系统的研究。当然，那个时候的研究水平不高，还不敢谈要达到世界水平，只能说是追赶和超过国内相关领域的最高水平。钟南山、侯恕和余真，他们晚上要值班，白天要看病，怎么办呢？只能仔细分工，一查完房，逮着空就去做猪的实验。

对猪的实验是他们科研路上的一个里程碑。别人很少做，钟南山却一直坚持着做。

钟南山说，关键是通过猪的这个实验，他们发现了基于不同的缺氧程度肺动脉的变化规律。另外他们还观察到在缺氧的情况下一些介质的变化，像组织胺，还有前列腺素等。组织胺是身体内的一种化学传导物质，可以影响许多细胞的反应，包括过敏、发炎反应、胃酸分泌等，也可以影响脑部神经传导，造成肺血管高压等。组织胺存在于肥大的细胞内，也存在于肺、肝及胃的黏膜组织里面。它在气道炎症的调节上扮演着一个很重要的角色。

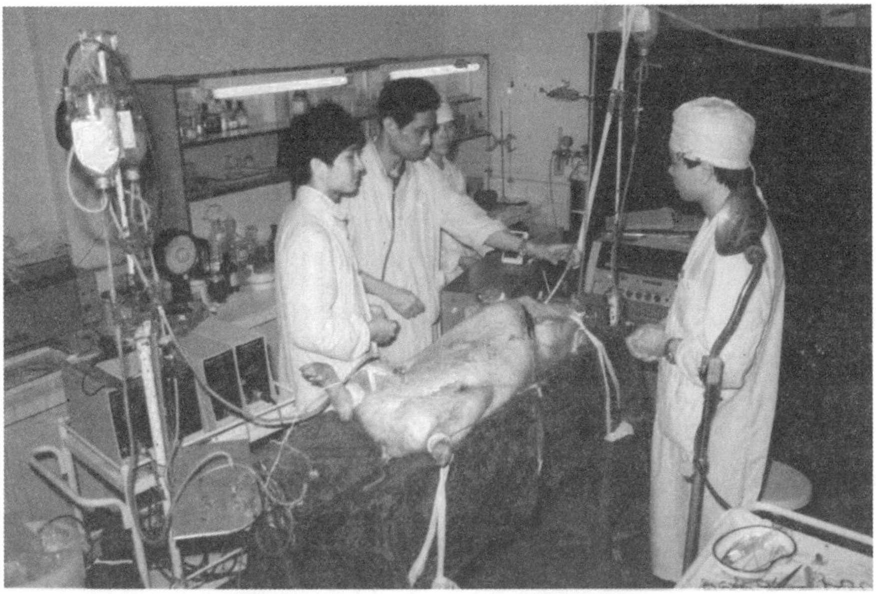

用猪进行动物实验

研究成果是相当出色的。在四年后召开的全国呼吸疾病会议上，钟南山研究小组的成果获得专家们的高度评价。此后，多篇研究成果的报告分别刊登在国家级的学术期刊上。

1978年3月，中国知识分子迎来了科学的春天。在党的支持和科技工作者们的努力下，全国科学大会于北京隆重开幕。钟南山作为广东省的代表参加了这次历史盛会。他与侯恕合写的论文《中西医结合分型诊断和治疗慢性气管炎》，获全国科学大会成果奖。

这次大会是对自1956年首次颁发面向全国的科学奖金后，22年科学成果的总结（共有7600余项获奖成果，另有860个先进集体和1200名先进个人），因尚未建立评审机制，所有获奖不分等级。后来，人们习惯地将其命名为“全国科学大会成果奖”。

这届大会，几乎会聚了当时所有的优秀科技工作者。由于大家因为工作“散落在天涯”，因而很多科学家与老朋友相见时，都抱头痛哭。会上，科技工作者们都痛陈了“四人帮”的劣行，阐述了科学对一个国家、一个民族的重要意义。大家对未来祖国科技事业的发展和进步，都豪情满怀地表达了自己的信心。

会议期间，钟南山捧读了著名作家徐迟写的报告文学《哥德巴赫猜想》，他完全被书中主人公时刻拼搏、刻苦钻研、无私奉献和坚强不屈的精神深深地打动。当时，书中的主人公、那位摘取了数学领域皇冠的数学家陈景润，就坐在这次全国科学大会的代表席中！

这次大会，让钟南山的心情久久都不能平静。陈景润瘦削但精神矍铄的形象，深深印在了他的脑海里。

创建呼研所

面对破烂残损的设备、简陋的诊室，钟南山竟然提出惊人的构想：实验室、病房、门诊和一个定点广州市郊的慢性支气管炎医疗基地要实现“一条龙”。大家呆住了，眼睛却是发亮的。其实最初，钟南山和他的同事们只是想要有名副其实的科研环境。后来，他们却拥有了现代医院最基础的雏形。那些艰苦卓绝却乐在其中的往事，实在经典。

广州呼研所，从一个慢性支气管炎防治小组，到成为国家级重点实验室，至2020年3月，它走过了40多年艰辛却辉煌的历程。

1981年，余真离开呼研所，主要原因是随家庭外迁。在呼研所的日子，是她的一个美好回忆。余真自到澳门定居就一直开着私人诊所。她是一个颇有情调、能文善诗的女人，比钟南山稍稍年长。她是广州呼研所诞生的最好见证者。以下是后来去了澳门的医生余真写于2000年12月的手稿。这篇手稿，经过润色和注解，保持了它的真实性和亲切感，使当年的情景历历在目。

“我不能有力地呈现广州呼研所发展的全过程，但是我能写些呼研所婴幼儿时期的形象片段，留给将来写这段历史的人，因为这些轶事将会随着我们这代人的湮灭，而永远失落。”2001年新年之际，余真把这篇珍贵的手稿交给了钟南山。

鉴于钟南山是一个会在历史上留名的人，所以余真说，这篇回忆主要也是以他为视点。

有些事毁誉并存，往往要过很多年后，人们才能对它们做出公正的评判。余真是这样坚信着。

广州呼研所所长钟南山，行内行外，人所熟知。他以大半生的心血浇灌了这个研究所，虽然现在可能言之尚早，“但我认为赋以他终身名誉所长之称绝不为过”。钟南山出生于一个医学世家，1960年毕业于北京医学院医疗系，毕业后留校做了一段时间的基础研究工作，1971年调到广州市第四人民医院当临床医生。“我是钟南山开始广州医生生涯最早一起工作的伙伴之一。”

钟南山来广州市第四人民医院上班，到内科门诊当门诊医生。在和同事们首次见面的早会上，他谦逊地自我介绍说：“我过去在基础部门工作，临床接触少，一下子来到门诊第一线，预料会碰上难题，到时要请各位不吝指教。”

当时主管门诊的尤素贞医生立即作出机敏得体的回答：“临床经验靠实践积累。过去，你在这方面欠缺一些，但在其他方面的知识就多一些，这是你另一方面的优势。从现在起，我们取长补短，互相学习，相信事情能办得更好。”

新同事来上班，介绍几句是常规，听多了都有点麻木了，但以上两段即兴对白，却至今记忆犹新。一是因为从基础部门调来做临床工作的人不多，这次显得不平常；二是这一说一答没有流为空话，都被以后的历史所证明。

当年钟南山说的那句话并非客套，而是出于自知之明的真诚。

一个有目共睹的事实是，在他上班后不过两三个月，原先粗壮黑实的运动员体格，减了不止一个码；原先圆头满腮、双目炯炯发光、笑口常开的一个大小伙子，变得高颧深目、面容严肃，走路时也在思考问题；原先紧绷在身上的白大衣，竟然显得飘逸松动，他真有点像个道骨仙风的医生了。

“外人不明就里，不断向我们打探他的健康是否出了问题”，但留心的人都看到，他除了按时上班外，为了快速成长为一个熟练的临床医生，把大部分休息时间都用到了X光室、心电图室、图书馆等地方自行补课去了。

也许外人并不知道，毕业于北京医学院的钟南山竟是在1959年第一届全运会预选赛上，打破男子400米中栏全国纪录的运动员。当年，他苦练成功的座右铭是“闻鸡起舞”。早晨很早起床，从不拖延懒惰。在他工作急速转型的这一时期，从北京回到广州，以至其后的日子，他都继续遵循着这个座右铭。

他从不给自己喘息的机会。

除了刻苦勤奋，他思维活跃，求新上进，虚怀若谷，不耻下问，通过各种渠道，随时随地为自己的问题找答案。他善于发现别人的优点，以此引发自己的灵感，从而提升自我。对照当年他初到门诊那段开场白，不就可以发现其毫不虚言吗？

而当年尤医生所说的另类优势，其后更见他发挥得淋漓尽致。也可以说正是这一优势，使他成为呼研所的灵魂人物之一。

他在门诊工作一年之后，被调派到后来发展成广州呼吸疾病研究所的慢性支气管炎小组。原先建立和主持那个小组的是侯恕，所以，“我们至今称侯恕为呼研所的奠基人”。

1972年，侯恕领导的小组在慢性支气管炎动物模型和实验治疗方面于全国小有名声。时值“文化大革命”后期，文教卫生系统开始着力整顿组织，提高科技水平。该小组凭借此“天时”的大好东风，得以增加人手、扩大组织、强化实力。

钟南山在加入这个小组之后，立即构思起草了一个顺应潮流的宏图大计：

第一，慢支炎、肺气肿、肺心病研治一条龙。

第二，动物实验研究与临床研究一条龙。

第三，实验室、病房、门诊和一个定点市郊的慢支炎医疗基地一条龙。

这就意味着需要增加多方面的人手、设备和开拓空间。大概任何一个有事业心的人，包括侯恕，都可能有过这些想法，但一想到在那个时代的中国办成一件事有多难，则多半早晚不得不放弃。但钟南山没有放弃，他一直走到底，这就是他成功的原因。

他充分利用自己的有利条件——共产党员的身份，还有他打磨到家的人际关系网，四处游说，要人，要物，要房子；至于要钱，那是后话，因为当初钱的用处还不大。

他首先向上级痛陈利害，终致计划得到支持；然后拜“文化大革命”收尾之赐，空出那个以前长年用来办学习班的东一病区，不过那可是个“兵家必争之地”，所以并非信手可得。

慢性支气管炎小组这才有了独立的门诊和病房，而且能够开展临床研究，也算是“麻雀虽小，五脏俱全”。

开设病房，需要张罗打点很多人力物力。其中甚多关节，很多人出谋献策。继钟南山调到这个小组数月，有人非正式地向余真透露，说她将要调到他的小组搞科研。这消息令她十分纳闷儿：“我是何许人也？就在此前不久，我还被作为准‘5·16分子’，反复审查。”在余真的档案上一直写明，属控制使用的“问题人物”。虽然她是一个有十年以上内科经验的熟练医生，她也是一个常被戏称为才女的多面手，但是，谁敢调她到那个职务上？她并无科研工作经验，也没有什么线索提示她能做出成绩。如果她一事无成，那不仅有损这新建立起来的慢支炎小组的声誉，连推荐人都难免被指责为徇私、包庇“坏人”，至少也会被指责为糊涂、用人不当。

当时，余真一直不知道把她调到这里的人是谁，没有任何人向她提过有关的事。她带着诚惶诚恐的心理，开始了对于呼吸病的研究，并成为肺心病专家。

大内科的老同事见到她，总是笑着说：“专家呀，你怎么瘦了？压力很大吧？”

那几年是余真一生中承受着最大压力的时期。压力不仅来自业务，也不仅来自她个人的得失。它是无形的，是来自别人对她的期望，来自那个调她来的不知名的好人的希望。

“文化大革命”时，余真住“牛棚”，与家人隔离，没有薪水；后来她初到澳门时，也没有职业。在澳门创业初期，她收入不稳、前路未卜，但这所有的一切，都不曾像当年在慢支炎小组那样让她感到沉重的压力。因为一个人亏欠自己无所谓，但亏欠别人是很沉重的，尤其是一个对你抱着期望的人。“我觉得自己像一匹被买中了注的马，不得不四蹄紧忙。”余真常笑喻自己是过河卒子，只得拼命向前。

直到十多年后，余真离开呼研所，才得知当年推荐她的人不是别人，正是钟南山。

“现在回过头来看，他何以斗胆推荐我？”余真说，她只跟钟南山在门诊做了一年同事。她是他政治工作的对象。钟南山清楚余真的档案，但他没有囿于政治成见用人，可见他知人善任，是呼研所的伯乐。

应当说，这一阶段的成功主要来自“人和”，而“人和”的关键在于钟南山的思想开放、处事有方。“所以说，他是一把‘大红伞’，很好地保护了我。”多年之后，余真如是说。

开创先河

钟南山，带领他的呼吸科创建小组，白手起家，因陋就简，以最短的时间、最扎实的探索，实现了中国具有呼吸科室、具有基础医学研究环境的惊人成就。呼研所一步步创建的经历，是一个不大不小的传奇，因为它将“无”变成了“有”，将“一”变成了“万”。

正是有钟南山这把“大红伞”，侯恕和余真得以避过很多干扰，专心做学问。所以，这段时间的成绩，是他们“三位一体”、同心同德苦干出来的。

侯恕和余真深知钟南山在这个时期所承受的压力。如果换了别人，可能会退缩、会放弃；没有他当年的坚持，也就没有今天的呼研所。不过，没有经受过那个年代洗礼的人，很难明白个中滋味。

慢支炎小组草创时期，百废待兴。钟南山继续发扬“十项全能”的精神，恰如其分地把自己定位为“万能”“百搭”，善于楔位而上。这时，他比较深厚的医学基础知识正好派上用场。

搞呼吸系统疾病研究，首先重视的是肺功能实验数据。侯恕在慢性支气管炎小组时，就在仓库里发现那台陈年报废的“老爷”肺功能计，它基本上能得出肺通气功能的数据。当要进一步了解病人的血氧含量及血二氧化碳分压的资料时，就必须增加设备。当时世界上已使用自动微量血气分析计，它方便、准确，但必须进口，且价格惊人，中国只有寥寥数台。钟南山他们虽然胸怀大志，想着有朝一日，那么高级的东西必会为我们所用，但目前远水不救近火。

1973年，全国肺心病会议召开在即。他们这初生的小组必须拿出有分量的论文，才能跻身全国科研前列。那时如果没有先进的设备，就很难谈得上研究的突破，他们亟须做血气分析。根据线索，他们又在仓库找出一台已经不能开动的血氧饱和度计。

钟南山以三顾茅庐的热诚，抱着这台破机器，到上海找呼吸内科学专家李华德，几经波折才感动了他，请他相助，好不容易把机器修好。当钟南山抱着这台“宝贝”回来的时候，他们的心情实在像刚打了一场大胜仗，高兴得又哭又笑；当想到明天更重大的“战况”，则笑不出来了。

从修好机器到测试数据，实验室做了一系列工作之后才把这台血氧饱和度计应用到临床。这些工作都是钟南山建立呼吸实验室的基础，没有他这些开拓性的工作，就谈不上临床研究。

类似的事，还包括二氧化碳分压测定方法的建立。当时几乎所有的肺科研究单位，都在为没有相关仪器而苦恼。钟南山他们不能坐等。钟南山与侯恕苦苦研究肺功能计的进化历史，决定古为今用，采用重复呼吸气体分析的方法，来计算出动脉血二氧化碳分压。这一方法需要几个关键的仪器：一个是气体分析仪，用于分析病人呼出气体的二氧化碳含量；另外是连接病人呼吸道的氧气囊及三通开关。但这些都没有现成的。

如果不是钟南山了解基础医学，这些问题单靠临床知识是无法解决的。他四处打探，结果在广州医学院某个基础实验室借来了一台人家不用的气体分析仪，花了不少精力加以改装，以适应他们测定的需要。钟南山又在机械室以及一家与他相熟的机床厂帮助下，经过反复设计、修改，造出了一个铜制三通接头，能适应温度、湿度的经常变化而不生锈，无须润滑剂，就能顺利变换开关模式。

当别的医院因没有血气分析仪导致研究不能取得新进展而叫苦连天的时候，钟南山他们就是利用了这一古为今用的方法，写出了一系列提供血气资料的肺心病研究论文。

尽管推崇新型尖端精密洋机器的风气渐盛，钟南山他们的方法引起不少质疑，但在当时的条件下，这种独创性和自力更生的精神，已使他们这个小组在广州地区备受瞩目。

还有，尽管当时论资排辈，在他们之前已有中山医学院附属第一医院、广东省人民医院的研究组当龙头，但他们这个小组终因勤奋钻研脱颖而出。当广州市有意培养一个市属的呼吸疾病研究所时，机会终于落到了这个已准备好条件的地方，从此钟南山也就开始了长达数年的斡旋工作。

在安排研究题目方面，钟南山和侯恕都非常注意国内外的动向，竭尽全力追赶。

他们在广州地区最早使用纤支镜，并将其用于治疗呼吸疾病。从申请外汇到订购，从远赴杭州学习使用方法到建立纤支镜室，钟南山事事亲力亲为。至于那台期盼已久的自动微量血气分析仪，以及其后购得的侯恕梦寐以求的新型肺功能计、一代一代更新的呼吸机，无一不是钟南山费尽心机、磨破嘴皮才得来的，哪像今天只要上面拨下经费就可以去购买这么容易。没有钟南山，很难想象这些东西怎样才能得来。

建立各个实验室，开展多项动物实验，为临床与科研提供补充和对照，一系列扎实的工作，一边是临床，一边是科研，有如双翅，令钟南山他们写出了一批高质量的科研论文。

当时，医学期刊刚刚开始恢复正常出版，条条框框极多。钟南山他们在1974年和1975年，率先以两篇论文刊登于《中华医学杂志》和

《中华内科杂志》，填补了广州地区多年以来没有论文在国家一级医学刊物上发表的空白。

据余真回忆，呼研所在正式挂牌之前的很长一段时间里，它实质上已经成熟了。挂牌之后，钟南山被任命为所长，侯恕为副所长。

在这之前，侯恕是行政负责人。钟南山虽然没有行政职务，但他实际上是灵魂。除了包办对上、对外联络的一切杂事以及负责实验室的业务，他也参与查房、抢救危重病人、值夜班、讨论疑难病例等工作。钟南山比较早地就观察到在呼吸衰竭的合并症中，有弥散性血管内凝血的现象，有酸中毒和碱中毒两种不同的肺性脑病的表现。从这些临床现象中总结出规律，需要耐心、敏锐的观察力和思考能力。这些都是钟南山集众家的智慧总结而成的。

无数例呼吸衰竭病人被抢救成功，钟南山始终参与全过程。尤其是钟南山在对一个疑为肺癌的顽固性咳嗽患者的纤支镜检查中，经仔细观察，在其右主支气管中取出几粒鸡骨，从而治愈了困扰病人多年的顽疾，并开创了国内将纤支镜用于治疗的先河。

不少人不了解内情，认为钟南山临床资历浅，呼研所的临床成就与他关系不大。其实，他同样全情投入临床工作，而且屡有建树。在他担上所长重任之时，毋庸置疑，从基础到临床，钟南山都是一个胜任的所长。

余真在结束自己这篇回忆之作之前，说她想提一个愿望：希望能够收集到呼研所早期的文物，建立一个博物馆。“忆苦思甜”大概是一件十分老土的事，但历史无情，今日从事科研工作的人，和几十年前已大不相同，记取先人的经验教训将有助于放眼未来。

吴华于20世纪70年代进入广州市第四人民医院，1995年调到呼吸科，即如今的广州呼研所。她和余真一样，是钟南山的老搭档、老部下、老朋友。

吴华是比余真晚到慢支炎小组的成员，她谈起最初呼研所的创建时表示，他们在一开始的时候想做一些研究，“真是没有地方啊”。后来，他们就在医生办公室，挪开凳子、挪开桌子来做实验。

大家在同一间办公室里，每个人都有分工：你要采集什么数据，他要做什么。那个时候是很困难的，老要熬夜，搞到很晚才回家，白天又要照常上班，而且没有额外报酬，也没有奖金，更没有加班费。每天都这么辛苦，但是很快活。

钟南山带领着他的这个团队，常常自己掏钱买菜给大家吃，还买玻璃瓶装的那种汽水。他们很开心。

因为那个时候他们还很年轻，有朝气，有理想，想干出一番事业。

平时，医院食堂供应饭菜，他们在那里一起吃饭。在医院旁边有一个人，卖一种很出名、很好吃的小吃，他们就去买。还有，只要有动物实验的时候，他们就会掏钱去买东西，非常快活。他们的集体很团结。钟南山不掏钱去买，别人也会掏钱的，大家在一起其乐融融。“现在回想起来，那时候真的很苦，环境又差，但竟然也熬过来了。”

在那样的条件下，钟南山非常重视人才。例如，为了鼓励科学研究，不管别的医院实验室人员的奖金比医生要低很多的事实，他主张在他们的集体里，科研人员的奖金跟临床医生的一样，实验室主任的跟临床科室主任的也一样，那些技师的跟主治医生的还是一样。而且，这么多年一直都是如此。

远渡英伦

国际列车，像一条粗黑的铅笔道儿，从中国的北京以北，向着苏联莫斯科方向延伸。

出发的9天以后，钟南山到达英国。

钟南山出国留学，被荣幸地派往英国深造。当列车即将进入联邦德国时，所有的乘客都必须接受检查，钟南山一行随身携带的洗衣粉还曾被怀疑为海洛因。

16名中国留学生中，钟南山是组长。

20世纪70年代的列车，摇晃、缓慢，车厢里充斥着柴油的味道。钟南山的心情虽然不轻松，可第一次离开祖国，进行如此的国际漫游，也真是让他眼界大开。

离开北京之后，列车进入了内蒙古，过了漠河，进入西伯利亚，途经贝加尔湖畔……窗外飘着悠然的雪花，列车绕过一个湖又一个湖。这一天是1979年10月20日，钟南山43周岁的生日。他非常开心，算起来，至少有10个年头没有这么开心过了。

这时，同行的朋友们为他祝贺生日，要举行列车上的生日宴会。

钟南山将到英国爱丁堡大学皇家医院进行学习。他们一行16人，属于改革开放以后，被国家派出去深造的留学人员。其中，有搞航空的，是航空学院的院长；有搞数学的；还有搞原子能的。好几个人后来成为中国科学院院士或中国工程院院士。

因为国家财政状况紧张，所以他们没有坐飞机，而是乘坐国际列车。

莫斯科。列车停车半天时间，大家可以去瞻仰列宁墓，这真是令人兴奋！

列车再次起程之后进入波兰，到达德国，先是民主德国，然后经过柏林墙，即将进入联邦德国。突然，列车上所有的乘客，被通知立即下车接受检查。

16名中国留学人员所带的东西太多了。因为经济条件拮据，他们担心出国之后的消费压力，每个人都带了很多手纸；半人高的手提包里，是塞得瓷瓷实实的洗衣粉；每个人随身携带了好几个大包，每个包的拉锁紧扣，并且都上了锁。因为钟南山是组长，上车时，他帮助每一个人，把一个个大包摆放在列车的行李架上、卧铺下和所有能放行李的夹缝里。

车门一打开，高大凶猛的警犬就跳上来用鼻子闻，空气像是要冻结了。德国人担心有乘客走私海洛因，因而检查他们的行李。

中国人竟然带了如此之多的洗衣粉，钟南山带的洗衣粉最多。16个中国留学生当即被扣下。

德国人听不懂中国话，而钟南山他们也没有一个人会讲德语。16名中国人焦灼地愣在原地，一时无措。火车再过几分钟就会起程。德国列车长、警探用狐疑的目光冰冷地审视着他们。

洗衣粉被一包一包地撕开，德国人在不停地发问。钟南山心情焦急，忐忑不安。此行一旦落空，对他将是怎样的打击，可想而知！何况，这又何止是他个人的事情！情急之下的钟南山，用并不流利的英语大声地说：“Washing powder！”

“Washing powder？”德国警探枪口一般的眼神，逼视着面前满

◣ 留学英伦

脸诚恳的钟南山，并把粘在食指上的白色洗衣粉慎重地贴近嘴唇，然后皱着眉，轻轻地摇了摇头，用认可的语气重复了一遍："Washing powder。"

火车马上就要起程了，洗衣粉撒了一地。

"我们把散落的洗衣粉拼命往包里塞，然后拖上火车。那一次真是把我累过头了，因为我是负责人。"钟南山说。

列车到了联邦德国，再到荷兰。然后，他们坐船穿越英吉利海峡上了岸。

中国驻英国大使馆的工作人员接待了他们。本来体质最好的钟南山，由于经受了异常的惊吓和劳累，到了目的地就病倒了。随行的15人对他尤为感激。直到多年以后，他们仍一直与他有着密切的来往。

他们16个人到伦敦之后的第一件事，不是去见专家，而是先到伦敦西部的伊林学院学习英语，时间大约是3个月。

伊林学院现名为伊令、哈默史密斯及伦敦西部学院，1843年建校，迄今已有近180年的历史，是全英及世界上规模最大和在校人数最多的高等教育学府之一，培养了无数专家学者及商界精英，他们在世界上的各个领域发挥着巨大的影响力。

那时，钟南山一行人几乎什么都不懂。和他一起留学的、后来在中国医学科学院肿瘤医院工作的专家，叫殷蔚伯，是搞放射治疗的，能多讲一点儿英语。他们一起学听、学讲、学表达。虽然他们在国内经过英语强化培训，但初到英国时还是不行。

老师最喜欢钟南山和殷蔚伯，因为他们两个最有医生的特质，也很会关心老师，看见老师不舒服了，就建议老师吃些什么药。钟南山被安排住在一个英国老太太家里，跟英国人一起住、一起吃。他们吃的，则是钟南山根本吃不惯的简单西餐。和钟南山同住这个老太太家的人，叫樊明武，是研究原子能的专家。

平时，钟南山总是希望把自己的一些成功经验介绍给别人、推荐给社会，以便让更多人走上成功的捷径。他多次说起，中国人不应视学英语为畏途，并且现身说法，讲自己当年刚到英国时听力不行，而学英语首先要听得懂，听懂之后才能和人家交流，所以听力是最关键的。那时，他就每天晚上都用一个小时来专门听英语录音带。听完了以后，他把每一句话都写下来。有些句子实在听不懂，他就找一些朋友、同事来帮助翻译那些话的意思。就这样，他记了满满三大本笔记。经过三个月的努力，在听力上，他下了如此的苦功，终于有了很大的进步。

后来，他就自己学习英语的经验，专门写了一篇文章，刊登在香港的《大公报》上。

他说，中国人学习英语最大的问题就是不敢开口，不敢问问题，也不敢交流，显得很内向。钟南山敢于开口，在不利的环境之下，也有勇气把自己推到第一线。比如每一次讨论病例，他都把自己敢于开口问问题视为一个胜利。这样，他就“慢慢地磨出来了”，在短时间内，成为一个走向世界的“英语通”。

令英国同仁折服的精彩演讲

谁能想到，本来英语水平根本不高的钟南山，竟然一夜之间成了演讲高手。

心急的钟南山一边学着英语，一边给他的导师、爱丁堡大学皇家医院的大卫·弗兰里教授写了一封信，表达对这位教授的期待。弗兰里在英国是著名的慢性病专家。钟南山与他素未谋面，但读过他的文章，非常敬仰他。但是一个多月过去了，并没见弗兰里的回信。

弗兰里终于回信了，信上写着："按照我们英国的法律，你们中国医生的资历是不被承认的。所以，你到医院进修不能单独诊病，只允许以观察者的身份，看看实验室或看看病房。根据这个情况，你想在我们这里进修两年的时间显然太长了，最多只能8个月，超过这段时间对你不合适，对我们也不合适。你要赶快同英国文化教育协会联系，考虑8个月之后到什么地方去……"

钟南山火热的心，被兜头浇了一盆冷水，一下子不胜其寒。弗兰里教授对钟南山的态度好像一点儿商量的余地都没有。按照他们的看法，中国的医生到了他们英国，也就是参观而已。不仅如此，钟南山还看出，弗兰里言语之中，很怀疑他的研究方法。

钟南山让自己的情绪平静下来，冷静地进行分析：弗兰里对中国不够了解，更看不懂他用中文所写的文章。所以，他不能灰心丧气。

钟南山再三考虑之后，决定亲自去见弗兰里。

大雪弥漫于爱丁堡。对于心情舒畅的人来说，这异国的雪花，平添浪漫和激情；但是对于钟南山，他感到一番非同一般的寒冷和沉重。

刚过了1980年的元旦，钟南山就乘火车从伦敦去爱丁堡。另一名中国的留学生，已在爱丁堡学习了一个多月的广州中山大学的马健全，到火车站去接他。虽然是初次相识，但是马健全友好地把钟南山接到自己租住的房间。第二天，他们就约见了弗兰里。

与弗兰里教授相约的时间是上午10点，钟南山和马健全在9点半就到了。弗兰里的秘书艾丽丝夫人给他们让了座，并且让他们等一等。

正对面，坐在高背椅上的弗兰里，并没有转过身来，从背影就让钟南山领教了这个英国人特有的傲慢。弗兰里一直用冰冷的后背对着他们煮自己的咖啡，空气死一般沉寂。

“Doctor Zhong”，弗兰里语带不解地开口了，仍然没有转过身来，“你想干什么？”

钟南山愣了一下，对着他的后背讲了一番自己的设想。来之前，钟南山将自己的请求认真地打了腹稿。弗兰里对他说：“你先用一个月的时间看看病房还有实验室，再思考一下想干什么吧。”弗兰里的言外之意是，你们不是来参观的吗？除了参观，你们还能干什么？

尽管谈话不多，但是睿智的弗兰里觉察到背后这个中国人的执着：他要达到自己在英国做研究的目的。

于是，他说了一句成全钟南山的话：“你有一个中国来的朋友，可以找找他。”他说的这个人，是由世界卫生组织资助来英国进修的中国学者诸君龙。

通过七八分钟的会面，钟南山觉得自己从弗兰里教授那里领到了一份见面礼：去见那个由世界卫生组织资助来进修的中国人。

英国专家虽然傲慢，但是在学问面前，绝无种族偏见。1980年1月5日，弗兰里教授在教室里看见了钟南山，钟南山忙上前问好。弗兰里忽然若有所思，他双目炯炯地打量了一下钟南山，问："你能不能讲一讲中国的医疗？"

钟南山听懂了弗兰里说出的每一个字。"OK！"他几乎是条件反射般地一口答应下来，他心中的郁闷仿佛也随之消散了很多。

然而随之而来的，是重重的压力，他要用不到一个月的时间进行准备。要准备些什么呢？中国的医学、医疗，不要说浩如烟海、博大精深的中医，就是西医，又从何讲起？要讲哪些东西？更何况他的英语水平，根本就无从胜任这样的一场讲解，而且是面对全科五六十人进行讲解。但是，他能说"No"吗？不能！因为那压根儿就不是他的性格。不管自己背后要承担多大的压力，都不能在挑战面前屈服。这才是他钟南山！

"我不知道为什么自己竟然有那么大的勇气。你让我讲，我就讲。我这个人就是这样的，你给我机会，我就干。"回望当初的自己，他满面春风。

但当时，他心里完全没有底。一般人根本不会接弗兰里这个招儿，因为承担不了这样的压力。而钟南山只是凭着一个信念：不能让外国人这么小看中国人，一定要把中国医学的优势和实际的情况介绍给他们。

他初步拟了一个八千字的讲稿，准备的幻灯片内容是围绕中国呼吸疾病的特点以及包括中医在内的治疗方法，并请了当时住在同一宿舍的朱老师为他指正和修改。朱老师是上海复旦大学英语系的教师。朱老师很认真地修改了语法的错误，但不无担忧地对他说："你首先要写得好，这是对的，但是关键得让人家听得懂啊。"

钟南山采用了一个笨办法，把这八千字的内容尽可能地全部背诵下来！他吃饭时背，睡觉前背，上厕所时也背，不浪费一分一秒的时间。

一个多月以后，恰好是中国农历大年三十这一天的下午，钟南山的演讲即将开始。

教室里座无虚席。

弗兰里教授向大家介绍："一名从中国来的医生，他叫钟南山，将为大家讲一讲中国的医疗现状。"

钟南山拿着自己制作的幻灯片和讲稿，走上了讲台。他不由得紧张，手有些发抖。

他从中国的传统医学讲起。他讲中医与西医呼吸医学诊断相通的诊断方法，讲中医是如何观察病人舌象的，讲出了两者相通的理论。他说，当肺源性心脏病患者处于急性发作期，在没有对病人做动脉血气分析的情况下，可以借用中医的这一诊疗方法：观察病人舌头的颜色，以此判断病人缺氧和酸碱平衡的情况。

他还讲解了其他方面的内容，如中国古老的针刺麻醉。这是中国独有的医学瑰宝，在中国长期被运用于临床治疗。

因为钟南山事先日夜背诵，所以讲稿基本上已烂熟于心。他开始时的紧张心情，随着大家被吸引，很快就放松了下来。他越讲越有信心，不知不觉，大半个钟头过去了。

他讲完后，全场响起热烈的掌声。

因为有的内容没听懂，医生们当即提出一些问题请钟南山解答。刚退休的老主任克罗夫顿教授，是一名爵士，他主动走过来拍拍钟南山的肩膀，说："钟医生，你讲得很好。什么时候，我请你到我家去谈谈呢？"

钟南山愉快地答应了。他心情喜悦，就像打了大胜仗一样。他的辛苦没有白白付出！

在钟南山此次的介绍中，呼研所做的研究全部派上了用场。从1971年到1978年，他研究中国人治疗慢性呼吸疾病、呼吸衰竭的方法。为什么钟南山竟然有胆量在英国专家面前谈自己的研究？就算是背熟了讲稿，那也有可能是“关公面前耍大刀”啊！

因为他牢牢地记住了一件事。

就在演讲前的几天，钟南山有机会去参观病房。他看了一下气管病室，有一个名叫沙特罗的医生，正在那里为病人进行纤维支气管镜的检查。他问钟南山：“你见过这个吗？”钟南山谦和地回答：“我见过。”

沙特罗医生继续向钟南山介绍纤维支气管镜的好处，完全是下意识地以为钟南山根本就没有见过纤维支气管镜。而且，这个沙特罗医生带着自我赏识的意味向钟南山介绍自己，说他已经为400多例病人做了纤维支气管镜检查，所以对纤维支气管镜很熟悉。钟南山听后笑了笑，心里有了底，因为他到英国之前，已经做了1500例纤维支气管镜检查，而且做得非常熟练。

“他们以为我们是从原始森林来的。”一名来自巴西圣保罗的进修学生如此幽默地告诉钟南山，“所以，他们认为我们什么都不懂。”

钟南山之所以讲中医舌象，是因为曾有关于一个病例的讨论。

一个患肺源性心脏病的英国病人吃了几天利尿药以后，浮肿的情况消退了，但是表现得十分亢奋。钟南山给病人看了一下舌苔，是绛红色的，就是说属于中医常说的阴虚火旺。在呼研所工作时，他遇到过很多这样的病人。他知道，这样的病人可能因为使用了过多的碱性利尿剂，出现酸碱平衡失调，舌苔才呈绛红色。他对负责这个病人的英国教授说：“这个病人一定是有低钾血症，要补钾。”他进一步说明原理：“因为病人用利尿剂太多以后，钾流失严重，所以出现代谢性碱中毒。”

英国同事觉得很奇怪：中国医生怎么会这么认为呢？

那个英国教授于是说："好吧，我们给他测一测动脉血气和血钾。"结果一测，血气显示有碱中毒，血钾果然很低。病人补了钾以后，过了两天，情况就改善了。英国教授非常开心地对钟南山说："看来，你这个中国医生还是有点见识的嘛。"他的话虽然是肯定，却还是带着居高临下的语气。

钟南山的诊断，让这个英国教授对中国的医术产生了兴趣。他没想到，一个舌象会帮上这么大的忙。钟南山在后来对病人的治疗中，还采用了让英国医生更感神奇的中医现代疗法：针刺麻醉。针刺麻醉是继承和发展中医医学所取得的一项新成就，它用于胸腔手术镇痛有困难，但是用于甲状腺手术的麻醉是可行的。

惊心动魄的人体实验

如果此前发生在钟南山身上的事情，可以叫作令人惊讶的话，那么后面的事情，就足以令爱丁堡大学皇家医院里傲气的英国同行们大大地惊奇了：钟南山竟然修好了已经报废的仪器。不仅如此，为了证明一个医学问题，他用自己的身体进行了实验。从不吸烟的他，一次实验所吸入的一氧化碳，等于连续吸入了60支香烟的浓度……

1980年1月到达爱丁堡大学皇家医院后，钟南山也感受到英国专家在知识面前人人平等的态度。他们非常看重同行的能力，对于有能力的同行，不仅不会带有偏见，而且会非常尊重。

钟南山从北京医学院毕业以后当老师，是搞生物化学研究的。那时候，他的操作能力就比普通医生要强，这对他后来在英国留学的帮助真是太大了。

爱丁堡大学皇家医院呼吸生物化学实验室有一台出了问题的血液气体张力平衡分析仪，已经闲置了一年多。医院的医生们做实验当然就不用它了，但是钟南山的实验必须使用它。实验室主任沃克先生对这台血液气体张力平衡分析仪根本不再抱什么幻想，正准备申请拨款购置新的仪器。

“我来试试。”钟南山说。

沃克听清楚了，中国医生钟南山是想对这台仪器进行废物回收利用。既然如此，那好吧，就送给他一个“玩具”吧。

两年的进修时间在匆匆而逝，一分一秒也不能等，要尽快有一台这样的仪器，钟南山想。然而，这台血液气体张力平衡分析仪维修之后还需要检测，而检测是需要血液的。

钟南山就从自己的血管里抽出血液来进行检测。一次20毫升、30毫升……

他一边抽血，一边检测，一共做了30多次，抽出800毫升血液。终于，成功了！这台血液气体张力平衡分析仪的仪表盘像苏醒了一般，在钟南山眼前开始有序地运转。

“这可是节省了3000英镑呀！”沃克先生惊喜不已。站在一旁的摩根医生十分不解：“钟医生在中国也修理过这种仪器吗？”

“哦，不，我是到皇家医院后才第一次看到这种仪器的！”钟南山如实回答。以前，他只是听说过血液气体张力平衡分析仪而已。

摩根医生连连惊叹：“不可思议！”

有了仪器，这才是第一步，第二步是开始做实验。钟南山的实验从刚到这所医院就开始准备了，而且是一个极具挑战性的实验：关于一氧化碳对人体血红蛋白解离曲线的影响。

钟南山从浩如烟海的资料中发现，研究一氧化碳对人体血红蛋白的影响，不仅符合自己研究呼吸系统疾病的方向，也是弗兰里教授期待开展的项目。因此，他夜以继日地钻研，终于完成了对这项实验的设计。

弗兰里教授疑惑地接过钟南山的设计，看过之后连连赞许：“OK！Doctor Zhong.”他第一次握住了钟南山的手：“我们想到一起去了！我支持你！”

这之后，许多烟民一下子成了钟南山这个不吸烟者的朋友，有留学生，也有中餐店的老板。钟南山寻找他们，是为了让他们做自己的检测对象，分析在吸入不同浓度烟的情况下，一氧化碳对血红蛋白解离曲线的影响。但是，这样做之后，钟南山感到资料比较零散。

需要有个系统的观察，才算有足够的证据啊！怎么办？钟南山想到了一个最可靠的方法：用自己的身体来做实验。

这是一次惊心动魄的人体实验——

钟南山自己一边吸入含有一氧化碳的空气，一边让同行根据吸入的情况不时地抽血检验……当血液中的一氧化碳浓度达到15%时，即相当于连续吸了50至60支香烟！而钟南山是从不接触香烟的。

“太危险了！快停止！”同行们惊叫。

钟南山根据自己的经验判断，这个浓度还未使血红蛋白的解离曲线达到曲线的平衡段。于是，他断然摇头：“请继续进行！”

他继续吸入一氧化碳，直到血红蛋白中的一氧化碳浓度达到22%。此时，钟南山已是头晕目眩。

实验终于取得了令人满意的结果。英国同行被深深地感动了。

后来，钟南山因为此项实验，被邀请在1980年召开的全英医学科学学会上作报告。

中国人在慢性支气管炎方面的研究让英国同行耳目一新，中国人的勇气，也令英国同行刮目相看。不仅如此，钟南山此篇报告还提供了一个富有挑战性的结论：虽然用实验的方法证明了弗兰里在1975年用数学推导的公式及结论，但是这个公式及结论只对了一半，另一半不正确，需要进行修正。

5月的爱丁堡，空气格外清新。久违的舒心，让钟南山感到愉悦。连一向显得冰冷的实验，都有了亲切感。艾丽丝夫人高兴地递给钟南山一封信，是弗兰里教授写给他的。弗兰里在信中写道：“下周，皇家空军代表和苏格兰医学理事会主席要来参观我们的实验室。这关系到我们能否争取到一笔可观的建筑实验大楼的财政费用。我想请你当天为他们作有关各种因素对血红蛋白解离曲线影响的报告……”

爱丁堡大学皇家医院对一个外国学者给予如此的信任，是钟南山未曾预料到的结果。他的苦心得到了报偿，他的技术得到了承认，他的800毫升鲜血没有白流。

挑战权威

钟南山竟然纠正了英国皇家医学权威的实验结果！随后，12名资深专家向他提出12个问题……

爱丁堡大学皇家医院麻醉科的杜鲁门教授，曾请钟南山做一项模拟实验：对呼吸衰竭的病人，在给予人工呼吸的情况下，不断提高氧气的浓度，观察肺内的分流情况。他让钟南山重复牛津大学雷德克里夫医院麻醉科主任科尔教授的一项研究。科尔的结论是：随着吸氧浓度越来越高，肺内的分流将越来越大。

钟南山用监护中的几个人工通气病人，重复了这个实验。结果，科尔教授的结论不能通过实验得到验证。

他又按照杜鲁门的建议，反复做了几次，结果还是不如人意。钟南山就觉得科尔教授的结论可能是不正确的。杜鲁门教授问钟南山：为什么觉得不正确？他对杜鲁门解释说，他观察了氧电极。当氧气浓度增高到70％以上时，氧电极测出的数字存在误差，必须进行校正，再计算肺内的浓度分流。钟南山连续的实验结果都表明：随着氧气浓度增高，进入肺内的分流是不变或是下降的，并不是如科尔教授所说的"吸氧浓度越高，分流也越大"。

杜鲁门对钟南山的这一实验结果非常看好，他十分赏识地对钟南山说："好吧，你就把自己的这个发现写成文章投稿吧，投到英国麻醉学会去。”

钟南山将自己此项实验的报告投到麻醉学会之后，很快就被采用了。那是1980年的8月。

1980年的全英麻醉学术研究会议，是在剑桥大学召开的。到会的成员，是全英国麻醉医学领域的权威。这样的会议，是有学识的医生展示自己学术课题的机会。钟南山被安排在第一个发言。

当时，钟南山心里非常清楚，他此次的发言，是挑战权威的，而且是阐述一个与权威完全相反的结论，一定会有很多争议。所幸的是，他的勇气正好契合英国人客观、公正、尊重事实的科研风气。

他首先用幻灯片展示科尔教授有关论文的主要论点；然后以自己的实验为根据，阐述不同观点，有理有据地对科尔教授的结论提出质疑；最后又通过幻灯片，展示他自己校正相关数据后所描绘的曲线，进一步证明科尔教授结论的错误。

钟南山提出的理论，竟然与一向被视为权威的科尔教授的观点完全相反。在场的英国专家不约而同地将目光直直地注视着讲台上这名中国医生。

钟南山讲完自己的实验报告之后，在场的人士包括科尔教授的助手向他提出12个问题。其中11个，是钟南山事先预估到的。最后，当时英国的麻醉学会主席勒恩教授站起来说：“我们也做过类似的实验，我们觉得钟医生的做法是对的。”这位资深专家说完之后，向坐在最前排的英国皇家麻醉学院的院士们大声问：“你们觉得怎么样？”全体与会人员举起了表示赞同的手，纷纷认为钟南山的实验结果是可以接受的。

钟南山这篇文章，在1983年的《英国麻醉学杂志》上发表，全文共13页。

钟南山说：“我和杜鲁门教授好像打了一个大胜仗。那天晚上，我们在剑桥大学的小河上划船、喝啤酒，大家庆贺了一番。”

回忆这些往事，钟南山脸上泛起舒心的笑容。

2009年，钟南山应爱丁堡大学皇家医学院的邀请，故地重游阔别多年的爱丁堡，见到了年迈的杜鲁门教授。杜鲁门紧紧地拥抱了他当年的这名学生，同时也是他的老朋友——钟南山。两位老人谈起当年这件事，真是特别开心。

虽是谈笑风生，但是钟南山坦言，在爱丁堡的日子，每一天、每件事，从艰难的工作到拮据的生活，无不充满了艰辛。1980年7月，就在他做实验最艰难的时候，希望获得一位叫凯弗利的年轻教授的帮助，他是慢性阻塞性肺病的杰出研究者。钟南山请求过好多次，让他帮忙为自己出主意，但这位教授都说没空。后来，钟南山虽很拮据，但还是请他喝了啤酒，希望凯弗利教授讲解一下。这位凯弗利教授碍于情面，才不得不应约。但是，他讲得很快，三五分钟就讲完了，钟南山根本无法听懂。

每一个在爱丁堡大学皇家医院进修的学生，都需要作一次阶段性的报告，叫啤酒会，就是到会的专家边听学生的报告边饮啤酒，而每一个进修的学生都会轮到一次发言的机会。1980年9月，就轮到钟南山了，他发言的题目是《一氧化碳对血液氧气运输的影响》。在这个发言里，他对弗兰里教授对血氧运输的数学推导，做了一个整体的分析，并且将弗兰里教授的数学推导结合自己的实验结果进行了阐述。在这样一个看似轻松的啤酒会上，实际非常紧张，发言者的理论一定要科学、严谨。

钟南山讲完了，他的报告赢得了呼吸科、麻醉科、内分泌科专家的赞赏，人们热情洋溢地祝贺他的成功。

这时，凯弗利教授主动走过来找钟南山握手：“钟医生，你讲得非常好，也干得很好！”

◣重逢杜鲁门教授（前排中）

◣师生朋友再度欢聚一堂

从那以后，凯弗利对钟南山的态度再也不是冷冰冰的了。

凯弗利对钟南山改变了态度，这让钟南山非常高兴。那天晚上直到很晚，人们早都散尽了，钟南山还一个人坐在爱丁堡大学皇家医院的长凳子上。那种兴奋使他有一种陶醉的感觉：“他们认可我的工作了，认可我的能力了！”

继1980年9月钟南山在全英医学研究会议上宣读研究报告，并且获得肯定之后，10月，他又应邀到奥地利首都维也纳，参加欧洲免疫学会议。在那里，他结识了伦敦大学附属圣·巴弗勒姆医院的胸科主任戴维教授。戴维教授非常热情地请他前去圣·巴弗勒姆医院合作，并且商定共同进行哮喘疾病介质的研究，这使钟南山非常欣喜。

转眼到了1981年的4月，爱丁堡的阳光充满了离别之前的璀璨。再过两天，钟南山就要提前结束在爱丁堡的研究工作，应邀前去伦敦大学的圣·巴弗勒姆医院进修。

弗兰里教授到美国出席学术会议去了，钟南山只能向他的夫人和孩子告别。晚上，钟南山按约定的时间准时到达弗兰里教授家。门一打开，房间里高朋满座，苏格兰民歌的音乐在回响。钟南山见到弗兰里的夫人艾丽丝，连忙道歉：“我不知道你们这么多人正在聚会，我见一下您就告辞。”艾丽丝笑着，赶忙拉住钟南山的手说：“不，这是为你准备的派对，快进来！”只见餐桌上摆着丰盛的菜肴和香槟酒，大厅里已是座无虚席，呼吸科、麻醉科和放射科的医生、护士们全来了。这是艾丽丝夫人专门为送别钟南山而设的酒会。艾丽丝夫人高高地举起酒杯说：“来吧，让我们在和钟医生握手告别之前，一起开心地喝一杯！”

人们是那样亲切、友好，脸上挂满了欢快的笑容。钟南山一时感动不已，他向大家鞠躬：“领情了！我这个中国的医生，希望大家有机会到我们中国。”钟南山提高了嗓音：“去了解真实的中国！”他再次鞠躬："谢谢啦！"

他沐浴在温暖中，每一双向他道别的手都饱含热情。人们纷纷拿出准备好的礼物送给钟南山，这令他始料不及。他有什么送给大家呢？他急得一时手足无措。瑟特罗教授看出了钟南山的心思，就说："让我们为钟医生的成功干杯！"

觥筹交错中，心脏科主任米修斯、计算机室主任布拉什给钟南山送上美丽的苏格兰挂毯，呼吸科副主任瑟特罗送给钟南山的妻子一条手链，艾丽丝夫人则为钟南山的子女准备了书籍、玩具……16个月的朝夕相处即将结束，酒会上充满了依依不舍的离别之情。

学成回国

爱丁堡张开怀抱挽留他；已经成为朋友的弗兰里教授，对他的高度评价令他落泪。然而，钟南山决然挥起缓缓作别的手臂。

在20世纪80年代初的中国，大家对“海外游子”羡慕到什么程度？那几乎就是“天外来客”的代名词。当时的钟南山，完全有机会留在国外。

爱祖国、爱人民，不是口号，而是要有具体的行动。钟南山像一棵屹立在山巅的松柏，深深扎根在祖国的土壤里，任电闪雷鸣、风吹雨打，一颗火热的赤子之心从不动摇。将不堪化为欣慰，这就是他面对困境的力量，也是他力争改变并且努力向前推动的能量。

钟南山说，他的很多亲朋好友一有机会就想方设法出国，身边能“把酒话桑麻”的人越来越少。他们走后，在国外生活得很好，如果把车子、房子、票子等物质作为生活质量的指数，他们的指数都比钟南山的高很多。有人对此很羡慕，觉得钟南山要是出去，可能会生活得更好。钟南山却认为，满足于物质享受的快乐，远远比不上精神的富足。

钟南山说，他要的是事业上的成就感、精神上的充盈和踏实。

1981年11月18日，这是钟南山结束在英国两年零一个月的进修，即将从伦敦飞回祖国的日子。两年前在去英国的火车上，一起留学的朋友们为他祝贺43岁的生日。此时，他刚刚度过45岁生日。

美丽的爱丁堡满含挽留之意，习习和风诉说着惜别之情。爱丁堡大学皇家医院的同行，从专家到普通医务人员，一一向他道别。他深情地谢绝了弗兰里教授和爱丁堡大学的挽留。这个曾经让钟南山失望过的弗兰里教授，在短短两年之后，就对钟南山赞叹不已，视其为难得的合作伙伴和最可信赖的朋友。

两年来，钟南山付出了非凡的努力，也收获了意想不到的回报。他此时的心情格外迫切，他要回到自己的祖国，把自己的成绩告诉祖国母亲！他取得了对呼吸系统疾病研究的6项重要成果；完成了7篇学术论文，其中有4篇在英国医学研究学会、麻醉学会及糖尿病学会的杂志上发表；英国伦敦大学附属圣·巴弗勒姆医院和墨西哥国际变态反应学会，分别授予钟南山“荣誉学者”和“荣誉会员”的称号。

他当然希望：这一次，年迈的父亲钟世藩能够对他的答卷表示满意。

归国的行囊，装满了沉甸甸的感慨。中国驻英大使馆交给钟南山一封信，是他的导师弗兰里教授写来的。文字仍然像当初钟南山见到的那封信一样简短，但是这一次，内容完全不同！弗兰里这样写道：“在我的学术生涯中，曾经与许多国家的学者合作过，但我坦率地说，从未遇见过一位学者，像钟医生这样勤奋，合作得这样好、这样卓有成效。”

这一番简短的话语，让钟南山这个“铁汉”不禁眼含热泪。两年来的酸甜苦辣一起涌上心头：“我到底还是能够做一点事情给他们看看的。”他为自己感到欣慰、庆幸和自豪。

弗兰里这位富于探索精神、注重实践的英国学者，是一名很好的导师。钟南山的进步、他所进行的多项研究，都离不开弗兰里的言传身教和愉快的合作。不仅如此，弗兰里的风范，也永远铭刻在钟南山的心目中，深深地影响了他此后的医学人生。

最令钟南山激动不已的，是父亲钟世藩这一次终于表扬了他。

在他的记忆中，这是45年来的第一次。当年他考上北京医学院，钟世藩也只是表示祝贺而已。而这一次，钟世藩是郑重其事地赞扬他：

“你终于用行动让外国人明白了，中国人不是一无是处的。”

多年以后，钟南山每当向他的学生谈起在英国进修的往事，都会自然而然地这样说：“有一天，你们也会走向世界，但是请你们记住，科学没有国界，科学家却有国界。”

从爱丁堡到北京，再到广州，一路伴随钟南山的，是几大包沉甸甸的医学参考书籍。这些书籍被他视作比金子还珍贵的东西。

两年的英伦生涯，只是钟南山生命中的一个片段，但是爱丁堡大学给予的教育，将伴随他的一生。

钟南山说，在英国的学习给他最好的教育是实事求是。爱丁堡大学给了他两样最重要的东西。第一，如果第一步还没有走好，绝不走第二步；就是要踏实，即使再小的事，也要如此对待。第二，不要认为权威的话就是对的，一定要相信自己所看见的事实。

比如钟南山做实验，第一步没有做好，就绝不进行第二步。这是受英国人非常严格、认真的作风的影响，是在日常工作中养成的习惯。钟南山做任何研究工作都是用这样的态度。他说：“这样做事，看起来慢，实际上是快。”

初到英国时，英国人的这种作风，让钟南山明显感觉到与国内不同。当时国内的国情是，刚结束了“文化大革命”，在这样的社会背景下，人做一件事情要面对很多想法，要达到的目的又特别多、特别空，甚至不着边际。从“假、大、空”到一下子去实事求是，他为之慨叹：“中国人要实现多大转变、经历多少艰难，才能改变这种浮夸状态啊！”

钟南山从英国专家身上看到他们的行事作风：即使做一件很小的事，都一定要达到一个极其有针对性的目的。

钟南山总结说："英国专家是一步一个脚印的。从表面看起来，他们的每个实验并不怀着雄心壮志，但是做的时候，真的是踏踏实实去解决一个问题。所以回国以后，我对科研工作的整个态度和作风完全改变了，这是英国专家给我的教育。"

实事求是做事、扎扎实实搞科研，这正是科学工作者成功的诀窍。

钟南山回国之前，弗兰里教授所做的一个实验有了可喜的结果，对钟南山来说也是一次极好的学习机会。

弗兰里的实验是对低氧血症的重症慢性阻塞性肺病患者进行家庭氧疗：让病人每天吸8个小时的氧，观察是不是可以提高病人的生活质量，或者是存活率。就是这样的一个实验，英国医学研究委员会给弗兰里5年的时间拿出结果。

实验的方法是一组病人晚上吸氧，另一组病人不吸氧。结果第一年、第二年、第三年，两组病人的病死率是一样的。所以，当时就有人提出停止实验，认为没有用，是白白浪费时间。但是，弗兰里说不行，"我们要做够5年"。

没想到，从第四年开始，两组病人的病死率逐渐分成了两条线。最后到了第五年，这两条线有了明显的差别。

第五年的时候，接受吸氧疗法的病人，有60%存活；不吸氧的只有30%存活。这个显著的差异就证明了坚持5年是多么重要。

实验报告在世界医学权威杂志《柳叶刀》上发表了，这一实验证明病人在夜间接受氧气治疗能够提高生活质量和存活率。就这么一个小问题，弗兰里他们研究了5年，这是一个科学态度问题。钟南山认为，这件事给了他很深刻的教育。

一方面是英国医务工作者的科学态度达到了如此自觉的高度，另一方面是英国社会的行政监督极为严格。英国医学协会医学伦理委员会是执行处罚非常严格的机构，它监督着医学从业人员做研究必须严格守法、尊重客观、不得造假。

罗伯特教授是有名的哮喘病专家，钟南山曾与他合作发表了一篇文章；但是后来，他们突然失去了联系，罗伯特没了消息。过了两三年，钟南山才从朋友那里得知，罗伯特的医生资格被英国医学协会医学伦理委员会取消了。原因是发现他为了拿到资助，在做哮喘动物实验过程中造假，实验所得出的数据和结果均不属实。在罗伯特和他的一个学生进行实验讨论的时候，这个学生觉得问题严重，就悄悄地在自己的口袋里放了一个录音机……

之后，这个学生拿上这份录音，把罗伯特告到了英国医学协会医学伦理委员会。直到今天，钟南山仍不无感慨："国内的科学作风还是存在着浮躁的问题。"做一个研究，总是想当然，认为早就可以了，刚做了一点儿努力，就匆忙地进行下一步。事实上，每一步都必须走得扎实才行。钟南山永远欣赏扎扎实实工作的人。他说，为什么现在比较鼓励医务工作者在国外有名的杂志上发表文章，因为国外的有名杂志一点儿都不含糊，专家、评委是看作者的学术研究、实际工作真正有创意，表达又清晰，才会同意发表的。

钟南山在中华医学会和广州呼研所的同行陆续在国外一些有名的杂志上发表文章，"说明我们是有这个基础的"，他不无欣慰地说。

当选院士

钟南山自20世纪70年代起，在医学研究领域就逐步取得了一系列具有代表性的成果。

其中最具影响力的是在20世纪80年代末，他通过创制的气道反应测定法和流行病学调查，首次在国际上证实并完善了隐匿性哮喘的概念。此外，他阐明了肺内一氧化氮和内皮素平衡失调，以及多种原癌基因表达异常，在缺氧性肺动脉高压形成中的作用；在他的指导下，他的研究生创制了运动膈肌功能测定法；他首次证实即使是早、中期的慢性阻塞性肺病病人，有60%存在蛋白质-能量营养不良，并制定了补充其基础耗能的校正公式，研制出适合国人的营养素“优特力生”；他在医疗上将各类型呼吸衰竭的抢救成功率提高到85%以上。

正是由于这些成果，钟南山被聘为撰写联合国《全球哮喘防治战略》的中国代表、联合国世界卫生组织医学顾问，并于1996年当选为中国工程院院士。正因为他获得如此多令世人嘱目的成就，才有了后来在抗击非典时那位胸有成竹的钟南山。

钟南山还在1993年成为第八届全国政协委员。

尽管有上述的骄人成绩，但是当初对于申报中国工程院院士，钟南山表示压根儿没有做过什么考虑，因为他始终觉得自己还不够格。虽然也申报了，他却没有抱什么希望。他更没有想到，最终的结果竟然是高票当选。

能够当选中国工程院院士，是要经过极其严格的考查和筛选的，高票当选更是难得。

20世纪80年代末，钟南山在国际上首次提出了隐匿性哮喘的观点。这是基于他的一个非常重要的发现。

钟南山能够发现隐匿性哮喘，主要是因为解决了一个技术上的问题。在此前，医生为病人做哮喘气道高反应表现的症状检查时，要用支气管激发试验来进行。支气管激发试验需要很复杂的技术，一套仪器要五六千美元。在当时的中国，如此高的费用，无论医院还是患者，都是难以承受的，这也使很多患者难以得到及时诊断。

在1984年，钟南山就把这个技术简化成一个简单的支气管激发试验测定仪器、一个体积很小的装置：用几个自制的玻璃瓶进行雾化，里面装了不同浓度的激发剂。当为病人做检查时，只需让病人使用峰流速仪进行最大峰流速测定，以此来检测他有没有气道高反应性，从而说明这个病人是否患有哮喘，因为气道高反应是哮喘的重要标志。

价格高达五六千美元的诊疗仪器，被简化为一个诊病的峰流速仪。这个小仪器，发达国家不需要，但是在中国，它体现了钟南山一贯坚持的传统医学思想：简单、方便、廉价、实用。寻求低廉的用材、简单的手段，治好病人的病痛。

这个简单而有效的仪器于1986年制作完成，是全国首创的TAR一型检疫组织胺支气管激发试验仪器。它使得钟南山能够在广大的基层来进行支气管激发试验。正因为在基层大面积做了支气管激发试验，所以可以尽早发现一些没有哮喘症状，但是有气道高反应性的病人。这对于钟南山的医学研究来说，是莫大的鼓舞。

于是，钟南山于1992年在美国著名的胸腔医学杂志上发表了一篇文章。文章的主题是没有症状的气道高反应性是否为隐匿性哮喘的指标，副题是他对有气道高反应性的年轻患者两年之内的追踪结果。钟南山研究发现：其中有20%的患者，两年以后发展为哮喘。而这些病人最初没有哮喘症状，只是有气道高反应性。

尽管1992年钟南山就在国际胸科专业的权威医学杂志发表了这样的论文阐明隐匿性哮喘的概念，但并没有得到很多人的重视和响应。直到5年以后，有一位加拿大的学者对这一概念进行了研究，并在1997年将其理论和随访的结果，发表在英国《胸腔》杂志上，指出：无症状的气道高反应性患者更容易发展为有症状的哮喘。这就证实了钟南山的看法。

终于，16年后的2008年，世界医学权威杂志《柳叶刀》发表的一篇论文，引用了钟南山关于“存在隐匿性哮喘人群”的结论。该文综合了那位加拿大学者很多的研究发现，得出的结论为14%~58%的无症状气道高反应性患者可以发展为哮喘。至此，隐匿性哮喘成为被世界公认的概念。

1992年发表论文，5年后被别人证实，2008年才被公认。一个造福于人类的医学结论，等待了16年！这一经过了漫长时日才得到世界公认的医学结论，从此被许多国家所应用。患者出现气道高反应性时，尽管尚没有哮喘症状，也可以得到医生及时的治疗，避免发生意外。提出“隐匿性哮喘”这个概念，在钟南山早期的医学工作中，是最重要的一个贡献。

这个贡献难能可贵之处，就在于对人类疾病的早期发现和早期预防。它类似于发现早期糖尿病的方法，病人没有症状，但是可以通过监测血糖，判断出血糖高的人就容易得糖尿病。再比如，如何发现早期的高血压？病人没有症状，但是通过测量可以得知血压升高。又比如，如何得知病人在没有症状的情况下是否有哮喘？通过检测的方法便可以检查出来。隐匿性哮喘与上述疾病，具有同等的可预防性，只是当时没有得到应有的重视。钟南山这一重大的贡献，直到现在，都被应用于中国乃至世界的呼吸医学研究和呼吸系统疾病诊疗中。隐匿性哮喘，或者叫作无症状哮喘，它的定义就是哮喘在没有发作的情况下，也可以被认定症状。这对呼吸医学来说，是非常重要的革命性看法。而此前，国际通行的医学结论是，哮喘患者一定是有症状的。而钟南山发现，没有症状的患者也可能发展为有症状的哮喘。一个医学结论从此被刷新。

中国的慢阻肺病人跟国外的不一样，存在着比较多的营养不良问题，医学上称作蛋白质-能量营养不良，这个概念与国外有很大的区别。中国大概有60%的慢阻肺病人患有蛋白质营养不良症，所以钟南山认为，早期对这些病人的治疗应该跟国外的不一样，应该多补充蛋白质和脂肪。

中国的慢阻肺病人一般偏瘦，国外的患者大多很胖，体重比较重。钟南山通过做一些测试，最早发现确实存在这个问题。这类病人因为消耗的问题，引起蛋白质不足。这一问题的发现，使得人们在慢阻肺治疗上采用更有针对性的营养疗法，这是从学术上提出的问题。钟南山的这个发现，发展了当时慢阻肺病人的营养食谱，从而为慢阻肺病人的营养治疗提供了新的方向和措施。

1990年，钟南山突然接到一个通知：中共广东省委常委会议决定对两个人进行表彰，一个是红线女，另一个就是他。事先并没有任何人对他讲过。

红线女曾任广东粤剧院副院长、广州粤剧团艺术总指导，并曾当选为中国戏剧家协会广东分会副主席，是第二届全国政协委员，第三、第四、第七、第八、第九届全国人大代表。红线女于1938年开始学习戏剧，从艺几十年来，演过近百部粤剧，拍过90多部电影；她在艺术上勇于创新，创造的许多“红腔”名曲，脍炙人口，广为传唱。

1994年，组织上安排钟南山申报过一次中国工程院院士，没有通过。当时，他本来就没抱什么希望，所以也觉得没什么。

1995年，时任广州市人事局处长的盛南方又三次动员钟南山，希望他能够申报中国工程院院士。钟南山真诚地对盛南方说，自己距离得太远了，根本不够格。

但是，申报表还是要填的，这是组织安排。

钟南山认为，选上中国工程院院士的人都是年事很高的，有很多成就的。而他自己连获得的国家科技进步奖都不多，只有一个三等奖，对他本人来说，当选院士根本就是不可能的事。当时正好碰上一个好政策：新增中国工程院院士必须有1/3是60岁以下的人。后来，钟南山开自己的玩笑说："我就占了这个便宜，是59岁，年龄正好在60岁以下。"

有一位中国工程院院士叫侯云德，一直在中国预防医学科学院的病毒所任职。当时，他是中国工程院医学卫生工程学部主任、评选组组长。有一天，他打电话到广州医学院问："钟南山这个人怎么样？他的学术水平还有人品怎么样？"侯云德分别找了两位老教授，他们二人平时在广州医学院讲话都是不留情、很苛刻的。

对中国工程院院士的评选是很注重人品的。其中一位教授梁先生回答说："你问我这个钟南山，我觉得他不错啊，工作不错，对我们这些老教授也是不错的。"由此，侯云德就更认定钟南山这个"年轻人"了。

钟南山虽然得奖不多，但是他在国外发表的几篇文章，所阐述的观点具有创新性的发现，得到国际同行认可。

比如隐匿性哮喘的学说，是说有些哮喘是病人自己感觉不到的，可以是无症状的。钟南山不但提出这么一个概念，同时附有一个调查，就是发现这些病人患病几年之后，有些会发展为症状性哮喘。并且，他还提出了一个对隐匿性哮喘患者进行发现和检查的方法。

1989年和1990年，钟南山已经在国际上的一些知名杂志发表了论文。不仅如此，1993年，他被选为中国代表，参加世界卫生组织召开的国际会议，商讨撰写《全球哮喘防治战略》。这样的事在当时的中国是非常少见的，在业内是有轰动效应的。

还有一个重要的方面：钟南山从1983年开始，就担任中央及地方领导同志的保健医生。所以，中国工程院评委会对钟南山医疗上的技术水平是认可的。很多领导来到广州之后，都希望找钟南山看病。钟南山也经常到北京去会诊。评委们觉得，这几方面都能很好地体现钟南山的实力和水平。

还有一点非常重要，就是钟南山的口碑好，广大患者对他的满意度高。《羊城晚报》曾经有一个经常写评论的老报人“微音”，写过很多很有战斗力的评论。微音写过几篇关于钟南山的评述文章，歌颂他视患者如亲人的高尚医德。媒体最早是从1981年开始报道钟南山的。《羊城晚报》当年报道他的那个记者后来成了副总编辑，叫王华基。他报道钟南山的那篇文章叫作《争气篇》，内容是写当时钟南山去英国进修时的经历，讲述了钟南山在英国的拼搏。那时，正好中国足球队在1982年世界杯预赛中输给了新西兰，全国人民都非常沮丧。王华基此时就写了这一篇题为《争气篇》的报道，意思是中国男子足球队虽然输了，但是我们中国人还是很争气的，比如钟南山。这篇文章在当时引起很大反响。

钟南山高票当选为中国工程院院士，广州医学院为他举行了隆重的庆祝会。大家请钟南山发言，他并没有说自己如何欣喜或者自豪，而是讲了一个观点：“我们学校很小，水平也不高，是一个不起眼儿的地方院校，但是我们这么小的学校也可以出院士。”

钟南山想说明的是，作为一个学校，要承认自己落后，但是最重要的是要不甘落后。有了这一条，多小的局面也能干出大事业来。

“人最重要的是承认落后，因为承认落后并不是坏事，是为了不甘落后。不要以为自己的条件差就不行，要自己创造条件。”他说，“在我的一生里，这恐怕是一直占据中心的主导思想。”

最幸福的事儿

2008年，12月的广州，气候格外宜人。阳光透过窗户，洒进这个简陋的办公室——极小，仅20平方米，除了两张桌子和一排沙发，到处都是有序可查、参差错落的资料和书籍。从桌面的资料望过去，钟南山的背影坚实有力。他的一只手向脑后敏捷地梳理了一下头发，这是他阅读材料时的习惯动作。他的手，手型并不宽大，但是因为常年运动，所以青筋隆起；他的头发略显花白，发质柔软、黑亮，稍带天然卷曲，后脑的头发悄悄地有些稀疏了。非典期间，他的头发曾经一下子花白，后来竟又慢慢变黑了许多。

秘书送进来一份材料："所长，又有采访，他们要求好几次了。"是广东电视台来拍摄改革开放30年风云人物的专题片。

一段时间以来，非典期间那沉甸甸的往事，又因这样的缘故，被一次次提及，又开始缠绕他平静的心。他让秘书转告，采访安排在晚上。

窗台的一行蓝色资料夹上，有几张他喜欢的照片：一张是走出游泳池的他；一张是与时任国家主席胡锦涛的合影；一张是非典期间的他，面容清癯、铁骨铮铮；还有一张是最近拍的，天蓝色背景前，他穿着洁白的大褂，笑容，一片灿烂。

靠近房门口的墙上有一条横幅，上书"勇敢战士钟南山"，这是广州市护士学校的学生们敬献给他这位师长的。

他走出办公室。走廊是一米多宽的过道，20世纪90年代的建筑，南北两边各房间的门口，间或整齐堆放着一些不能丢弃的杂物，因此更显局促。每一个房间内，设备、资料的摆放使空间显得非常狭小。非典期间，这座办公楼的6、7、8三层楼，全部为隔离病房。北面一间是钟南山的“专家会诊室”，墙上挂着一块素匾，上面写着：“悬壶济世，福荫众生”，这是广东书法家卢有光亲笔手书赠送给钟南山的。

在这面修整、粉刷过的墙壁上，在这块横匾的后面，曾经历过非典期间的一段不堪——

“污水又漏下来了！快！”楼上是非典病房。连日来，那里有粪便污水顺着这道本来不严重的破损墙缝往下流，墙面湿淋淋的。

“赶快呀！这个塑料袋接满了，换一个。”

“得赶快修啊，领导、媒体，随时都会来，影响多坏呀！”秘书着急地说。修墙的师傅来了。他说，这墙一直湿着，还流着水，怎么修啊？楼上的下水道平时不堵，偏偏在这个时候……一时抽不出懂行的人去疏通。

疫情过去之后，楼上的下水道疏通好了，这面墙也修好了，挂上了这块匾。

这座办公楼的北窗外，是即将竣工的新的现代化住院大楼。广州医学院第一附属医院和广州呼研所几十年寒酸的环境，即将成为历史。

这家附属医院，在全国称得上袖珍的三甲医院，占地面积不到一万平方米，而且本不是诊治传染病的专科医院。广州呼研所，在这栋楼的5、6、7、8四层，其中包括实验室、病房和办公室，一共3000平方米左右。

不时有从各办公室匆匆出入的医务人员，与钟南山相遇，他们会彼此轻声地示意。靠近过道的尽头，有两条长长的木质板凳，它们大概是20世纪70年代的产物。前来看病、办事的人，如果一时见不到医务工作人员，可以在板凳上稍坐一会儿，稍作休息。

非典期间，这两条板凳从没空闲过，愁苦万状的病人家属，焦灼却静静地等在这里，心情如同等待天使的降临。对于普通的病人和家属来说，这简易的长凳，承载着一个家庭的祈祷。

出诊，每周一次，是钟南山必做的。

他步履稳健，常人需小跑才能跟上，除非他有意放慢速度。他朝诊室走去。由于等待时间长，乘电梯要比他的步行慢得多，他手下的工作人员也像他一样不乘电梯。年轻时，他上楼下楼，三步并做两步，如今还是一样。

门诊室大厅里摆满了椅子，坐满了等候看病的人。在过道和人群的夹缝中，钟南山疾走如风。人群里轻轻发出惊讶、敬佩的声音："钟南山""钟南山"，有粤语也有其他方言。

诊室里，他的学生、助手、实习医生，整齐地站立恭候着。

每个星期，总有人会在这时找不到他，因为这时他不接电话。他的精力在这时全部用在为病人看病上。

这是一个三四十平方米大的房间，两边是问诊的格子间。诊室里贴着窗边，一字排开两张检查身体的医用床；它们对面的墙上，是看X光片的灯箱。这样的诊室与医院普通医生的诊室没有两样，除了放在桌子上的那个小牌子，上面有三个字——钟南山，显示是他这位大专家在出诊。桌子是普通的电脑桌，还有简易的椅子，这些都是陈旧得不能再陈旧的物品。

到诊室之前，呼研所的工作人员这样说："你去看看就清楚了，他的工作环境，上级领导看了都摇头。"他们还说："原来还不如现在。那座旧楼拆了，才搬到这个好一点儿的地方。"

病人很少看见钟南山是坐在椅子上等人来看病的。

病人一进门，就看见站在面前笑脸相迎的钟南山，心里那种“来看病”的沉重感好像减了一半，更何况是面对这位满脸和气的大专家，所以心里特别踏实。

第一个病人很快进来了，是一个50多岁的瘦弱妇女。她来自甘肃的农村，面如灰土，由家人慢慢搀扶着。

“您来了？来，您坐下。”

“大夫，你看，我还能活不？”妇女的声音低低的，好像是在问别人的事，表情没有痛苦更没有哀伤。只有当她的眼睛在钟南山脸上停留的那一刻，看见他满脸的笑容，她的眼神里才出现了一丝光亮。

“您不要急啊，把心先放下。”

钟南山给她查看舌苔和嗓子，他张开嘴做示范：“啊——”病人也学着他的样子慢慢把嘴张大。

钟南山的两只手掌在捂热听诊器。“来，我给您听一听。”这时，他伸出右手扶了一下面前的这个病人，病人紧张的神经马上松弛下来。她撩起自己的衣服，让钟南山给她听诊。

在给钟南山体检拍X光片时，医生发现他的腰椎向右侧倾斜了。体检之后，医生把片子拿给他看。大家说，这是由于他常年向前探身扶一下病人这个动作造成的。

钟南山听了这话，手一摆，笑着边说边摇头：“哪有那么邪乎。”

尽管诊室内有明显的来苏水味道，病人身上的气味仍显得有些刺鼻。钟南山却浑然不觉，仔细地给她听诊，全神贯注，像在聆听一个深深的山谷。病人得的是严重的肺病，千里迢迢，慕名而来。

他搀扶着病人走到检查床前，伸手拉上了白布帘。他用一只手臂托着她后颈和肩的部位，扶着她慢慢躺下。等检查完之后，他又把她慢慢扶起。

对每一个病人，他都是如此细心。

助手开始帮助女病人去化验、拍片。钟南山告诉助手，为这个病人办理住院的手续。

墙上的挂钟嘀嗒嘀嗒，时间一分一秒地过去。从这个病人进门，到钟南山为她问诊、听诊、做身体的触诊，还有分析她随身带来的X光片，整整用了55分钟的时间。

钟南山半天看10个左右的病人，但是这10个左右的病人，他常常是从下午2点半看到晚上6点以后。有时多加了两个号，他就要提前到下午2点上班，晚上也会更晚一些下班。

第二个病人进来了。

“呦，老张啊，您来了！好点儿了吗？”钟南山笑呵呵地招呼这个熟人。

老张60来岁，是老年慢性支气管病人，家住广州郊区，今天是按医嘱来复查的。他的脸笑成了一朵花：“钟大夫，太感谢您了，我好多了！”他伸出两只手，紧紧拉着钟南山的手，就像老朋友一样。

钟南山给老张仔细地听诊，做身体的触诊，然后又聊了15分钟。他一共给老张看了半个多小时，这是当天看病时间最短的一个病人。

老张上次来时，愁眉苦脸，心事重重，他对钟南山说：“我透不过气来呀。”他整天担心儿女，担心老伴儿的病情，越想心越窄，“自己的身体要是再有什么不好，这个家可怎么办呀？”钟南山一边向老张询问病情，一边和他聊家常，等给老张检查完，又对他推心置腹说：“老张，我比你大十多岁呀。我非常累，但是我很开心，因为我把每天要做的事情都计划得很好。”

老张明白了一个道理：就算自己能力有限，但只要一天做好一件事，而且做成了，解决问题了，让别人开心了，自己就快乐了。老张临走，笑哈哈地说：“哎？我怎么不憋气了？”

挂钟大夫的号，来跟钟大夫聊一会儿天，就能治病。有的病人就是这样认为的："那叫'话疗'。"

助手回来了，这个甘肃女病人的检查结果全部拿回来了。钟南山又仔细查看了刚拍出的X光片。病人必须立即住院。助手说：病房那边已经回话，会尽快安排。

钟南山对助手说："辛苦你再落实一下，因为对这样的答复，我实在不能放心。"

来看病的，不仅有老年人、中年人，还有孩子。一对小姐弟，姐姐10岁，弟弟6岁，手上起了红色的斑点。他们是广东揭阳的村民，听父亲说是让大名鼎鼎的钟爷爷给看病，进了门就喊："钟爷爷！"小男孩面对钟南山一点儿也不怯生，竟然摆弄起他桌子上的东西。小男孩的父亲马上责怪他。钟南山哈哈一笑，就把小男孩揽在了怀里。

对钟南山来说，事再多再忙，如果不能为病人出诊，就失去了忙的对象。那些繁忙的事，也就失去了意义。

在全国，究竟有多少病人，希望挂上钟南山的专家号？只怕数也数不清。有多少人为了看病，在寻找他、询问他，那恐怕也是数不清的。广州呼研所办公室的工作人员，每天繁重的工作之一，就是及时拆读那些雪片一样来自全国各地的求医信件。

每到出诊之时，钟南山身上的手机和他的座机电话不再接通，尽管有很多事需要他处理。但是，只要是他的出诊时间，他一定在这里，在这间诊室里给病人专心地看病。除非有极其特殊的情况不能出诊，那时，助手会替他提前发出通知。

看着一个个病人因为自己的医治，病情好转起来，能够转危为安，那是让他感到最幸福的事。

最美

一个国家、一个民族，具备了面对现实、敢于讲真话的勇气，那么就没有什么困难是战胜不了的。在这一点上，钟南山称得上是本色英雄。

在中国，一个医生，凭借个人的公信力赢得了民众的爱戴。对于中国广大百姓来说，钟南山是他们心目中的骄傲。而在广东，民众更是将钟南山视为榜样一样的存在。

2019年8月31日，南航一架从新加坡飞往广州的航班上，钟南山从新加坡开完会返回广州。和以往一样，机舱是他的空中办公室。飞行途中，一个9岁男孩再也忍不了身上的瘙痒，男孩父亲只好紧急呼叫空乘服务员，虽然调低了舱内温度，并拿来冰块进行冰敷，但是男孩依然奇痒难忍，满脸及全身开始红肿。

钟南山闻声起身，向后面这个男孩的位置走去，明眼的广东人开始低声惊呼："钟南山，钟南山！"他友好地向大家轻轻摆摆手。孩子的父亲看到钟南山，非常惊喜。钟南山仔细给孩子检查，说："看起来像是食物过敏而引发的荨麻疹。"他安慰孩子的父亲说不会有危险。男孩父亲说："没想到和钟南山院士同机，更没有想到他还亲自来看诊。"他说："听到钟大夫说孩子没有危险，我这颗忐忑的心才放下来。"这件事当时在网上立即上了热搜。

一个普通的广东人，对钟南山的故事就能如数家珍，赞不绝口。2013年，钟南山说："大气污染比非典更可怕。"2015年，他说："假如一条鱼在很短时间内长得又肥又大，可能是喂食了某些抗生素，这样养鱼喂鱼是不科学的。"他还说过"个别医院医生不讲医德，违规创收，一个心脏大夫为病人做冠状动脉照影，本来问题不大，但是最后给放了五个支架"……

几乎家喻户晓的钟南山，他的故事一次一次被人们深切地回忆和关注。钟南山之所以当选"最美奋斗者"，是因为他总是和我国的公共卫生事业紧紧连在一起。人们永远不会忘记，2003年年初，非典疫情突如其来，他作为科学家，捍卫真理，求真务实，不顾个人安危，顶着各方压力，临危不惧应对疫情，夜以继日挽救生命。

非典一役后，他没有被各种压力打垮，也没有躺在功劳簿上，而是竭尽全力建言献策，积极推动公共卫生应急体系建设，积极倡导与国际卫生组织合作，主持制定了我国非典等急性传染病诊治指南，最早制定出《非典型肺炎临床诊断标准》，探索出了"三早三合理"的治疗方案，在全世界率先形成了一套富有明显疗效的防治经验，得到了世界卫生组织的肯定，被认为对全世界抗击非典型肺炎具有指导意义，成为中国对世界抗击非典疫情的巨大贡献。

多年来，他坚守在抗击疫情第一线，把国家突发公共卫生事件的危机一肩扛起。

他对雾霾治理、室内空气污染、甲型流感防控等公共事件直言不讳，敢于发声、传递真知、稳定人心。

他带领团队探索建立符合中国国情的呼吸道重大传染病防控体系，建立了国际先进的新发特发呼吸道重大传染病"防—治—控"医疗周期链式管理体系，在推动我国建立公共卫生防治体系、提高重大疫情侦察监测能力和效率、加强应急队伍建设等方面发挥了重要作用。

对于圆满处置H5N1、H1N1、H7N9、H5N6、MERS等突发疫情，钟南山尽心竭力，发挥了积极的作用。

很多人始终对钟南山饱满的精神状态和工作干劲感到好奇，记者的话题永远是把他放到一个制高点上，而他的回答，永远是很具体的“我在做什么”；对于他来说，永远不会是一段时间内做某一件事，而是一个长期不断的过程，是他对事业坚持不懈的追求。

说到“奋斗者”这个词，他又是那般诚恳，“我不是一个人在奋斗，而是一个团队、一群志同道合的人克服种种困难，携手并进”“当我获授‘最美奋斗者’荣誉时，我首先想到的是我的团队，那些和我一起奋斗了几十年的人们，这份荣誉也属于他们”。

钟院士说参加如此隆重的大会，他感慨良多，有很多值得他学习的人物和事迹。钟南山的奋斗经历，之所以被赞颂为“南山精神”，其中最重要的一个原因，就是他无私无畏的奋斗精神早已经化为本能，成为一种日常习惯，就像人每天需要吃饭一样。我们平时夸赞先进人物具有牺牲精神，而对于这样的人物来说，好像他们就是为了奉献自己才来在这个世界上。所以他们是祖国的骄傲，是我们学习的榜样。

2019年9月25日夜晚，钟南山与参加“最美奋斗者”表彰大会的获奖者一道，在酒店门前下了大巴准备乘电梯回房间休息。接近电梯口时，他放慢脚步，“让一让别人”，特别是比他年龄还大的老功臣。

他的脸庞上，没有半点因为获奖而产生的沾沾自喜，而是显得严肃和认真：“我今天很受教育”，他说那些获奖者的事迹让他非常敬佩，“真是了不起”。

他的这些话，和他当天那身正式场合才穿着的西装，共同散发出一股肃穆的气息。

钟南山大事年表

1936年 10月20日，出生于南京。

1937年 11月，随父母迁居贵阳。

1946年 1月，随父母迁居广州。

1949年 考入私立岭南大学附属中学（初中）

1952年 考入华南师范学院（今华南师范大学）附属中学（高中）。

1955年 考入北京医学院（后更名为北京医科大学，再后并入北京大学，成为北京大学医学部）医疗系。

1959年 在第一届全国运动会预选赛中，打破男子400米中栏全国纪录。

1960年 大学毕业后，留在北京医学院工作。

1963年 12月31日，与李少芬结为夫妇。

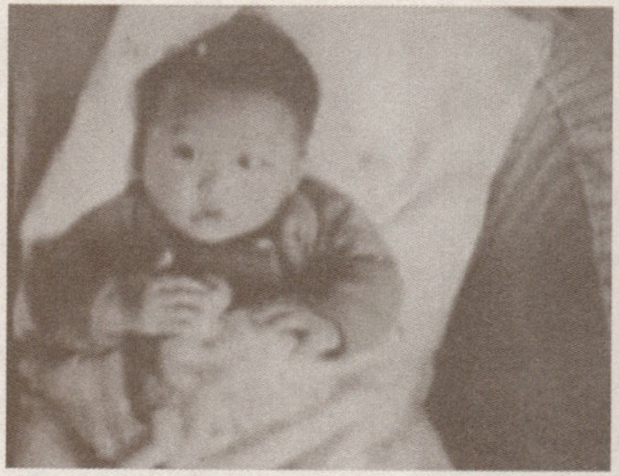

1965年 到山东乳山参加“四清”运动。

1966年 3月，加入中国共产党。

1971年 调任广州市第四人民医院医生。

1972年 参加广州市第四人民医院慢性支气管炎防治小组。

1978年 参加全国科学大会，慢性支气管炎中西医研究项目获全国科学大会成果奖。
10月，考取公费出国留学资格。

1979年 10月，赴英国爱丁堡大学皇家医院呼吸系进修。

1981年 4月，赴伦敦大学附属圣·巴弗勒姆医院呼吸系进修。
9月，在剑桥大学参加全英麻醉学术研究会议，撰写的研究论文被评为优秀。在留学期间，取得7项科研成果。
11月，学成回国。

1982年 任广州呼吸疾病研究所所长。

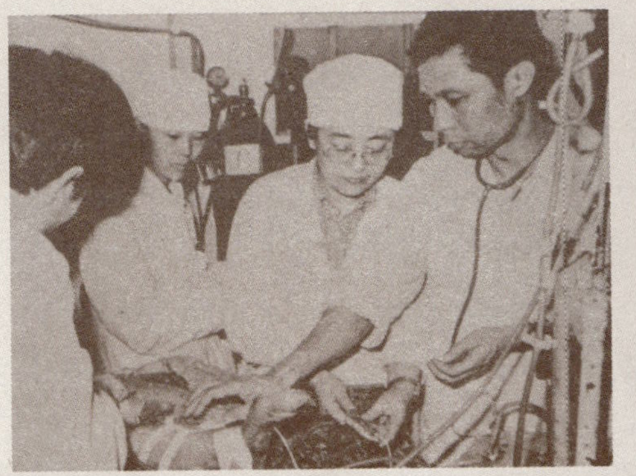

1985年 成为国际胸科学会（FCCP）会员。

1986年 任广州医学院呼吸内科教授、硕士研究生导师。

1987年 任广州医学院第一附属医院院长。

1991年 首次提出“隐匿型哮喘”观点。

1992年 任广州医学院党委书记、院长，世界卫生组织全球慢性呼吸疾病联盟执行委员会常委；当选中共广州市委委员。

1993年 成为第八届全国政协委员；任博士研究生导师。

1994年 作为中国唯一的科学家代表，参与组织制定由世界卫生组织领导的《全球哮喘防治战略》。

1996年 当选中国工程院院士。

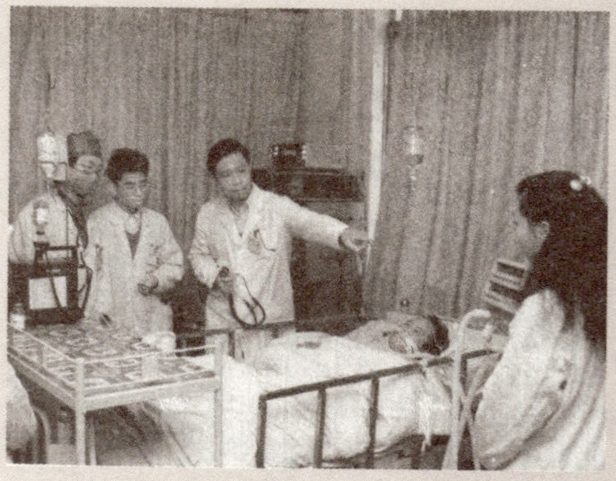

1997年 当选中共十五大代表。

1998年 任第九届全国政协委员。

1999年 被评为北京医科大学六位杰出校友之一；任广州市科协主席。

2000年 任中华医学会呼吸学会主任委员。

2002年 任广东省科协副主席。

2003年 当选第十届全国政协委员；任广东省防治传染性非典型肺炎临床治疗专家组组长，获全国“五一”劳动奖章；被评为全国优秀共产党员，被评为全国先进工作者，被评为全国卫生系统抗击非典先进个人，被评为全国防治非典型肺炎优秀科技工作者；被评为广东省模范共产党员，被评为广东省医德医风标兵，荣立广东省抗击非典特等功；被评为广州市优秀共产党员，被评为广州市精神文明建设先进工作者，被评为广州市抗击非典标兵，被评为广州市抗击非典先进个人；获《半月谈》思想政治工作创新奖，何梁何利科技进步奖（医学药学奖）；担任世界卫生组织全球慢性呼吸疾病联盟医学顾问、流感专题小组成员。

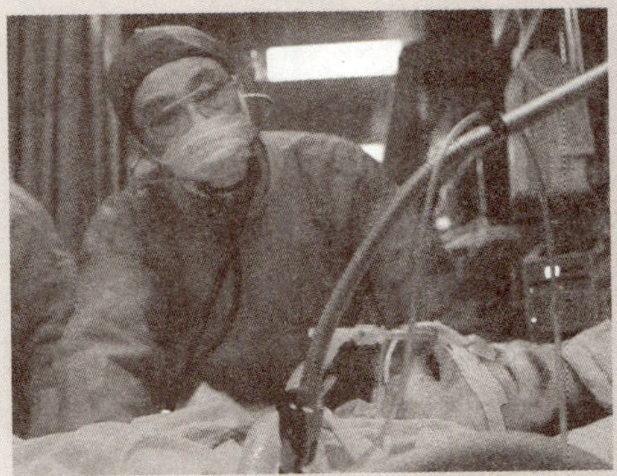

2004年 被评为中央电视台“2003年度感动中国十大新闻人物”之一，获卫生部“全国白求恩奖章”，获中国医师协会“中国医师奖”，被评为国务院侨办“全国侨界十杰”之一，获广东省科学技术特等奖，被评为南粤杰出教师，被评为广州市精神文明建设十大标兵之一，获广州医学院杰出贡献奖，获第六届全国图书奖特别奖。

2005年 被评为全国劳动模范，《解读急性传染性非典型肺炎——预防与对策》获广东省首届优秀科普作品图书特等奖，获广东省科学技术个人特等奖，被评为广州市教育系统优秀共产党员，被评为广州医学院优秀共产党员。

2005年 成为爱尔兰皇家医学会（FRCPIRE）会员。

2006年 获“中国呼吸医师奖”“吴杨奖”（特殊贡献奖）。

2007年 被评为全国道德模范（敬业爱岗类别），被评为全国十大科技英才之一，成为广州市志愿者形象大使，被授予爱丁堡大学荣誉医学博士学位。

2008年 获广东省科学技术突出贡献奖、广州新侨回国创业荣誉奖，被评为改革开放30年感动广东人物，被授予欧洲呼吸学会荣誉会员称号。

2009年 当选第十一届全国人大代表，获2008年度《柳叶刀》杂志全球优秀论文奖、第五届全国高等学校教学名师奖，被评为“100位新中国成立以来感动中国人物”之一。

2011年 成为爱丁堡皇家医学会会员、伯明翰大学科学博士。

2013年 当选第十二届全国人大代表。任广州呼吸疾病研究所所长。任广东省H7N9防控专家组组长，并将H7N9系列研究发表在New England Journal Medicine上，对H7N9防控作出重要贡献。

2014年 获香港中文大学荣誉理学博士学位。

2015年 成功治愈广州首例H5N6患者。

2016年 6月1日，荣膺中国工程界最高奖项——第十一届光华工程科技奖成就奖。

2016年 获香港大学“港大百周年杰出中国学者”称号。

2018年 入选100名改革开放杰出贡献对象。获党中央、国务院授予“改革先锋”称号，并获评“公共卫生事件应急体系建设的重要推动者”。

2019年 被评为“最美奋斗者”。入选“中国海归70年70人”榜单。

2020年 1月，以84岁高龄再次出征，奋战在新型冠状病毒肺炎疫情战场的最前线。现任国家呼吸系统疾病临床医学研究中心主任、国家卫健委高级别专家组组长。

8月11日，被授予“共和国勋章”。

9月4日，被评为2020年“全国教书育人楷模”。

钟南山著作选录

一、论著：

1. 钟南山、刘又宁主编：《呼吸病学》，人民卫生出版社，2012年版。

2. 钟南山主编：《甲型HlNl流感防治知识》，广东教育出版社，2009年版。

3. 钟南山主编：《临床诊疗指南——呼吸病学分册》，人民卫生出版社，2009年版。

4. 陆再英、钟南山主编：《内科学》，人民卫生出版社，2008年版。

5. 钟南山、王辰主编：《呼吸内科学》，人民卫生出版社，2008年版。

6. 钟南山主编：《知名医学专家进农家丛书》，科学出版社，2008年版。

7. 钟南山主编：《支气管哮喘——基础与临床》，人民卫生出版社，2006年版。

8. 钟南山主编：《传染性非典型肺炎临床诊断与治疗》，广东教育出版社，2003年版。

9. Zhong N S，Management of Asthma in Developing Countries. In：Asthma. PJ Barnes. Lippincott Raven Publishes Phildephia

（1997），pp1869-1881（Chap127，pp1869-1882）.

10. Zhong N S，Diagnosis and Classification（asthma）in Global Strategy for Asthma Management and Prevention. WHLBI/ WHO workshop（GINA）（1995）（Chap5，pp48-61）.

11. 钟南山等编译：《英中日图解医学辞典》，万里书店，1985年版。

二、期刊：

1. 钟南山. Fighting SARS in Grand Collaboration：Our Strategies [J]. Chinese Medical Journal，2003，06：5-6.

2. 钟南山. Consensus for the Management of Severe Acute Respiratory Syndrome [J]. Chinese Medical Journal，2003，11：5-38.

3. 李靖、郑劲平、袁锦屏、曾广翘、钟南山、林材元. Protective Effect of a Bacterial Extract Agalnst Acute Exacerbation in Patients with Chronic Bronchitis Accompanied by Chronic Obstructive Pulmonary Disease [J]. Chinese Medical Journal，2004，06：28-34.

4. 谭亚夏、韩文玲、陈英玉、欧阳能太、唐岩、李枫、丁培国、任筱兰、曾广翘、丁静、朱彤、马大龙、钟南山. Chemokine-like Factor 1，a Novel Cytokine，Contributes to Airway Damage，Remodeling and Pulmonary Fibrosis [J]. Chinese Medical Journal，2004，08：3-9.

5. 莫红缨、钟南山、郑劲平、龙启才：《N-乙酰半胱氨酸对急慢性吸烟大鼠肺组织和肺泡灌洗液中核因子—$_{\kappa}$B表达的影响》，《中国临床药理学与治疗学》2001年第2期，第103-106页。

6. 徐军、钟南山：《EDRF和内皮素在低氧肺动脉高压形成中的作用》，《北京医科大学学报》1994年第1期，第233-235页。

7. 李时悦、钟南山：《经纤支镜局部注射抑瘤仙（Immusyn）治疗肺癌临床观察（附9例报告）》，《广州医学院学报》1997年第4期，第35–37页。

8. 陈爱欢、张纯青、钟南山：《二丙酸倍氯松吸入疗法对哮喘儿童下丘脑—垂体—肾上腺轴功能的影响》，《中华儿科杂志》1998年第2期，第55页。

9. NS Zhong et al. Bronchial Hyperresponsiveness in Young Students in China, Relation to Respiratory Symptoms, Diagnosed Asthma and Risk Factors. Thorax 1990; 45: 860–865.

10. NS Zhong et al. Is Asymptomatic Bronchial Hyperresponsiveness an Indication of Potential Asthma? Chest 1992; 102: 1104–1109.

11. NS Zhong. Atopic Diseases in the Chinese Community. Clin Exp Allergy 1994; 24; 297–298.

12. YC Zhang, NS Zhong. COPD and Noninvasive Ventilation. RT Inernational. 1995; 4: 99–106.

13. J Xu, NS Zhong. Interaction of TNF–A and ET–1 on the Pathogenesis of Animal Asthmatic Model. Clin Exp Allergy 1997; 27: 568–573.

14. JP Zheng, NS Zhong. Risk Factors of Environment and Occupation on Lung Diseases in China. J. Enviro Med. 1999; 1（2）: 359–382.

15. J Xu, NS Zhong. Mechanisms of Bronchial Hyperresponsiveness: the Interaction of Endothelin–1 and other Cytokines. Respirology 1999; 4（4）: 413–417.

16. Asher I Boner A NS Zhong. Prevention of Allergy and Asthma: Interim Report. Allergy 2000 Nov; 55（11）: 1069–1088.

写在后面

我心灵的空椅上，来了一位非凡的人。当他的手臂挽起最贫、最弱的病患，我清晰地看见，伟大是出自如此的平凡。我于是从仰慕他的名，开始阅读他的精神。

我真切地感到，他属于人民、属于国家、属于公正的心。

科研、学术、政务、出诊、会议，手机、座机此起彼伏地呼叫，间或而至的各种造访，带着各种请求而来的敲门声……

每天清晨睁开双眼，他就开始背负沉重的工作。而把压力上升为动力从来都是他的性格。工作效率是他完成任务的砝码。

工作几乎是他全部的生活。除了睡眠和吃饭，一天中65%的时间，总是各种工作在那么急切不已地选择他。他总在盼着，能有自己选择的机会。哪怕有一天，甚至半天时间，不被突兀的事项打扰，让他静下来，能够悉心从事医学研究。“如果是那样，我想，我是可以多出点成果的。”搞学术研究，是他一生中最重视的。如今84岁的他，语调中透出的信心与平和，实在是令人钦佩。

他日常的言行，即使平和得水波不兴，也令人肃然起敬。行动如风，沉静如山，他海一样宽阔的胸怀、大医的风范，都体现在生活的点滴之中。他简朴地生活着，他的衣兜里永远有两样东西：一支笔，一沓名片。名片会随时给予任何一个求医的患者，“这是我的电话，助手会把你的情况转告我”。

他的亲切是清澄的水，那风趣幽默的谈笑是水中的玉石。

真正走近他、了解和感知他，我才明白，我和他身边关爱着他的人们的心情是相同的。大家希望，像钟院士这样的专家，能多一些健康、多一些精力，因为那么多来自全国各地的危重疑难病人需要解救，因为那么多复杂的医学难题等待研究。在大家的心目中，他的健康是何等重要！仿佛一尊稀世的瓷器，将其束之高阁，敬畏地双手合十祝福他，心灵却不敢燃香。

媒体关注了我对他的写作：我与他怎样相处？采访了多久？

我做出如此的比喻：一个杯底和一个满杯的水，是两重境界，杯底的量怎能全知那满杯？而这，是时间的问题吗？与时间的关系又是怎样？是否靠时间就可以解决境界的落差？

我以我形同一杯底境界的微薄能量，来体现偏难盖全但是真切的钟南山。真实地再现，是我的心愿，因为唯有真实，方见其风骨。

我总是安静地等待他接受采访，因为：他正奔波于异国他乡，又为国家赢得学术上的赞誉；他正呕心沥血于讲堂，又一季桃李将芬芳于天下；他正在出诊，正在答疑，正在讲真话……他的字典里，没有自己。

数十年风雨人生，误解、委屈、寂寥……不曾磨折他的精神之刃。他的心目中，只有真理的具体与实际，而从不稀罕徒有真理的虚名。不止一个朋友诚恳地提醒我：要谨记客观，因为他是讲真话的“大炮”，所以不无争议。

即使如此，公正与良知的天平上，有雪亮的光芒。在追求精神价值的道路上，我为有幸被如此的精神境界所感召而深感自豪！有良知的人，相识于他，会不禁以他为楷模，反观自我：以往的生活中，我们那些个人的得失、恩怨，该价值几何？

与钟南山这样的人相遇，不表述他，岂不是空怀人文志向？

当时代远去，成为风景，才更可了解他卓然的功绩。他不仅让这个时代认真阅读，更留给后人无尽的感动。

其实，撰写他，我又何德何能，非我莫属？其间，曾有多位才人要为之倾力。这个世界上，实在是天外有天、人外有人，谁能以才恃人啊？

我曾诚恳地表明，写好钟院士是大家的心愿。如果他人的作品比我的更生动、更能感化社会，那岂不同样是我心愿？钟院士给了如此的答复：“叶依，我已经定了，不会改变。”

宗教里有一种情怀，是把慈悲给予最需要搭救的人。钟院士的为人，是把机会给予平凡但是懂得努力的人。我就是一个平凡的人，却有缘蒙恩于钟院士的褒奖。

与出版社合作，责任编辑的认真，令我敬佩。遗憾只能落下，随着出版成为印记。它像一块石头，沉沉坠于我心底，将伴随我的生命，让我无从释怀。

我应该写得更好一点儿，把真实的钟南山写得更多一些……

为了此书出版，我竭尽所能，付出心力。钟院士一直谦和地在可能的情况下予以配合，助我完成了此书。他的时间太珍贵。

他希望本书的内容真实、不夸大，至于赞扬甚至歌颂，他这样饱经世事、看淡名利的人是没有多大兴趣的。更何况，不仅中国普通公民大多已熟知他，在国际上，医学界甚至其他领域，也不乏敬佩他的人。他的确是声名赫赫。

生动且富于表现力的他，对给予他的非凡甚至伟大之类的赞美，并没有什么具体的感受。只有当面对真理、正义，面对危难，面对普通百姓的疾苦，他行为的点滴才透出光华，他的声音才铮铮如铁。

所以，本书写作之初，他便向我坦言：“其实，我不过就是一个看病的大夫。”

我手指那幅“大医济世”的素匾，赞他名副其实。他像个小学生一样，认真地问了我一个对他最重要、最实在的问题：“哦，你指的是我有责任心吧？”

在钟南山心目中，医生的责任重于泰山。

长达几个月时间的采访和写作中，时任广州呼吸疾病研究所党支部书记程东海先生给予全力支持，并共同协作。我所在的报社能给予我充裕的时间完成此书，实属不易。

是蜡烛，便注定要燃到最后一刻。钟院士的一切，已是如此注定。所以，我理解那么多的人，因为了解，全如我一般敬爱他、祝福他。

除了真实，任何对他赞誉的词汇都无须太刻意，因为他为国分忧、为民服务的自觉，已近于本能。

叶　依

荡涤心灵的阅读

我们和他天天相守，仿佛司空见惯。然而，他亲切可敬、充满力量和精神感召力的形象，激励着我们，也感动着我们这些远远比他年轻的人。他是我们崇敬的师长、有魅力的领导，更是我们信赖的朋友！

历史总在曲折中前进，时势也造就英雄。2003年一场突如其来的非典危机，让人们记住了钟南山。他以医者之心救人，以谏士之勇济世，彰显了知识分子的道义责任与历史担当。

2020年，84岁的他，在凶险的新型冠状病毒肺炎疫情暴发时，一边告诉公众“没有特殊的情况，尽量不要去武汉”，一边义无反顾登上高铁，逆行武汉，发出震聩人心的警示“病毒人传人”。

医者仁心，济世救人。虽千万人，吾往矣。

鲁迅先生曾经这样说过：“我们自古以来，就有埋头苦干的人，有拼命硬干的人，有为民请命的人，有舍身求法的人……”先生讲的是中华民族薪火相传、生生不息的道理，即每个时代都有属于自己的脊梁，以及他们的高贵精神。在今天，忠诚、奉献、勇敢、良知……这些人类最基本、最值得珍惜的价值更呈现出难能与高贵。

在钟南山的身上，闪烁着一些难以磨灭的精神特质。

坚定执着的理想信念。理想信念是精神动力，是理性自觉。事实上，人生的道路总是曲折复杂、充满荆棘。只有具备坚定的理想信念，才经得住任何困难与挫折，才能在艰苦复杂的环境下不迷失前进的方向。钟南山的人生之路跌宕起伏，但他始终秉持“爱国为民”的理想信念。青年时期，他没有因为家庭成分受到不公正的待遇而灰心丧气，而是始终相信“党的事业总是奔腾向前、不可阻挡的”。

20世纪80年代初，他没有留恋国外的优越条件，婉言谢绝导师的挽留，回国服务；90年代，他坚持“小医院做大事业”，团结和带领大家一道，将广州呼吸疾病研究所逐步发展成为国内一流的研究机构。2003年的抗击非典战斗中，他对国外一小撮势力“妖魔化”中国的行径愤慨不已，主动利用可能的机会，实事求是地向国外同行、新闻媒体介绍中国政府所采取的正确措施，维护祖国的声誉，为国际社会正确认识中国的疫情发挥了正面作用。

2020年在阻击新冠肺炎疫情战斗中，他对部分境外媒体罔顾良知的落井下石、炮制侮辱性“反华”言论和双重标准的虚伪脸孔，神情坚毅、语气铿锵，道出亿万华夏民众心声“中国人从来就不怕别人骂，也不怕别人侮辱。我们还是可以走出正确的路”。他和无数的抗疫逆行者一道，全情投入，众志成城，用“中国人习惯用行动说话”的方式，最早阻断了疫情的传播，让这片土地成为世界上最安全最温暖的家园，让落井下石者悻悻而返。

纵观钟南山的成长历程，坚定执着的理想信念，是他成长、成才的前提条件。

全心全意为人民服务的宗旨。从世界观、人生观和价值观看，就是为了人民的利益而无私奉献。从医60年来，钟南山始终恪守着一条原则：生命无价，病人的利益高于一切。从普通医生到中国工程院院士，至今此心如朗月。每到冬天，他在检查病人前，一定会先搓暖自己的手；他去查病房，不管病人病得多重、多难看，身上的异味多大，都会和蔼地拉着病人的手问候，靠上前细心地倾听病人的诉说。

那情形如儿子在听母亲的絮语，或者是父亲在听孩子的故事，从来不会有厌烦的表情……

他在抗击非典斗争中主动请缨“把最危重的病人送过来”，在阻击新冠肺炎疫情中“逆行”，绝非偶尔为之的心血来潮，而是出自内心的召唤。他坦言，人民群众才是推动国家发展、民族振兴和社会进步的真正力量。而医务人员的价值，就体现于服务社会、服务群众，只有从群众中获取强大的支持，汲取智慧的源泉，自己才能不断成长。多年来，他一直从维护人民群众身体健康的高度出发，重视“看病难”“看病贵”问题，呼吁政府加大卫生投入力度，倡导发展社区医疗、使公立医院回归公益性。在工作中，他总是身体力行地推动和落实“预防为主”的方针，坚持立足国情，顶天立地的学术研究范式，努力研发简单、有效、安全和价廉的医疗成果惠及社会。

实事求是的科学精神。在钟南山身上，科学家的理性和学术品质令人印象深刻。2003年非典期间，他根据临床诊疗实践，在疫情早期公开向社会说明非典“可防、可控、可治”，以科学家的远见卓识，帮助人民群众正确认识疾病、恢复理性。

在非典的病原体上，他以对人民健康的高度责任感和对真理的执着追求，没有明哲保身，而是尊重事实，勇敢质疑权威部门“非典的病原是衣原体”的论断。

对疫情的判断上，他认为在病原体不明的情况下，提“有效控制”的说法有误导的危险，用“有效遏制”比较科学，这给当时盛行的乐观情绪敲起警钟，为政府的正确决策提供了科学依据。

他不顾非议，大力倡导和推动境内外科技大协作，共同对付非典疫魔。他博大的科学胸襟和人文关怀，源于他深邃的全球眼光和对科学技术发展的深刻理解。

自觉的道德追求和人格塑造。钟南山严于律己，宽以待人，遇事以身作则，富有亲和力。他无论是在各级领导岗位，抑或抗击疫情、教学育人时，总是率先垂范，坚持“做好本职工作就是最大的政治”，以身作则，凝聚团队智慧和力量，推动事业向前发展。尤其是在抗击SARS、阻击新冠肺炎疫情等重大考验面前，他不畏生死，主动挂帅出征，率领同道共同奋战，在病毒溯源、发病机制、临床和实验室诊断、救治方案、有效药物和疫苗的研发等方面均做出重大的贡献，充分展示了院士的专业、战士的勇猛、国士的担当。当人们对当初做出“非典的病原是衣原体”判断的专家进行责难时，他坚持“学术分歧无须政治化”，反对上纲上线。集体主义、以身作则、宽以待人，这是钟南山的道德人格。

理想信念、世界观和人生观、方法论、道德人格，这四个价值维度构成了钟南山“南山精神”的完整内涵。《你好，钟南山》一书，有一个显著特色，就是坚持以唯物史观评价历史事件和人物，将钟南山丰富而多彩的精神世界挖掘出来。通过阅读，让人走进钟南山的精神世界；而我们也在这阅读中，洗涤了自己的心灵，丰富了自己的精神世界。

这就是阅读《你好，钟南山》的价值。

程东海